すぐに使える！

韓国語
日常単語集

鄭惠賢［著］

高橋書店

本書を手に取られたみなさまへ

最近では韓国語を学ぶと同時に、韓国の文化に興味をもつ方が増えています。本書ではそのような学習者のために日常単語だけでなく、韓国の文化やエンターテインメント関連の単語も意識して収録しました。韓国語入門者の方にも使えるよう、ハングルにはかたかなもつけています。また、原形のままでは使えない言葉は、ヘヨ体（丁寧な言い方）と過去形も併記したので、ぜひ会話に役立ててください。そして最大の特長は、歌詞カードを見て意味を知りたいと思った単語や、ドラマで耳にした韓国語をハングルさくいんから探せることです。韓国の文字を理解していないと不可能だったことが実現する一冊となるよう、工夫を凝らしました。
本書を通じて表現の幅を広げていただき、韓国にもっと興味をもっていただけたら、これほどうれしいことはありません。

ジョン ヘヒョン
鄭　惠賢

本書の特長と使い方

本書は、日常でよく使う韓国語の単語を引くための単語集です。第1章 よく使うフレーズと便利な単語、第2章 日常生活①、第3章 日常生活②、第4章 趣味・エンターテイメント、第5章 社会・自然、第6章 トラブル・病気 で構成されており、韓国語を探しやすい工夫と、知りたい単語が見つかる充実の内容となっています。

ジャンルから探せる！

149分類のジャンルから、知りたい単語を見つけられます。

衣服

ブラウス	블라우스	コート	코트
Tシャツ	티셔츠	毛皮	모피
シャツ	셔츠	スカート	치마
ワイシャツ	와이셔츠	ロングスカート	롱스커트
キャミソール	캐미솔	ミニスカート	미니스커트
トレーニング服	트레이닝복	ワンピース	원피스
ジャージ	추리닝	ツーピース	투피스
カットソー	커트소	ズボン(パンツ)	바지
パーカー	파카	ショートパンツ	핫팬츠
セーター	스웨터	ジーンズ	데님
ベスト	베스트	レギンス	레깅스
ジャンパー	잠바	紳士スーツ	신사 양복
ジャケット	재킷	ドレス	드레스
革ジャケット	가죽 재킷	タキシード	턱시도
カーディガン	가디건	長袖	긴 소매
		半袖	반소매
		ノースリーブ	민소매
		古着	빈티지

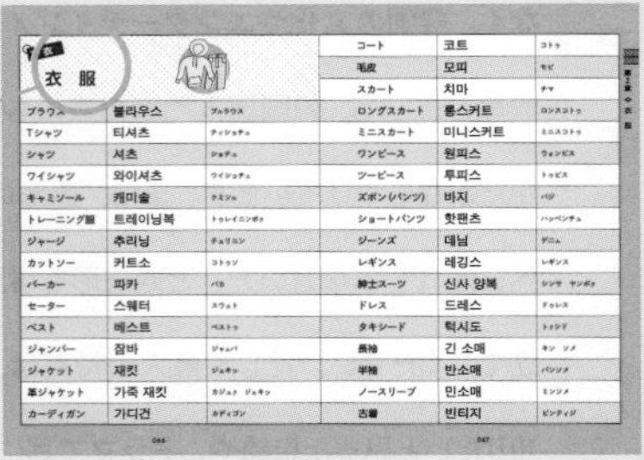

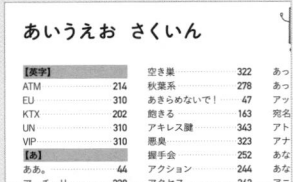

日本語からもハングルからも引ける！

あいうえお さくいん

【英字】
ATM 214
EU 310
KTX 202
UN 310
VIP 310
【あ】
ああ。 44
空き巣 322
秋葉系 278
あきらめないで！ 47
飽きる 163
アキレス腱 343
悪臭 323
握手会 252
アクション 244

ハングル さくいん

【英字】
BB크림 ビビクリム 70
DVD플레이어 ディブィディプルレイオ 111
G8서밋 ジエイトゥソミッ 310
PC방 ピシバン 213
【ㄱ】
~가 ~ガ 62
~가 없어요. ~ガ オプソヨ 50
가슴살
가슴 속
가슴이 설레요
가습기
가야금
가운데
가위
가위 바위 보
가을

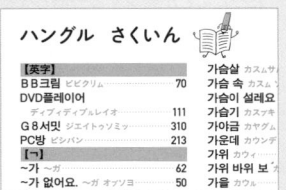

あいうえお順の日本語さくいんのほか、ハングルからも引けるさくいんがついています。かたかなつきなので、音からでも探せます。

動詞と形容詞は、原形、ヘヨ体、過去形も収録

皮をむく	原形	껍질을 벗기다	コプチルル ポッキダ
皮をむきます	ヘヨ	껍질을 벗겨요	コプチルル ポッキョヨ
皮をむきました	過去	껍질을 벗겼어요	コプチルル ポッキョッソヨ
刻む	原形	잘게 썰다	チャルゲ ソルダ
刻みます	ヘヨ	잘게 썰어요	チャルゲ ソロヨ
刻みました	過去	잘게 썰었어요	チャルゲ ソロッソヨ
混ぜる	原形	섞다／비비다	ソクタ／ピビダ

韓国語の動詞と形容詞は、語尾が活用します。たとえば韓流スターのツイッターの言葉も、原形と活用形（ヘヨ体、過去形）が収録されている本書で、見つけられ訳すことができます。

エンターテインメント系単語も充実！

スターのツイッターやインタビューを見聞きしたり、韓国へ遊びに行ったときに目にしたりする単語が収録されています。歌詞によく使われる表現や、ファンミーティングやコンサートなどでスターにかけたい言葉など、エンターテインメント単語も充実しています。

単語以外の情報も満載！

単語収録ページにある「はみだし豆知識」「関連キーフレーズ」や、「ハングル雑学」のコーナーでは、韓国語や文化に関する知識、シチュエーションに応じて使いたいフレーズなどを紹介しています。

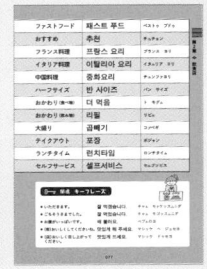

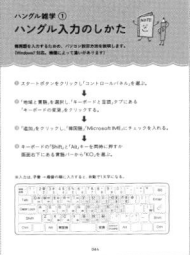

005

すぐに使える！韓国語 日常単語集

本書を手に取られたみなさまへ
本書の特長と使い方……………4

序章
ハングルの基本のきほん
韓国の文字 ハングルのポイント
……………………………………14
基本母音10個…………………18
基本子音9個……………………20
激音5個、濃音5個……………22
合成母音11個…………………24
発音の変化のルール……………26
パッチムの発音…………………29
ハングル表………………………30
動詞、形容詞の活用と
さまざまな表現…………………34

第1章
よく使うフレーズと便利な単語
[フレーズ]
あいさつ…………………………36
お願いする・感謝する・謝る…38
質問する①………………………40
質問する②………………………42
あいづち…………………………44
励ます・心配する………………46
トラブル①………………………48
トラブル②………………………50
[便利な単語]
歌詞によくある表現①…………52
歌詞によくある表現②…………54
人の呼び方………………………56

★はみだし豆知識
相手との距離で使い分けが必要……57

[その他]
ことわざ ··· 58
四字熟語 ··· 60
助詞・接続詞 ··· 62

◆ハングル雑学 ①
ハングル入力のしかた ··· 64

第2章
日常生活 ①
[衣]
衣服 ··· 66
服飾雑貨・小物 ··· 68
化粧品・アクセサリー ··· 70
色・柄・大きさ・形 ··· 72

[食]
食事 ··· 74
飲食店 ··· 76
● 関連キーフレーズ ··· 77
味の表現 ··· 78

★はみだし豆知識
あまりにおいしいときに言いたい言葉 ··· 79

食感・感触 ··· 80
飲み物・韓国料理 ① ··· 82
韓国料理 ② ··· 84

和食・日本の家庭料理 ··· 86
その他の料理・ファストフード ··· 88
スイーツ・くだもの ··· 90

★はみだし豆知識
夏のスイーツ ··· 91

野菜・きのこ類 ··· 92
肉類 ··· 94
鮮魚・貝類 ··· 96
他食材・調味料 ··· 98
調理法 ① ··· 100
調理法 ② ··· 102

★はみだし豆知識
「手が大きい」ってどんな人?! ··· 103

調理器具・食器 ··· 104

[住]
家 ① ··· 106
家 ② ··· 108

★はみだし豆知識
言い方に注意!
韓国のマンションとアパート ··· 109

家具・電化製品 ··· 110
家事・家事道具 ··· 112

★はみだし豆知識
下着を鍋で煮込む?! ··· 113

生活雑貨 ··· 114

文房具 ················· 116	学校③ ················· 142
[数]	教科・学部 ············ 144
数字①漢数詞と単位 ···· 118	[仕事]
数字②固有数詞と単位 ··· 120	職業 ················· 146
[時]	★はみだし豆知識
カレンダー① ·········· 122	資格必須の職業あれこれ ··· 147
カレンダー② ·········· 124	働く① ················ 148
★はみだし豆知識	働く② ················ 150
残念ながら……、振り替え休日はない	職位・部署 ············ 152
···························· 125	就職活動・転職・退職 ··· 154
時間 ················· 126	起業・独立 ············ 156
◆ハングル雑学 ②	★はみだし豆知識
韓国の絵文字 ·········· 128	韓国の意外な職業観！ ··· 157
	資産運用 ·············· 158

第3章
日常生活②

[生活]	[気もち]
一日の行動① ·········· 130	感情① ················ 160
一日の行動② ·········· 132	感情② ················ 162
一日の行動③ ·········· 134	恋愛の感情 ············ 164
家族 ················· 136	★はみだし豆知識
[学び]	韓国人は感情表現がストレート！ ···· 165
学校① ················ 138	[人の描写]
学校② ················ 140	性格① ················ 166
★はみだし豆知識	性格② ················ 168
センター試験の日は国をあげての一大事?! ···141	外見① ················ 170
	外見② ················ 172

[恋愛]
出会い・お付き合い① ……… 174
出会い・お付き合い② ……… 176
★はみだし豆知識
猛烈なアプローチの理由 ……… 177
失恋・不倫・けんか・別れ ……… 178
[イベント]
結婚① ……… 180
結婚②・離婚 ……… 182
妊娠・出産 ……… 184
育児・子育て ……… 186
★はみだし豆知識
韓国の赤ちゃん言葉 ……… 187
シニアライフ ……… 188
葬式 ……… 190
◆ハングル雑学③
スターに伝えたいメッセージ ……… 192

第4章
趣味・エンターテインメント
[旅]
旅行① ……… 194
● 関連キーフレーズ ……… 195
旅行② ……… 196
● 関連キーフレーズ ……… 197
旅行③ ……… 198
ホテル ……… 200
乗り物 ……… 202
車 ……… 204
標識・注意書き ……… 206
● 関連キーフレーズ ……… 207
街の中① ……… 208
街の中② ……… 210
★はみだし豆知識
本好きが多い?! 韓国人の図書館利用法 ……… 211
レジャー施設 ……… 212
銀行・通貨 ……… 214
方向・位置 ……… 216
店 ……… 218
[遊び]
ショッピング ……… 220
● 関連キーフレーズ ……… 221
デパート ……… 222

書店・CDショップ	224
占い	226
美容院	228
●関連キーフレーズ	229
エステ①	230
エステ②・ダイエット	232
癒し	234

★**はみだし豆知識**
日本とはちょっと違う?! 韓国の癒し ... 235

飲み会	236
スポーツ①	238
スポーツ②	240
趣味	242

★**はみだし豆知識**
韓国人は登山好き! ... 243

映画・ドラマ	244
音楽・K-POP	246
●関連キーフレーズ	247
芸能①	248

★**はみだし豆知識**
よくカムバックといわれるけれど? ... 249

芸能②	250
コンサート会場・ファンミーティング	252
テレビ・ラジオ	254

★**はみだし豆知識**
韓国の連続ドラマは週2回が常識?! ... 255

◆**ハングル雑学 ④**
略語 ... 256

第5章
社会・自然

[通信]

パソコン①	258
パソコン②	260
パソコン③	262
●関連キーフレーズ	263
携帯・スマートフォン	264

★**はみだし豆知識**
車中でも通話OK?!
韓国の携帯電話マナー事情 ... 265

手紙	266

[文化]

カメラ・写真	268
●関連キーフレーズ	269
文学・絵画	270
韓国の伝統芸能・伝統工芸	272

★はみだし豆知識
韓国の伝統芸能 パンソリとサムルノリ
……273

子どもの遊び……274

★はみだし豆知識
「むくげの花が咲きました」の正体は……？
……275

日本紹介①……276
日本紹介②……278

★はみだし豆知識
韓国人の好きな日本の文化って？……279

[地理]
世界地図……280
日本と韓国の地名……282
● 関連キーフレーズ……283

[言葉]
世界の言葉……284

[自然]
陸・海……286
宇宙・鉱物……288

[生き物]
動物……290
植物・花……292

★はみだし豆知識
韓国でもカーネーションは大活躍！……293

魚・爬虫類・両生類……294

★はみだし豆知識
手頃なおすすめスポット！
韓国の水族館＆動物園……295

虫……296
鳥……298

[気象]
天気・気候①……300
天気・気候②……302

[社会]
新聞……304
ニュース用語①……306
ニュース用語②……308
ニュース用語③……310
軍隊……312

★はみだし豆知識
日本にはない韓国の兵役制度……313

宗教……314
エコ……316

★ **はみだし豆知識**
とってもエコなお国柄?!
環境問題への取り組み……317
韓国の歴史……318

◆ **ハングル雑学 ⑤**
韓国の十二支……320

第6章
トラブル・病気

[災難]
トラブル・災害……322

[病]
病名①……324
病名②……326

★ **はみだし豆知識**
暑いときこそアツアツの韓国料理を……327
病気の症状①……328
病気の症状②……330

病院①……332
病院②……334
薬局①……336
薬局②……338

★ **はみだし豆知識**
韓国の薬局は本格派?!……339

[身体]
体の部位①……340
体の部位②……342

◆ **ハングル雑学 ⑥**
とっさに出る言葉……344

インデックス

あいうえお　さくいん……346
ハングルさくいんの使い方……383
すぐに使える
さくいん早引き一覧……384
ハングルさくいん……385

コーディネート	安才由紀恵
カバーデザイン	大薮胤美（フレーズ）
本文デザイン	高橋朱里（フレーズ）
イラスト	若山りえこ
校正	（株）ぷれす
編集協力	（株）エディポック

序章

Theme
ハングルの基本のきほん

ABC
한글
あいう

> おさえて
> おきたい！

韓国の文字
ハングルのポイント

● ハングルは王様が作った文字

ハングルとは、韓国語を書き表すときに使う文字のことで、「偉大な文字」という意味があります。古くは、朝鮮半島では中国から輸入した漢字を使っていました。しかし、世宗（セジョン）という王様は、もっと多くの人々が、文字を簡単に記せるようにと、学者らを集め、1443年、**訓民正音（フンミンジョンウム）**を完成させたのです。その数年後、訓民正音から「ハングル」と呼ばれるようになりました。1960年代までは、漢字とハングルを併用していましたが、現在ではハングルだけの表記が一般的です。

● ローマ字みたいな子音と母音の組み合わせ

ハングルは**子音と母音の組み合わせ**で成り立っています。たとえばローマ字もk [子音] とa [母音] の組み合わせでka（カ）となりますね。それと同じような考え方で、大変**シンプルでわかりやすい言語**なのです。組み合わせは4種類あります。一つめは左に子音、右に母音がくる**左右の組み合わせ**。二つめは上に子音、下に母音がくる**上下の組み合わせ**。3つめは**左右の組み合わせの下に子音がついたもの**。最後は**上下の組み合わせに子音がついたもの**です。どの組み合わせになるかは、母音の種類などによって決まります。

子音 ＋ 母音の組み合わせ

左右の組み合わせ

k	a
ㄱ	ㅏ
子音	母音

カ

左に子音、右に母音がくる組み合わせです。基本母音ではㅏ, ㅑ, ㅓ, ㅕ, ㅣの5種類がこれにあたります。

上下の組み合わせ

k	ㄱ
o	ㅗ
子音	
母音	

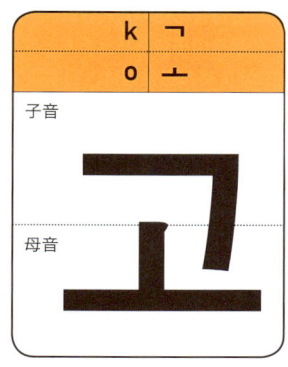

コ

上に子音、下に母音がくる組み合わせです。基本母音ではㅗ, ㅛ, ㅜ, ㅠ, ㅡの5種類がこれにあたります。

子音 + 母音 + 子音の組み合わせ

子音と母音の組み合わせに、さらに子音を組み合わせるパターンがあります。この**最後の子音**を**パッチム**と呼び、下の図のようになります。この子音（パッチム）で終わる発音は、日本語では表しにくいものです。たとえば、左下の**각**は、格好（かっこう）の「かっ」で止める感じで、右下の**곡**は、骨格（こっかく）の「こっ」で止めるような発音になります。詳しくは 29 ページで説明しましょう。

左右の組み合わせ + パッチム

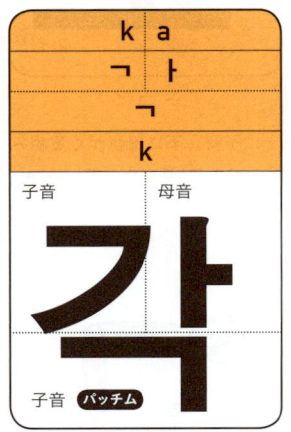

上下の組み合わせ + パッチム

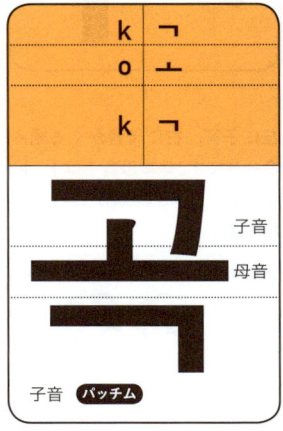

● ハングルの形は発音しやすい形を
   イメージしている！

どんなにシンプルでわかりやすい仕組みでも、ハングルは特殊な形なので、苦手意識をもつ人もたくさんいます。しかし、本当は覚えやすい文字なのですよ。というのも、**ハングルは舌や唇など、発音に使う部分の形をもとに作られたから**です。たとえば、ㄱ (k) は舌がのどの奥をふさぐ形、ㅁ (m) は口を結んだ形をイメージしています。

● まずは母音と子音の種類をチェック！

ハングルには、母音が、基本母音 10 個、合成母音 11 個の計 21 個あります。これに対し子音は、基本子音 9 個に、激音（げきおん）と呼ばれる子音 5 個、濃音（のうおん）と呼ばれる子音 5 個の計 19 個あります。これらを組み合わせた文字がハングル（30〜33 ページに一覧表を掲載）です。ではまず、基本母音 10 個からみてみましょう。

基本母音10個

おさえて
おきたい！

韓国語の**基本母音は全部で10個あります**。基本母音のうち、ㅑ (ya)、ㅕ (yo)、ㅛ (yo)、ㅠ (yu) は「y」の音がついています。子音と組み合わさると、ㄱ (k) + ㅑ (ya) → 갸 (kya)、ㄱ (k) + ㅕ (yo) → 겨 (kyo) のような音になります。
では、基本母音をみてみましょう。
子音の位置にあるㅇは、母音だけの音を表すときに使われる、音のない子音（無音）です。

ア **아** ㅇ | ㅏ 無音 | a	日本語の「ア」とほぼ同じ発音。	ヤ **야** ㅇ | ㅑ 無音 | ya	日本語の「ヤ」とほぼ同じ発音。
オ **어** ㅇ | ㅓ 無音 | o	口を大きく「ア」の形で開け、発音する「オ」。	ヨ **여** ㅇ | ㅕ 無音 | yo	口を大きく「ヤ」の形で開け、発音する「ヨ」。

オ 오	唇を丸くすぼめて発音する「オ」。	ヨ 요	唇を丸くすぼめて発音する「ヨ」。
無音 / ㅇ		無音 / ㅇ	
o / ㅗ		yo / ㅛ	
ウ 우	唇を丸く突き出して発音する「ウ」。	ユ 유	唇を丸く突き出して発音する「ユ」。
無音 / ㅇ		無音 / ㅇ	
u / ㅜ		yu / ㅠ	
ウ 으	唇を横に引いて発音する「ウ」。	イ 이	唇を横に引いて発音する「イ」。
無音 / ㅇ		ㅇ / ㅣ	
u / ㅡ		無音 / i	

おさえておきたい！ 基本子音9個

韓国語の**基本子音は全部で9個**あります。基本子音のうち、ㄱ(k)、ㄷ(t)、ㅂ(p)、ㅈ(ch)は語中では濁って、それぞれㄱ（g）、ㄷ（d）、ㅂ（b）、ㅈ（j）と発音します。
ㅇは、母音だけの音を表すときに使われる音のない子音と説明しましたが、パッチム (16ページ参照) になる場合、「ン(ng)」と発音します。
では、母音のㅏ(a)をつけた形で基本子音をみてみましょう。

カ **가** ㄱ ㅏ k a	日本語の「か行」の「k」の音。語中では濁って「g」の音になる。	ナ **나** ㄴ ㅏ n a	日本語の「な行」の「n」の音。
タ **다** ㄷ ㅏ t a	日本語の「た行」の「t」の音。語中では濁って「d」の音になる。	ラ **라** ㄹ ㅏ r a	日本語の「ら行」の「r」の音。ㄹが**パッチムとして使われるときは**「l」の音。

マ **마**	日本語の「ま行」の「m」の音。	パ **바**	日本語の「ぱ行」の「p」の音。語中では濁って「b」の音になる。
ㅁ / ㅏ		ㅂ / ㅏ	
m / a		p / a	

サ **사**	日本語の「さ行」の「s」の音。後ろに「や行」の音が続くときは「しゃ行」の「sh」の音。	ア **아**	母音だけの音を表す場合に使う音のない子音。パッチムでは「ng」の音。
ㅅ / ㅏ		ㅇ / ㅏ	
s / a		無音 / a	

チャ **자**	日本語の「ちゃ行」の「ch」の音。語中では濁って「じゃ行」の「j」の音になる。
ㅈ / ㅏ	
ch / a	

激音(5個)、濃音(5個)

激音(げきおん)、濃音(のうおん) はどちらも基本子音の仲間の子音です。激音とは、息を激しく吐き出すようにして発音する音で、5個あります。「ㄱ(k)」→「ㅋ(kh)」のように、基本子音に付け足したような形をしています。母音のㅏをつけて、みてみましょう。

激音:息を激しく吐き出しながら発音する音

チャ **차**	息を激しく吐き出しながら発音する「ちゃ行」の「ch」の音。	カ **카**	息を激しく吐き出しながら発音する「か行」の「k」の音。
ㅊ / ㅏ ch / a		ㅋ / ㅏ kh / a	
タ **타**	息を激しく吐き出しながら発音する「た行」の「t」の音。	パ **파**	息を激しく吐き出しながら発音する「ぱ行」の「p」の音。
ㅌ / ㅏ th / a		ㅍ / ㅏ ph / a	
ハ **하**	息を激しく吐き出しながら発音する「は行」の「h」の音。		
ㅎ / ㅏ h / a			

濃音とは、息をつまらせるようにして発音する音で、5個あります。「ㄱ (k)」→「ㄲ (kk)」のように、子音が二つ並んだ形をしています。母音のㅏをつけて、みてみましょう。

濃音：息をつまらせて発音する音

ッカ **까**	息をつまらせて発音する「か行」の「k」の音。「真っ赤」の「っか」のような「k」の音。	ッタ **따**	息をつまらせて発音する「た行」の「t」の音。「あった」の「った」のような「t」の音。
ㄲ / ㅏ		ㄸ / ㅏ	
kk / a		tt / a	

ッパ **빠**	息をつまらせて発音する「ぱ行」の「p」の音。「葉っぱ」の「っぱ」のような「p」の音。	ッサ **싸**	息をつまらせて発音する「さ行」の「s」の音。「とっさ」の「っさ」のような「s」の音。
ㅃ / ㅏ		ㅆ / ㅏ	
pp / a		ss / a	

ッチャ **짜**	息をつまらせて発音する「ちゃ行」の「cch」の音。「抹茶」の「っちゃ」のような「cch」の音。
ㅉ / ㅏ	
cch / a	

合成母音11個

おさえておきたい!

「合成母音」は、基本母音を組み合わせた形で、全部で11個あります。韓国語には、10個の基本母音と、11個の合成母音をあわせて、全部で21個の母音があります。

● 合成母音ってこういうこと

母音 [o] **오** + 母音 [a] **아** → 合成母音 [wa] **와**

エ **애**		唇を横に引いて発音する「エ」の音。	イェ **애**		唇を横に引いて発音する「イェ」の音。
ㅇ	ㅐ		ㅇ	ㅐ	
無音	e		無音	ye	

エ **에**		日本語の「エ」とほぼ同じ発音。	イェ **예**		日本語の「イェ」とほぼ同じ発音。
ㅇ	ㅔ		ㅇ	ㅖ	
無音	e		無音	ye	

024

와 (ワ)	日本語の「わ」とほぼ同じ音。	왜 (ウェ)	唇をやや横に引いて「ウェ」と発音する音。
ㅇ(無音) + ㅘ(wa)		ㅇ(無音) + ㅙ(we)	
외 (ウェ)	自然に「ウェ」と発音する音。	워 (ウォ)	唇を丸く突き出して「ウォ」と発音する音。
ㅇ(無音) + ㅚ(we)		ㅇ(無音) + ㅝ(wo)	
웨 (ウェ)	自然に「ウェ」と発音する音。	위 (ウィ)	唇を丸く突き出して「ウィ」と発音する音。
ㅇ(無音) + ㅞ(we)		ㅇ(無音) + ㅟ(wi)	
의 (ウィ)	唇を横に引いて「ウィ」と発音する音。		
ㅇ(無音) + ㅢ(wi)			

おさえておきたい！ 発音の変化のルール

ハングルは、ローマ字のように読めるわかりやすい文字ですが、なかには発音しやすくするために音が変わるものがあります。基本的なルールをとりあげて説明しましょう。

※連音化、激音化、濃音化、鼻音化にあるそれぞれの右側の表記は説明をわかりやすくするためのもので、実際にはこのようなつづりは存在しないので（　　）で表しています。

● 連音化

パッチムの次に ㅇ（無音）がくるとき、パッチムの音を次の母音とつなげて発音します。

● 激音化

パッチム ㄱ (k)、ㄷ (t)、ㅂ (p)、ㅈ (ch)、のあとに ㅎ (h) がくる場合、それぞれ
ㅋ (kh)、ㅌ (th)、ㅍ (ph)、ㅊ (ch) と激音化します。

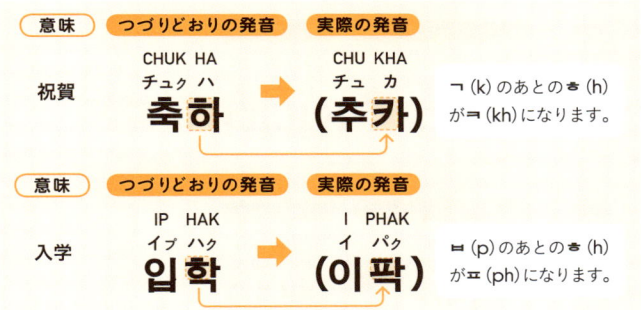

● 濃音化

パッチム ㄱ (k)、ㄷ (t)、ㅂ (p) のあとに、ㄱ (k)、ㄷ (t)、ㅂ (p)、ㅅ (s)、ㅈ (ch) がくる場合、それぞれ ㄲ (kk)、ㄸ (tt)、ㅃ (pp)、ㅆ (ss)、ㅉ (cch) に濃音化します。
また、パッチム ㄹ (l) のあとにくる ㄷ (t)、ㅅ (s)、ㅈ (ch) も、それぞれ ㄸ (tt)、ㅆ (ss)、ㅉ (cch) に濃音化します。

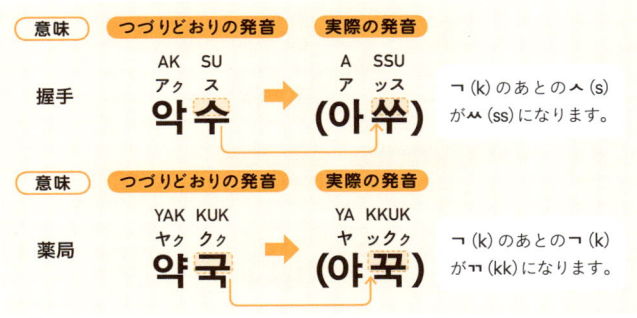

● 鼻音化

パッチム ㄱ(k)、ㄷ(t)、ㅂ(p) のあとに ㅁ(m)、ㄴ(n) がくる場合、それぞれ ㅇ(ng)、ㄴ(n)、ㅁ(m) に鼻音化します。

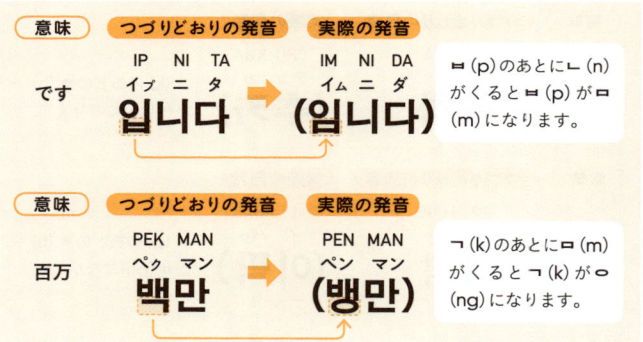

● 濁音化

ㄱ(k)、ㄷ(t)、ㅂ(p)、ㅈ(ch) が語中にくる場合、それぞれ ㄱ(k→g)、ㄷ(t→d)、ㅂ(p→b)、ㅈ(ch→j) と音が濁ります。

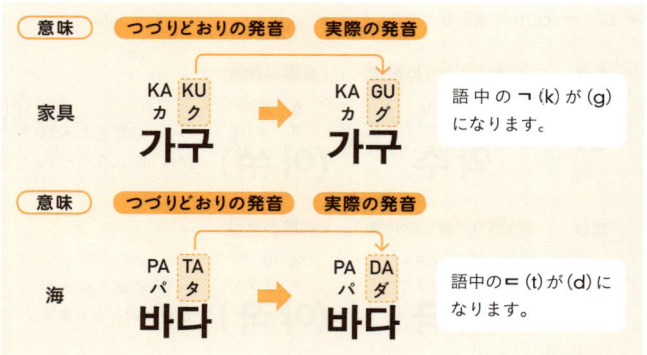

パッチムの発音

パッチムはその子音で止めるように発音しますが、26〜28ページでも説明したように、次にくる子音によって発音が変わることがあります。

カク (kak) 각	「カッコウ」の「カッ」とほぼ同じ発音。	カン (kan) 간	「漢字」の「カン」とほぼ同じ発音。
子音ㄱ / 母音ㅏ / 子音ㄱ		子音ㄱ / 母音ㅏ / 子音ㄴ	
カッ (kat) 갇	「カッター」の「カッ」とほぼ同じ発音。	カル (kal) 갈	「ル」は完全に発音せず舌を上あごにつけたまま止める。
子音ㄱ / 母音ㅏ / 子音ㄷ		子音ㄱ / 母音ㅏ / 子音ㄹ	
カム (kam) 감	「カンマ」の「カン」とほぼ同じ発音。	カプ (kap) 갑	「カッパ」の「カッ」とほぼ同じ発音。
子音ㄱ / 母音ㅏ / 子音ㅁ		子音ㄱ / 母音ㅏ / 子音ㅂ	
カッ (kat) 갓	갇 (kat) と同じ。パッチムの文字はㅅ(s)ですが、発音はㄷ(t)になります。	カン (kang) 강	「やかん」と発音するときの「カン」とほぼ同じ。
子音ㄱ / 母音ㅏ / 子音ㅅ		子音ㄱ / 母音ㅏ / 子音ㅇ	
カッ (kat) 갖	갇 (kat) と同じ。パッチムの文字はㅈ(ch)ですが、発音はㄷ(t)になります。		
子音ㄱ / 母音ㅏ / 子音ㅈ			

ハングル表
（基本母音編）

基本母音と基本子音、激音、濃音の組み合わせでできる文字をまとめた一覧表です。

	基本子音 ㄱ	ㄴ	ㄷ	ㄹ	ㅁ	ㅂ	ㅅ	ㅇ	ㅈ
ㅏ	가 カ	나 ナ	다 タ	라 ラ	마 マ	바 パ	사 サ	아 ア	자 チャ
ㅑ	갸 キャ	냐 ニャ	댜 ティャ	랴 リャ	먀 ミャ	뱌 ピャ	샤 シャ	야 ヤ	쟈 チャ
ㅓ	거 コ	너 ノ	더 ト	러 ロ	머 モ	버 ポ	서 ソ	어 オ	저 チョ
ㅕ	겨 キョ	녀 ニョ	뎌 ティョ	려 リョ	며 ミョ	벼 ピョ	셔 ショ	여 ヨ	져 チョ
ㅗ	고 コ	노 ノ	도 ト	로 ロ	모 モ	보 ポ	소 ソ	오 オ	조 チョ
ㅛ	교 キョ	뇨 ニョ	됴 ティョ	료 リョ	묘 ミョ	뵤 ピョ	쇼 ショ	요 ヨ	죠 チョ
ㅜ	구 ク	누 ヌ	두 トゥ	루 ル	무 ム	부 プ	수 ス	우 ウ	주 チュ
ㅠ	규 キュ	뉴 ニュ	듀 ティュ	류 リュ	뮤 ミュ	뷰 ピュ	슈 シュ	유 ユ	쥬 チュ
ㅡ	그 ク	느 ヌ	드 トゥ	르 ル	므 ム	브 プ	스 ス	으 ウ	즈 チュ
ㅣ	기 キ	니 ニ	디 ティ	리 リ	미 ミ	비 ピ	시 シ	이 イ	지 チ

（左側見出し：基本母音）

激音					濃音				
ㅊ	ㅋ	ㅌ	ㅍ	ㅎ	ㄲ	ㄸ	ㅃ	ㅆ	ㅉ
차	카	타	파	하	까	따	빠	싸	짜
チャ	カ	タ	パ	ハ	ッカ	ッタ	ッパ	ッサ	ッチャ
챠	캬	탸	퍄	햐	꺄	땨	뺘	쌰	쨔
チャ	キャ	ティャ	ピャ	ヒャ	ッキャ	ッティャ	ッピャ	ッシャ	ッチャ
처	커	터	퍼	허	꺼	떠	뻐	써	쩌
チョ	コ	ト	ポ	ホ	ッコ	ット	ッポ	ッソ	ッチョ
쳐	켜	텨	펴	혀	껴	뗘	뼈	쎠	쪄
チョ	キョ	ティョ	ピョ	ヒョ	ッキョ	ッティョ	ッピョ	ッショ	ッチョ
초	코	토	포	호	꼬	또	뽀	쏘	쪼
チョ	コ	ト	ポ	ホ	ッコ	ット	ッポ	ッソ	ッチョ
쵸	쿄	툐	표	효	꾜	뚀	뾰	쑈	쬬
チョ	キョ	ティョ	ピョ	ヒョ	ッキョ	ッティョ	ッピョ	ッショ	ッチョ
추	쿠	투	푸	후	꾸	뚜	뿌	쑤	쭈
チュ	ク	トゥ	プ	フ	ック	ットゥ	ップ	ッス	ッチュ
츄	큐	튜	퓨	휴	뀨	뜌	쀼	쓔	쮸
チュ	キュ	ティュ	ピュ	ヒュ	ッキュ	ッティュ	ッピュ	ッシュ	ッチュ
츠	크	트	프	흐	끄	뜨	쁘	쓰	쯔
チュ	ク	トゥ	プ	フ	ック	ットゥ	ップ	ッス	ッチュ
치	키	티	피	히	끼	띠	삐	씨	찌
チ	キ	ティ	ピ	ヒ	ッキ	ッティ	ッピ	ッシ	ッチ

ハングル表
（合成母音編）

合成母音と基本子音、激音、濃音の組み合わせでできる文字をまとめた一覧表です。

	基本子音							
合成母音	ㄱ	ㄴ	ㄷ	ㄹ	ㅁ	ㅂ	ㅅ	ㅇ	ㅈ
ㅐ	개 ケ	내 ネ	대 テ	래 レ	매 メ	배 ペ	새 セ	애 エ	재 チェ
ㅒ	걔 ケ	냬 ネ					섀 セ	얘 イェ	쟤 チェ
ㅔ	게 ケ	네 ネ	데 テ	레 レ	메 メ	베 ペ	세 セ	에 エ	제 チェ
ㅖ	계 ケ			례 レ				예 イェ	
ㅘ	과 クァ	놔 ヌァ	돠 トァ	롸 ルァ	뫄 ムァ	봐 プァ	쇠 スァ	와 ワ	좌 チュア
ㅙ	괘 クェ		돼 トェ			봬 プェ	쇄 スェ	왜 ウェ	좨 チェ
ㅚ	괴 クェ	뇌 ヌェ	되 トェ	뢰 ルェ	뫼 ムェ	뵈 プェ	쇠 スェ	외 ウェ	죄 チェ
ㅝ	궈 クォ	눠 ヌォ	둬 トォ	뤄 ルォ	뭐 ムォ	붜 プォ	숴 スォ	워 ウォ	줘 チュォ
ㅞ	궤 クェ	눼 ヌェ	뒈 トェ	뤠 ルェ	뭬 ムェ	붸 プェ	쉐 スェ	웨 ウェ	줴 チェ
ㅟ	귀 クィ	뉘 ヌィ	뒤 トィ	뤼 ルィ	뮈 ムィ	뷔 プィ	쉬 スィ	위 ウィ	쥐 チュイ
ㅢ	긔 クィ	늬 ヌィ	듸 トィ					의 ウィ	

032

위캐휘

激音					濃音				
ㅊ	ㅋ	ㅌ	ㅍ	ㅎ	ㄲ	ㄸ	ㅃ	ㅆ	ㅉ
채 チェ	캐 ケ	태 テ	패 ペ	해 ヘ	깨 ッケ	때 ッテ	빼 ッペ	쌔 ッセ	째 ッチェ
체 チェ	케 ケ	테 テ	페 ペ	헤 ヘ	께 ッケ	떼 ッテ	뻬 ッペ	쎄 ッセ	쩨 ッチェ
쳬 チェ	켸 ケ	톄 テ	폐 ペ	혜 ヘ	꼐 ッケ				
촤 チュア	과 クァ	톼 トァ	퐈 プァ	화 ファ	꽈 ックァ	똬 ットァ		쏴 ッスァ	쫘 ッチュア
	괘 クェ	퇘 トェ		홰 フェ	꽤 ックェ	뙈 ットェ		쐐 ッスェ	쫴 ッチェ
최 チェ	쾨 クェ	퇴 トェ	푀 プェ	회 フェ	꾀 ックェ	뙤 ットェ	뾔 ップェ	쐬 ッスェ	쬐 ッチェ
춰 チュォ	쿼 クォ	퉈 トォ	풔 プォ	훠 フォ	꿔 ックォ	뚸 ットォ		쒀 ッスォ	쭤 ッチュォ
췌 チェ	퀘 クェ	퉤 トェ		훼 フェ	꿰 ックェ	뛔 ットェ		쒜 ッスェ	
취 チュイ	퀴 クィ	튀 トィ	퓌 プィ	휘 フィ	뀌 ックィ	뛰 ットィ		쒸 ッスィ	쮜 ッチュイ
		틔 トィ		희 フィ		띄 ットィ		씌 ッスィ	

※空欄に入る文字は理論上は存在しますが、使われません

動詞、形容詞の活用とさまざまな表現

● 語尾が活用する

韓国語でも日本語と同じように動詞、形容詞の語尾が活用します。

[原形] 行く	行きます	行きました	行くよ	行きません
カダ 가다	カヨ 가요	カッソヨ 갔어요	カルケヨ 갈게요	アン ガヨ 안 가요

● 原形で使われることは少ない

韓国語では動詞、形容詞が原形のまま使われることはあまりありません。したがって、原形だけを知っていてもあまり役立ちません。本書では、私たちが使う機会の多い「〜ます、〜です」の形（ヘヨ体）と、「〜ました、〜でした」の形（過去形）をあわせて紹介します。

● さまざまな表現がある

韓国語には、日本語と同じようにていねいな言い方やくだけた言い方があり、それぞれ語尾を使い分けます。年上の人やあらたまった場所で使う「ハムニダ体」、やわらかい印象のていねいな言い方「ヘヨ体」、親しい間柄や年下の人に使う「ヘ体」が代表的です。そのほか、日本語の尊敬語と同じように言葉自体が変わる敬語表現もあります。

年上の人に **行きます**	やわらかい言い方 **行きます**	年下の人に **行こう**	敬語 **参ります**
カムニダ 갑니다	カヨ 가요	カジャ 가자	カゲッスムニダ 가겠습니다

第1章

Theme
よく使うフレーズと便利な単語

フレーズ

あいさつ

こんにちは。	안녕하세요?	アンニョンハセヨ
はじめまして。	처음 뵙겠습니다.	チョウム プェプケッス ムニダ
お会いできてうれしいです。	만나서 반갑습니다.	マンナソ パンガプス ムニダ
お久しぶりです。(ハムニダ体)	오래간만입니다.	オレガンマニムニダ
お久しぶりです。(ヘヨ体)	오래간만이에요.	オレガンマニエヨ
お元気ですか?	잘 지냈어요?	チャル ジネッソヨ
お元気でいらっしゃいましたか?	잘 지내셨어요?	チャル ジネショッソヨ
さようなら。(去る人に)	안녕히 가세요.	アンニョンヒ ガセヨ
さようなら。(とどまる人に)	안녕히 계세요.	アンニョンヒ ゲセヨ

やあ。／バイバイ。	안녕.	アンニョン
また会いましょう。	또 만나요.	ト マンナヨ
お気をつけて。	조심하세요.	チョシマセヨ
おやすみなさい。	안녕히 주무세요.	アンニョンヒ ジュムセヨ
おやすみ。	잘 자요.	チャル ジャヨ
いってらっしゃい。	다녀 오세요.	タニョ オセヨ
いってきます。(ハムニダ体)	다녀 오겠습니다.	タニョ オゲッスムニダ
いってきます。(ヘヨ体)	다녀 올게요.	タニョ オルケヨ
おかえりなさい。(ハムニダ体)	다녀 오셨습니까?	タニョ オショッスムニッカ
おかえりなさい。(ヘヨ体)	다녀 왔어요?	タニョ ワッソヨ
ただいま。	다녀 왔습니다.	タニョ ワッスムニダ
食事はされましたか？	식사 하셨어요?	シクサ ハショッソヨ
ご飯は食べましたか？	밥 먹었어요?	パム モゴッソヨ
お疲れさまです。	수고 하세요.	スゴ ハセヨ

第1章 ◇ あいさつ

フレーズ
お願いする・感謝する・謝る

お願いします。	부탁합니다.	プタカムニダ
教えてください。	가르쳐 주세요.	カルチョ ジュセヨ
書いてください。	써 주세요.	ソ ジュセヨ
見せてください。	보여 주세요.	ポヨ ジュセヨ
これをください。	이거 주세요.	イゴ ジュセヨ
待ってください。	기다려 주세요.	キダリョ ジュセヨ
手伝ってください。	도와 주세요.	トワ ジュセヨ
やめてください。	그만 하세요.	クマ ナセヨ
行かないでください。	가지 마세요.	カジ マセヨ
ゆっくり話してください。	천천히 말해 주세요.	チョンチョニ マレ ジュセヨ
わかりました。	알겠습니다.	アルゲッスムニダ
いいです。	좋습니다.	チョッスムニダ
大丈夫です。	괜찮습니다.	クェンチャンスムニダ
できません。	못합니다.	モタムニダ

感謝します。 (ハムニダ体)	감사합니다.	カムサハムニダ
ありがとうございます。 (ハムニダ体)	고맙습니다.	コマプスムニダ
ありがとうございます。 (ヘヨ体)	고마워요.	コマウォヨ
ありがとうございました。 (ハムニダ体)	고마웠습니다.	コマウォッスムニダ
ありがとうございました。(ヘヨ体)	고마웠어요.	コマウォッソヨ
とても感謝しています。	대단히 감사합니다.	テダニ　カムサハムニダ
申し訳ありません。	죄송합니다.	チェソンハムニダ
申し訳ありませんでした。	죄송했습니다.	チェソンヘッスムニダ
ごめんなさい。 (ハムニダ体)	미안합니다.	ミアナムニダ
ごめんなさい。 (ヘヨ体)	미안해요.	ミアネヨ

第1章 ◇ お願いする・感謝する・謝る

フレーズ

質問する ①

本当ですか?	정말이에요?	チョンマリエヨ
ありますか?／いますか? (ハムニダ体)	있습니까?	イッスムニッカ
ありますか?／いますか? (ヘヨ体)	있어요?	イッソヨ
わかりますか? (ハムニダ体)	압니까?	アムニッカ
わかりますか? (ヘヨ体)	알아요?	アラヨ
何ですか? (ハムニダ体)	무엇입니까?	ムオシムニッカ
何ですか? (ヘヨ体)	뭐예요?	ムォエヨ
どこですか? (ハムニダ体)	어디입니까?	オディイムニッカ

どこですか? (ヘヨ体)	어디예요?	オディエヨ
何時ですか? (ハムニダ体)	몇 시입니까?	ミョッ シイムニッカ
何時ですか? (ヘヨ体)	몇 시예요?	ミョッ シエヨ
いつですか? (ハムニダ体)	언제입니까?	オンジェイムニッカ
いつですか? (ヘヨ体)	언제예요?	オンジェエヨ
どうですか? (ハムニダ体)	어떻습니까?	オットッスムニッカ
どうですか? (ヘヨ体)	어때요?	オッテヨ
誰ですか? (ハムニダ体)	누구십니까?	ヌグシムニッカ
誰ですか? (ヘヨ体)	누구세요?	ヌグセヨ

第1章 ◇ 質問する①

フレーズ

質問する②

好きですか? (ハムニダ体)	좋아합니까?	チョアハムニッカ
好きですか? (ヘヨ体)	좋아해요?	チョアヘヨ
嫌いですか? (ハムニダ体)	싫어합니까?	シロハムニッカ
嫌いですか? (ヘヨ体)	싫어해요?	シロヘヨ
どうされましたか?	왜 그러세요?	ウェ グロセヨ
たばこを吸っても いいですか? (ハムニダ体)	담배를 피워도 됩니까?	タムベルル ピウォド ドェムニッカ
たばこを吸っても いいですか? (ヘヨ体)	담배를 피워도 돼요?	タムベルル ピウォド ドェヨ

どのくらいの時間が かかりますか? (ハムニダ体)	시간이 얼마나 걸립니까?	シガニ オルマナ ゴルリムニッカ
どのくらいの時間が かかりますか? (ヘヨ体)	시간이 얼마나 걸려요?	シガニ オルマナ ゴルリョヨ
なぜですか? (ハムニダ体)	왜입니까?	ウェイムニッカ
なぜですか? (ヘヨ体)	왜요?	ウェヨ
何人ですか? (ハムニダ体)	몇 명입니까?	ミョン ミョンイムニッカ
何人ですか? (ヘヨ体)	몇 명이에요?	ミョン ミョンイエヨ
見てもいいですか? (ハムニダ体)	봐도 됩니까?	プァド ドェムニッカ
見てもいいですか? (ヘヨ体)	봐도 돼요?	プァド ドェヨ

第1章 ◇ 質問する②

フレーズ
あいづち

はい。	네. / 예.	ネ/イェ
うん。	응.	ウン
そうそう。	그래그래.	クレクレ
そうなの?	그래?	クレ
そうなんだ。	그렇구나.	クロクナ
そうだったんですね。	그랬구나.	クレックナ
ああ。	아.	ア
わかった。	알겠어.	アルゲッソ
知っています。	알고 있어요.	アルゴ イッソヨ
知りませんでした。	몰랐어요.	モルラッソヨ
本当?	정말?	チョンマル
冗談でしょ?	농담이지?	ノンダミジ
ほんと?(マジ?)	진짜?	チンッチャ
おもしろいですね。	재미있네요.	チェミインネヨ
それで?	그래서?	クレソ

なるほど。	그렇군.	クロクン
その後、どうなりましたか?	그 뒤 어떻게 됐어요?	ク ドゥィ オットッケ ドェッソヨ
だからですよ。	그러니까요.	クロニッカヨ
もちろんです。	물론이에요.	ムルロニエヨ
そうではありません。	그런 게 아니에요.	クロン ゲ アニエヨ
何と言いましたか?	뭐라고 말했어요?	ムォラゴ マレッソヨ
そうですね。	그렇군요.	クロックンニョ
それはいいですね。	그거 좋군요.	クゴ チョクンニョ
残念でしたね。	아쉽네요.	アシュィムネヨ
やっぱり!	역시!	ヨクシ
えっ!	뭐!	ムォ
すごい!	대단해!	テダネ
私もそう思っていたの。	나도 그렇게 생각하고 있었어.	ナド クロケ センガカゴ イッソッソ
そのとおりです。	맞아요.	マジャヨ
おっしゃるとおりです。	말씀하신 대로입니다.	マルスマシン デロイムニダ

第1章 ◇ あいづち

フレーズ
励ます・心配する

がんばってください。	열심히 하세요.	ヨルシミ ハセヨ
がんばれ！	힘내!	ヒムネ
ファイト！	화이팅!	ファイティン
大丈夫！	괜찮아!	クェンチャナ
がんばろう！	힘내자!	ヒムネジャ
泣かないでください。	울지 마세요.	ウルジ マセヨ
大丈夫ですか？ (ハムニダ体)	괜찮습니까?	クェンチャンスムニッカ
大丈夫ですか？ (ヘヨ体)	괜찮아요?	クェンチャナヨ
どこか具合が悪いのですか？	어디 아프세요?	オディ アプセヨ
体の具合はいかがですか？	몸은 어떠세요?	モムン オットセヨ
つらそうですね。	힘들겠네요.	ヒムドゥルゲンネヨ

よく眠れましたか?	안녕히 주무셨어요?	アンニョンヒ ジュムショッソヨ
風邪をひきましたか?	감기에 걸렸어요?	カムギエ ゴルリョッソヨ
寂しくないですか?	외롭지 않으세요?	ウェロプチ アヌセヨ
どうかされましたか?	무슨 일 있으세요?	ムスン ニル イッスセヨ
お気の毒です。	안됐군요.	アンドェックンニョ
かわいそうに。	불쌍하네요.	プルサンハネヨ
何が心配なのですか?	무슨 걱정 있으세요?	ムスン コクチョン イッスセヨ
無理しないでください。	무리하지 마세요.	ムリハジ マセヨ
早くお休みください。	일찍 쉬세요.	イルチク シュィセヨ
勇気を出して!	용기 내세요!	ヨンギ ネセヨ
あきらめないで!	포기하지 마세요!	ポギハジ マセヨ
元気を出してください。	힘 내세요.	ヒム ネセヨ
仕方ないですよ。	어쩔 수 없네요.	オッチョル ス オムネヨ

第1章 ◇ 励ます・心配する

フレーズ

トラブル ①

ここは私の席です。	여기는 제 자리예요.	ヨギヌン チェ ジャリエヨ
荷物が出てきません。	제 짐이 안 나와요.	チェ ジミ アン ナワヨ
パスポートをなくしました。	여권을 잃어버렸어요.	ヨクォヌル イロボリョッソヨ
注文したものと違います。	주문한 것과 달라요.	チュムナン ゴックァ ダルラヨ
注文したものがきません。	주문한 게 안 나와요.	チュムナン ゲ アン ナワヨ
会計が違っています。	계산이 틀려요.	ケサニ トゥルリョヨ
おつりが少ないです。	거스름돈이 적어요.	コスルムトニ ジョゴヨ
キャッシュカードが出てきません。	현금카드가 안 나와요.	ヒョングムカドゥガ アン ナワヨ
道に迷いました。	길을 잃었어요.	キルル イロッソヨ
教えてください。	가르쳐 주세요.	カルチョ ジュセヨ

連れていってください。	데리고 가 주세요.	テリゴ ガ ジュセヨ
予約していました。	예약했었어요.	イェヤケッソッソヨ
故障しています。	고장났어요.	コジャンナッソヨ
電気がつきません。	불이 안 켜져요.	プリ アン キョジョヨ
隣がうるさいです。	옆 방이 시끄러워요.	ヨプ パンイ シックロウォヨ
部屋の鍵をなくしました。	방 열쇠를 잃어버렸어요.	パン ニョルスェルル イロボリョッソヨ
部屋を掃除してください。	방을 청소해 주세요.	パヌル チョンソヘ ジュセヨ
部屋を替えてください。	방을 바꿔 주세요.	パヌル バックォ ジュセヨ
シーツを替えてください。	시트를 바꿔 주세요.	シトゥルル バックォ ジュセヨ
鍵が開きません。	문이 안 열려요.	ムニ アン ヨルリョヨ
鍵が閉まりません。	문이 안 잠겨요.	ムニ アン ジャムギョヨ
お湯が出ません。	뜨거운 물이 안 나와요.	トゥゴウン ムリ アン ナワヨ
水が止まりません。	물이 안 멈춰요.	ムリ アン モムチュォヨ

第1章 ◇ トラブル①

フレーズ

トラブル ②

何かにおいます。	무슨 냄새가 나요.	ムスン ネムセガ ナヨ
焦げ臭いです。	탄 냄새가 나요.	タン ネムセガ ナヨ
〜がありません。	〜가 없어요.	〜ガ オプソヨ
〜がなくなりました。	〜다 썼어요.	〜タ ソッソヨ
返してください。	돌려 주세요.	トルリョ ジュセヨ
やめてください。	하지 마세요.	ハジ マセヨ
助けて！	도와 줘!	トワ ジュォ
逃げろ！	도망 가!	トマン ガ
捕まえろ！	잡아!	チャバ
泥棒だ！	도둑이다!	トドゥギダ
火事だ！	불이야!	プリヤ
早く！	빨리!	パルリ
誰か！	누군가!	ヌグンガ
警察を呼んでください。	경찰을 불러 주세요.	キョンチャルル プルロ ジュセヨ

救急車を呼んでください。	구급차를 불러 주세요.	クグプチャルル ブルロ ジュセヨ
だまされました。	속았어요.	ソガッソヨ
財布を盗まれました。	지갑을 훔쳐 갔어요.	チガブル フムチョ ガッソヨ
財布がありません。	지갑이 없어요.	チガビ オプソヨ
目撃しました。	목격했어요.	モクキョケッソヨ
殴られました。	맞았어요.	マジャッソヨ
訴えます！	고소하겠어요!	コソハゲッソヨ
謝ってください。	사과하세요.	サグァハセヨ
どうしたらいいですか？	어떻게 하면 돼요?	オットケ ハミョン デェヨ
手伝ってください。	도와 주세요.	トワ ジュセヨ
困ります。	곤란해요.	コルラネヨ
急いでいます。	급해요.	クペヨ
ついてこないで。	따라오지 마.	タラオジ マ
誤解です。	오해예요.	オヘエヨ
聞いてください。	들어 주세요.	トゥロ ジュセヨ

第1章 ◇ トラブル ②

便利な単語
歌詞によくある表現①

そばにいてほしい	곁에 있어 주세요	キョテ イッソ ジュセヨ
恋しいです	그리워요	クリウォヨ
遠くにいても	멀리 있어도	モルリ イッソド
あなたのそばで	당신 곁에서	タンシン ギョテソ
待ってあげるわ	기다려 줄게요	キダリョ ジュルケヨ
守ってくれるよね	지켜줄 거죠	チキョジュル コジョ
変わらない気持ち	변함없는 마음	ピョナモムヌン マウム
私の願い	내 소망	ネ ソマン
何年たっても	몇 년이 지나도	ミョン ニョニ ジナド
必ず	꼭	コク
彼女の香り	그녀의 향기	クニョエ ヒャンギ
会いに行きますよ	만나러 갈게요	マンナロ ガルケヨ
はじめて	처음	チョウム
何度も	몇 번이나	ミョッ ポニナ
待ちながら	기다리면서	キダリミョンソ

すべて	전부/다	チョンブ/タ
君だけ	너뿐/너만	ノップン/ノマン
夢を見ます	꿈을 꿔요	クムル ックォヨ
夢を描きます	꿈을 그려요	クムル グリョヨ
一緒に	같이	カチ
探して	찾아	チャジャ
胸の内	가슴 속	カスム ソク
耳元	귓전	クィッチョン
魔法	마법	マボプ
祝福	축복	チュクポク
贈り物	선물	ソンムル
天使	천사	チョンサ
女神	여신	ヨシン
ひまわり	해바라기	ヘバラギ
ときめきます	가슴이 설레요	カスミ ソルレヨ
心の中	마음 속	マウム ソク
正直	정직	チョンジク
記憶	기억	キオク

第1章 ◇ 歌詞によくある表現①

便利な単語
歌詞によくある表現②

だめなの?	안돼니?	アンドェニ
戻ってきて	돌아와	トラワ
行かないで	가지 마	カジ マ
答えてよ	대답해	テダペ
見せてよ	보여 줘	ポヨ ジュォ
聞こえますか?	들려요?	トゥルリョヨ
僕(私)のせいで	나 때문에	ナ ッテムネ
これ以上	이 이상	イ イサン
涙が出ます	눈물이 나요	ヌンムリ ナヨ
怒ってばかりです	화만 내요	ファマン ネヨ
君(おまえ)がいない	니가 없어	ニガ オプソ
わかっていない	몰라	モルラ
去っていきます	떠나가요	トナガヨ
震えます	흔들려요／떨려요	フンドゥルリョヨ／トルリョヨ

時間が流れて	시간이 흘러	シガニ フルロ
最後の	마지막의	マジマゲ
一日	하루	ハル
お互い	서로	ソロ
ばかみたい	바보 같아	パボ ガタ
ひとりで	혼자서	ホンジャソ
終わりました	끝났어요	クンナッソヨ
息が詰まります	숨이 막혀요	スミ マキョヨ
悩みます	고민해요	コミネヨ
別れよう	헤어지자	ヘオジジャ
不安	불안	プラン
不幸	불행	プレン
なぐさめ	위로	ウィロ
私の心の中	내 마음 속	ネ マウム ソク
なつかしいです	그리워요	クリウォヨ
いつまでも	언제까지나	オンジェッカジナ
少しだけ	조금만	チョグムマン
もしかして	혹시	ホクシ

第1章 ◇ 歌詞によくある表現②

便利な単語
人の呼び方

ダーリン(ハニー)	자기야	チャギャー
私(僕・俺)	나	ナ
私(謙譲語)	저	チョ
あなた	당신	タンシン
私たち	우리	ウリ
みなさん	여러분	ヨロブン
きみ(おまえ)	너	ノ
きみたち	너희	ノヒィ
彼	그	ク
彼ら	그들	クドゥル
彼女	그녀	クニョ
彼女ら	그녀들	クニョドゥル
～さん	～씨	～シ
～さま	～님	～ニム
親しい年下	동생	トンセン

(女性から見た) **親しい年上女性**	언니	オンニ
(女性から見た) **親しい年上男性**	오빠	オッパ
(男性から見た) **親しい年上女性**	누나	ヌナ
(男性から見た) **親しい年上男性**	형	ヒョン
(血縁関係のない) **おじさん**	아저씨	アジョッシ
(血縁関係のない) **おばさん**	아주머니	アジュモニ

はみだし 豆知識

相手との距離で使い分けが必要

韓国では、血のつながっていない人でも仲良くなると「お姉さん」「お兄さん」と呼びます。その呼び方で関係が深いことがうかがえます。男性が、年上の男性や女性を呼ぶとき、また女性が、年上の男性、女性を呼ぶときとそれぞれ言い方が異なるので間違えないようにしましょう。

その他
ことわざ

どんぐりの背比べ	도토리 키 재기	トトリ キ ジェギ
初心忘るべからず	개구리 올챙이 적 생각 못 한다	ケグリ オルチェンイ ジョク センガン モタンダ
壁に耳あり障子に目あり	낮말은 새가 듣고 밤말은 쥐가 듣는다	ナンマルン セガ ドゥッコ パムマルン ジュィガ ドゥンヌンダ
寝耳に水	아닌 밤중에 홍두깨	アニン パムチュンエ ホンドゥッケ
目と鼻の先	엎어지면 코 닿을 데	オポジミョン コ ダウル テ
良薬口に苦し	좋은 약은 입에 쓰다	チョウン ニャグン イベ スダ
夫婦げんかは犬も食わぬ	칼로 물 베기	カルロ ムル ペギ
灯台もと暗し	등잔 밑이 어둡다	トゥンジャン ミチ オドゥプタ

上には上がある	기는 놈 위에 나는 놈이 있다	キヌン ノム ウィエ ナヌン ノミ イッタ
となりの芝生は青い	남의 밥에 든 콩이 굵어 보인다	ナメ パベ ドゥン コンイ クルゴ ボインダ
石橋をたたいて渡る	돌다리도 두드려 보고 건너라	トルダリド ドゥドゥリョ ポゴ ゴンノラ
目の中へ入れても痛くない	눈에 넣어도 아프지 않다	ヌネ ノオド アプジ アンタ
猿も木から落ちる	원숭이도 나무에서 떨어진다	ウォンスンイド ナムエソ トロジンダ
売り言葉に買い言葉	가는 말이 고와야 오는 말이 곱다	カヌン マリ コワヤ オヌン マリ コプタ
この親にしてこの子あり	그 아버지에 그 아들	ク アボジエ ク アドゥル
火のないところに煙は立たぬ	아니 땐 굴뚝에 연기 날까	アニ ッテン グルトゥゲ ヨンギ ナルッカ
頭角を現す	두각을 나타내다	トゥガグル ナタネダ
時は金なり	시간은 돈이다	シガヌン ドニダ

第1章 ◇ ことわざ

その他

四字熟語

温故知新	온고지신	オンゴジシン
旧態依然	구태의연	クテイヨン
勧善懲悪	권선장악	クォンソンジャンアク
老若男女	남녀노소	ナムニョノソ
同苦同楽	동고동락	トンゴドンナク
転禍為福	전화위복	チョノァウィポク
賛否両論	창반양론	チャンバンニャンノン
薄利多売	박리다매	パンニダメ
不撤昼夜	불철주야	プルチョルジュヤ
言語道断	언어도단	オノドダン
竜頭蛇尾	용두사미	ヨンドゥサミ
以心伝心	이심전심	イシムジョンシム
因果応報	인과응보	イングァウンポ
一挙両得	일거양득	イルゴヤンドゥク
一網打尽	일망타진	イルマンタジン

自画自賛	자화자찬	チャファジャチャン
意気投合	의기투합	ウィギトゥハプ
縦横無尽	종횡무진	チョンフェンムジン
天災地変	천재지변	チョンジェジビョン
波瀾万丈	파란만장	パランマンジャン
花鳥風月	화조풍월	ファジョプンウォル
完全無欠	완전무결	ワンジョンムギョル
危機一髪	위기일발	ウィギイルバル
喜怒哀楽	희로애락	ヒノエラク
起死回生	기사회생	キサフェセン
奇想天外	기상천외	キサンチョヌェ
九死一生	구사일생	クサイルセン
五里霧中	오리무중	オリムジュン
単刀直入	단도직입	タンドジギプ
一石二鳥	일석이조	イルソギジョ
海千山千	산전수전	サンジョンスジョン
試行錯誤	시행착오	シヘンチャゴ
進退両難	진퇴양난	チントェヤンナン

第1章 ◇ 四字熟語

その他
助詞・接続詞　てにをは

~が	~이／가	~イ／ガ
~は	~은／는	~ウン／ヌン
~を	~을／를	~ウル／ルル
~に	~에	~エ
~と	~하고	~ハゴ
~で (場所)	~에서	~エソ
~で (手段)	~으로	~ウロ
~から (場所)	~에서	~エソ
~から (時間)	~부터	~プト
~まで	~까지	~カジ
~も	~도	~ト
~だけ	~만	~マン
~か	~이나	~イナ
~くらい	~정도	~チョンド
~より	~보다	~ポダ

それで	그래서	クレソ
だから	그러니까	クロニッカ
それゆえに	그러므로	クロムロ
すると	그러자	クロジャ
しかし	그렇지만	クロチマン
それでも	그래도	クレド
それでは	그러면	クロミョン
ところで	그런데	クロンデ
そして	그리고	クリゴ
そうしながら	그러면서	クロミョンソ
また	또／다시	ト／タシ
それでこそ	그래야	クレヤ
さらに	더욱	トウク
または	또는	トヌン
つまり	즉／요컨대	チュク／ヨコンデ
たとえば	예를 들면	イェルル トゥルミョン
やはり	역시	ヨクシ
まだ	아직	アジク

第1章 ◇ 助詞・接続詞

ハングル雑学 ①
ハングル入力のしかた

韓国語を入力するための、パソコン設定方法を説明します。
(Windows7 対応。機種によって違いがあります)

---

❶ スタートボタンをクリックし「コントロールパネル」を選ぶ。

⬇

❷ 「地域と言語」を選択し、「キーボードと言語」タブにある
「キーボードの変更」をクリックする。

⬇

❸ 「追加」をクリックし、「韓国語」「Microsoft IME」にチェックを入れる。

⬇

❹ キーボードの「Shift」と「Alt」キーを同時に押すか
画面右下にある言語バーから「KO」を選ぶ。

※入力は、**子音 → 母音**の順に入力すると、自動で1文字になる。

第2章

Theme

日常生活 ①

衣服

ブラウス	블라우스	ブルラウス
Tシャツ	티셔츠	ティショチュ
シャツ	셔츠	ショチュ
ワイシャツ	와이셔츠	ワイショチュ
キャミソール	캐미솔	ケミソル
トレーニング服	트레이닝복	トゥレイニンポク
ジャージ	추리닝	チュリニン
カットソー	커트소	コトゥソ
パーカー	파카	パカ
セーター	스웨터	スウェト
ベスト	베스트	ベストゥ
ジャンパー	잠바	ジャムバ
ジャケット	재킷	ジェキッ
革ジャケット	가죽 재킷	カジュク ジェキッ
カーディガン	가디건	カディゴン

コート	코트	コトゥ
毛皮	모피	モピ
スカート	치마	チマ
ロングスカート	롱스커트	ロンスコトゥ
ミニスカート	미니스커트	ミニスコトゥ
ワンピース	원피스	ウォンピス
ツーピース	투피스	トゥピス
ズボン(パンツ)	바지	パジ
ショートパンツ	핫팬츠	ハッペンチュ
ジーンズ	데님	デニム
レギンス	레깅스	レギンス
紳士スーツ	신사 양복	シンサ ヤンボク
ドレス	드레스	ドゥレス
タキシード	턱시도	トクシド
長袖	긴 소매	キン ソメ
半袖	반소매	パンソメ
ノースリーブ	민소매	ミンソメ
古着	빈티지	ピンティジ

服飾雑貨・小物

衣

かばん	가방	カバン
ハンドバッグ	핸드백	ヘンドゥベク
ショルダーバッグ	숄더백	ショルドベク
リュックサック	배낭	ペナン
ポーチ	파우치	パウチ
靴	신발	シンバル
靴下	양말	ヤンマル
ハイヒール	하이힐	ハイヒル
パンプス	펌프스	ポムプス
ブーツ	부츠	ブチュ
サンダル	샌들	センドゥル
紳士靴	신사화	シンサファ
スニーカー	스니커즈	スニコズ
スリッパ	슬리퍼	スルリポ
帽子	모자	モジャ

ネクタイ	넥타이	ネクタイ
スカーフ	스카프	スカプ
マフラー	머플러	モプルロ
ショール	숄	ショル
眼鏡	안경	アンギョン
サングラス	선글라스	ソングルラス
ベルト	벨트	ベルトゥ
ボタン	단추	タンチュ
腕時計	손목시계	ソンモクシゲ
タイツ	타이츠	タイチュ
ストッキング	스타킹	スタキン
下着	속옷	ソゴッ
ブラジャー	브래지어	ブレジオ
ショーツ	팬티	ペンティ
パジャマ	파자마	パジャマ
ハンカチ	손수건	ソンスゴン
リボン	리본	リボン
手袋	장갑	チャンガプ

第2章 ◇ 服飾雑貨・小物

衣
化粧品・アクセサリー

化粧品	화장품	ファジャンプム
洗顔フォーム	폼클렌징	ポムクルレンジン
クレンジング	클렌징	クルレンジン
化粧水	스킨	スキン
乳液	로션	ロション
保湿クリーム	영양 크림	ヨンヤン クリム
シートパック	마스크팩	マスクペク
BBクリーム	BB크림	ビビクリム
ファンデーション	화운데이션	ファウンデイション
アイシャドウ	아이섀도	アイセド
アイライン	아이라인	アイライン
マスカラ	마스카라	マスカラ
チーク	치크	チク
口紅	립스틱	リプスティク
グロス	글로스	グルロス

香水	향수	ヒャンス
あぶら取り紙	기름종이	キルムジョンイ
コットン	화장솜	ファジャンソム
日焼け止め	선크림	ソンクリム
マニキュア	메니큐어	メニキュオ
ジェルネイル	젤 네일	ジェル ネイル
除光液	리무버	リムボ
ヘアスプレー	헤어스프레이	ヘオスプレイ
髪留め(バレッタ)	머리핀	モリピン
カチューシャ	머리띠	モリッティ
シュシュ	곱창 밴드	コプチャン ベンドゥ
イヤリング(ピアス)	귀걸이	クィゴリ
アンクレット	발찌	パルッチ
ブレスレット	팔찌	パルッチ
指輪	반지	パンジ
ネックレス	목걸이	モクコリ
ブローチ	브로치	ブロチ
化粧ポーチ	화장 파우치	ファジャン パウチ

第2章 ◆ 化粧品・アクセサリー

衣 色・柄・大きさ・形

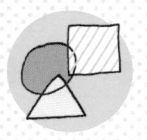

色	색깔	セクカル
赤	빨간색	パルガンセク
黒	까만색	カマンセク
白	하얀색	ハヤンセク
茶色	밤색	パムセク
グレー(灰色)	회색	フェセク
青	파란색	パランセク
緑	초록색	チョロクセク
ピンク(桃色)	분홍색	プノンセク
黄色	노란색	ノランセク
オレンジ色	주황색	チュファンセク
ストライプ	스트라이프	ストゥライプ
水玉	물방울	ムルパンウル
花柄	꽃무늬	コンムニ
無地	무지	ムジ

チェック柄	체크무늬	チェクムニ
サイズ	사이즈	サイズ
大きい 原形	크다	クダ
大きいです ヘヨ	커요	コヨ
大きかったです 過去	컸어요	コッソヨ
小さい 原形	작다	チャクタ
小さいです ヘヨ	작아요	チャガヨ
小さかったです 過去	작았어요	チャガッソヨ
長い 原形	길다	キルダ
長いです ヘヨ	길어요	キロヨ
長かったです 過去	길었어요	キロッソヨ
短い 原形	짧다	チャルタ
短いです ヘヨ	짧아요	チャルバヨ
短かったです 過去	짧았어요	チャルバッソヨ
形	형	ヒョン
ハート	하트	ハトゥ
丸	동그라미	トングラミ
四角／三角	사각／삼각	サガク／サムガク

食

食事

食事	식사	シクサ
朝食	아침 식사	アチム シクサ
昼食	점심 식사	チョムシム シクサ
夕食	저녁 식사	チョニョク シクサ
夜食	야식	ヤシク
弁当	도시락	トシラク
外食	외식	ウェシク
出前	배달	ペダル
大食い	대식가	テシクカ
小食	소식가	ソシクカ
食べすぎ	과식	クァシク
食欲	식욕	シギョク
ベジタリアン	채식주의자	チェシクチュイジャ
医食同源	의식동원	ウィシクトンウォン
マクロビオティック	장수식의	チャンスシギ

おかず	반찬	パンチャン
おやつ(間食)	간식	カンシク
ご飯	밥	パプ
常備菜	밑반찬	ミッパンチャン
買い食い	군것질	クンゴッチル
レトルト食品	레토르트식품	レトルトゥシクプム
冷凍食品	냉동식품	ネンドンシクプム
インスタント食品	인스턴트식품	インストントゥシクプム
保存食	보존식	ポジョンシク
非常食	비상식량	ピサンシンニャン
乾物	건어물	コノムル
缶詰	통조림	トンジョリム
瓶詰	병조림	ピョンジョリム
箸	젓가락	チョッカラク
スプーン	숟가락	スッカラク
フォーク	포크	ポク
ナイフ	나이프	ナイプ
つまようじ	이쑤시개	イッスシゲ

第2章 ◇ 食事

食 — 飲食店

メニュー	메뉴	メニュ
水	물	ムル
おしぼり	물수건	ムルスゴン
紙ナプキン	종이 냅킨	チョンイ ネプキン
紙エプロン	종이 앞치마	チョンイ アプチマ
レジ	계산대	ケサンデ
ウエイター	웨이터	ウェイト
伝票	전표	チョンピョ
会計	계산	ケサン
レストラン	레스토랑	レストラン
ファミリーレストラン	훼미리레스토랑	フェミリレストラン
カフェ	카페	カペ
バー	바	バ
屋台	포장마차	ポジャンマチャ
ビュッフェ	뷔페	ブィペ

ファストフード	패스트 푸드	ペストゥ プドゥ
おすすめ	추천	チュチョン
フランス料理	프랑스 요리	プランス ヨリ
イタリア料理	이탈리아 요리	イタルリア ヨリ
中国料理	중화요리	チュンファヨリ
ハーフサイズ	반 사이즈	パン サイズ
おかわり(食べ物)	더 먹음	ト モグム
おかわり(飲み物)	리필	リピル
大盛り	곱빼기	コプペギ
テイクアウト	포장	ポジャン
ランチタイム	런치타임	ロンチタイム
セルフサービス	셀프서비스	セルプソビス

第2章 ◇ 飲食店

関連 キーフレーズ

- いただきます。　　　　　　잘 먹겠습니다.　　チャル モクケッスムニダ
- ごちそうさまでした。　　　잘 먹었습니다.　　チャル モゴッスムニダ
- お腹がいっぱいです。　　　배 불러요.　　　　ペブルロヨ
- (客)おいしくしてくださいね。맛있게 해 주세요. マシッケ ヘ ジュセヨ
- (店)おいしく召し上がって　맛있게 드세요.　　マシッケ ドゥセヨ
  ください。

食 味の表現

おいしい 原形	맛있다	マシッタ
おいしいです ヘヨ	맛있어요	マシッソヨ
おいしかったです 過去	맛있었어요	マシッソッソヨ
まずい 原形	맛없다	マドプタ
まずいです ヘヨ	맛없어요	マドプソヨ
まずかったです 過去	맛없었어요	マドプソッソヨ
辛い 原形	맵다	メプタ
辛いです ヘヨ	매워요	メウォヨ
辛かったです 過去	매웠어요	メウォッソヨ
甘い 原形	달다	タルダ
甘いです ヘヨ	달아요	タラヨ
甘かったです 過去	달았어요	タラッソヨ
苦い 原形	쓰다	スダ
苦いです ヘヨ	써요	ソヨ
苦かったです 過去	썼어요	ソッソヨ

すっぱい 原形	시다	シダ
すっぱいです ヘヨ	셔요	ショヨ
すっぱかったです 過去	셨어요	ショッソヨ
味付け	간맞추기	カンマッチュギ
あっさり	개운해요／시원해요	ケウネヨ／シウォネヨ
薄味	담백한 맛	タムベカン マッ
濃厚な味	짙은 맛	チトゥン マッ
まろやか	순한 맛	スナン マッ
香ばしい味	구수한 맛	クスハン マッ
油っこい味	느끼한 맛	ヌッキハン マッ
渋み	떫은 맛	トルブン マッ
臭み	역겨운 냄새	ヨクキョウン ネムセ

はみだし 豆知識

あまりにおいしいときに言いたい言葉

「すごくおいしい」と言いたいとき、韓国人は「둘이 먹다 하나가 죽어도 모르겠다 (トゥリ モクタ ハナガ チュゴド モルゲッタ)」と言います。直訳は「二人で食べていて一人が死んでもわからない」です。ちょっと長めですが、使ってみてくださいね。

トゥリ モクタ ハナガ チュゴド モルゲッタ！

食感・感触

食感	식감	シクカム
歯ごたえ	씹는 맛	シムヌン マッ
軟らかい 原形	부드럽다	プドゥロプタ
軟らかいです ヘヨ	부드러워요	プドゥロウォヨ
軟らかかったです 過去	부드러웠어요	プドゥロウォッソヨ
硬い 原形	딱딱하다	タクタカダ
硬いです ヘヨ	딱딱해요	タクタケヨ
硬かったです 過去	딱딱했어요	タクタケッソヨ
軽い 原形	가볍다	カビョプタ
軽いです ヘヨ	가벼워요	カビョウォヨ
軽かったです 過去	가벼웠어요	カビョウォッソヨ
重い 原形	무겁다	ムゴプタ
重いです ヘヨ	무거워요	ムゴウォヨ
重かったです 過去	무거웠어요	ムゴウォッソヨ
ふわふわ	푹신푹신	プクシンプクシン

ふにゃふにゃ／ぐにゃぐにゃ	**흐물흐물**	フムルフムル
ざらざら	**까칠까칠**	カチルッカチル
ぬるぬる	**미끈미끈**	ミックンミックン
べたべた／べとべと	**끈적끈적**	クンジョックンジョク
なめらか	**매끈매끈함**	メックンメックナム
つるつる	**반들반들**	パンドゥルパンドゥル
ぱさぱさ	**퍼석퍼석**	ポソクポソク
ほくほく／ほかほか	**따끈따끈**	タックンッタックン
ぷりぷり	**탱탱**	テンテン
さくさく	**사각사각**	サガクサガク
しゃきしゃき	**아삭아삭**	アサガサク
こりこり	**오독오독**	オドコドク
もちもち／もっちり	**쫄깃쫄깃**	チョルキッチョルキッ
とろとろ	**눅진눅진**	ヌクチンヌクチン
ぷよぷよ	**포동포동**	ポドンポドン
ふっくら	**몽실몽실**	モンシルモンシル
しっとり	**촉촉하게**	チョクチョカゲ
ジューシー	**과즙이 많음**	クァジュビ マヌム

第2章 ◇ 食感・感触

食 飲み物・韓国料理①

飲み物	음료	ウムニョ
水	물	ムル
お茶	차	チャ
麦茶	보리차	ポリチャ
緑茶	녹차	ノクチャ
とうもろこし茶	옥수수차	オクススチャ
水正果(伝統茶) スジョングァ	수정과	スジョングァ
しょうが茶	생강차	センガンチャ
ゆず茶	유자차	ユジャチャ
五味子茶(伝統茶) オミジャチャ	오미자차	オミジャチャ
ジュース	주스	ジュス
コーラ	콜라	コルラ
コーヒー	커피	コピ
紅茶	홍차	ホンチャ
マッコリ	막걸리	マクコルリ

日本酒	청주	チョンジュ
ビール	맥주	メクチュ
生ビール	생맥주	センメクチュ
焼酎	소주	ソジュ
サワー	사워	サウォ
水割り	물을 탐	ムルル タム
ワイン	와인	ワイン
韓国料理	한국요리	ハングンニョリ
サムギョプサル	삼겹살	サムギョプサル
タッカルビ	닭갈비	タクカルビ
たこ炒め	낙지볶음	ナクチポックム
サンナクチ(生きたたこ)	산낙지	サンナクチ
豚足	족발	チョクパル
プルコギ	불고기	プルゴギ
海鮮鍋	해물탕	ヘムルタン
部隊チゲ	부대찌개	プデッチゲ
ソルロンタン	설렁탕	ソルロンタン
すいとん	수제비	スジェビ

第2章 ◇ 飲み物・韓国料理①

食

韓国料理②

カムジャタン	감자탕	カムジャタン
豆腐チゲ	두부찌개	トゥブッチゲ
タッカンマリ	닭한마리	タクカンマリ
みそ鍋	된장찌개	トェンジャンチゲ
参鶏湯(サムゲタン)	삼계탕	サムゲタン
ユッケジャン	육개장	ユクケジャン
わかめスープ	미역국	ミヨククク
カンジャンケジャン	간장게장	カンジャンケジャン
ギョーザ	만두	マンドゥ
春雨炒め	잡채	チャプチェ
冷麺	냉면	ネンミョン
石焼きビビンバ	돌솥비빔밥	トルソッピビムパプ
韓定食	한정식	ハンジョンシク
のり巻	김밥	キムパプ
チャーハン	볶음밥	ポックムパプ

キムチチャーハン	김치볶음밥	キムチポックムパブ
ビビンバ	비빔밥	ビビムパブ
クッパ	국밥	ククパブ
豆もやしクッパ	콩나물국밥	コンナムルククパブ
お粥(かゆ)	죽	チュク
韓国風茶わん蒸し	계란찜	ケランチム
トッポッキ	떡볶이	トクポッキ
スンデ	순대	スンデ
ジャージャー麺	자장면	チャジャンミョン
豆乳ククス	콩국수	コングクス
チヂミ	지짐이	チヂミ
キムチ	김치	キムチ
大根キムチ(カクテキ)	깍두기	カクトゥギ
きゅうりキムチ(オイキムチ)	오이김치	オイキムチ
ナムル	나물	ナムル
韓国のり	맛김	マッキム
レバ刺し	생간	センガン
ユッケ	육회	ユクェ

第2章 ◇ 韓国料理②

食
和食・日本の家庭料理

日本料理 (和食)	일본요리	イルボンニョリ
刺身	생선회	センソンヌェ
すし	초밥	チョパプ
うどん	우동	ウドン
そば	일본메밀국수	イルボンメミルククス
そうめん	국수	ククス
赤飯	팥밥	パッパプ
天ぷら	튀김	トゥィギム
うなぎ	장어	チャンオ
すきやき	스키야키	スキヤキ
しゃぶしゃぶ	샤브샤브	シャブシャブ
とんカツ	돈까스	トンカス
串焼き	꼬치구이	コチグイ
親子丼	닭고기 계란 덮밥	タクコギ ゲラン トプパプ

おにぎり	삼각김밥	サムガクキムパプ
牛丼	쇠고기덮밥	スェゴギトプパプ
お好み焼き	오코노미야끼	オコノミヤキ
たこ焼き	타코야끼	タコヤキ
コロッケ	크로켓	クロケッ
豚しょうが焼き	돼지고기 생강구이	トェジゴギ センガングイ
たくあん	단무지	タンムジ
おひたし	나물무침	ナムルムチム
みそ汁	된장국	トェンジャンクク
豚汁	돼지고기국	トェジゴギクク
梅干し	우메보시	ウメボシ
納豆	낫또	ナット
筑前煮	닭 야채찜	タク ヤチェッチム
冷ややっこ	냉두부	ネンドゥブ
水炊き	영계백숙	ヨンゲベクスク
肉じゃが	고기감자조림	コギガムジャジョリム
鍋料理	냄비요리	ネムビヨリ
鉄板焼き	철판구이	チョルパングイ

第2章 ◇ 和食・日本の家庭料理

食
その他の料理・ファストフード

カレーライス	카레라이스	カレライス
ラーメン	라면	ラミョン
ハンバーガー	햄버거	ヘムボゴ
フライドチキン	치킨	チキン
フライドポテト	퍼테이토	ポテイト
チーズバーガー	치즈버거	チズボゴ
ダブルバーガー	더블버거	ドブルボゴ
食パン	식빵	シクパン
サンドイッチ	샌드위치	センドゥウィチ
オムライス	오므라이스	オムライス
オムレツ	오믈렛	オムルレツ
ホットドッグ	핫도그	ハットグ
サラダ	샐러드	セルロドゥ
ドレッシング	드레싱	トゥレシン
トースト	토스트	トストゥ

スパゲティ	스파게티	スパゲティ
ステーキ	스테이크	ステイク
ハンバーグ	함박스테이크	ハムバクステイク
グラタン	그라탱	グラテン
スープ	스프	スプ
ポタージュ	포타주	ポタジュ
スクランブルエッグ	스크램블 에그	スクレムブル エグ
ピザ	피자	ピジャ
クロワッサン	크루아상	クルアサン
バーベキュー	바베큐	バベキュ
パエリア	빠에야	パエヤ
ドリア	도리아	ドリア
シチュー	스튜	ステュ
ハヤシライス	해시라이스	ヘシライス
マーボー豆腐	마파두부	マパドゥブ
から揚げ	영계튀김	ヨンゲトゥィギム
酢豚	탕수육	タンスユク
春巻き	춘권	チュングォン

第2章 ◇ その他の料理・ファストフード

食
スイーツ・くだもの

デザート	디저트	ティジョトゥ
ケーキ	케이크	ケイク
チョコレート	초콜릿	チョコルリッ
アイスクリーム	아이스크림	アイスクリム
ドーナツ	도너츠	トノチュ
ワッフル	와플	ワプル
たい焼き	붕어빵	プンオッパン
くるみまんじゅう	호두과자	ホドゥクァジャ
ホットク	호떡	ホットク
チャルトク(もち米の餅)	찰떡	チャルトク
ソルギ(うるち米粉の餅)	설기	ソルギ
あずき氷	팥빙수	パッピンス
くだもの	과일	クァイル
りんご	사과	サグァ
いちご	딸기	タルギ

バナナ	바나나	バナナ
ぶどう／メロン	포도／메론	ポド／メロン
梨／みかん	배／귤	ペ／キュル
桃／さくらんぼ	복숭아／버찌	ポクスンア／ポッチ
グレープフルーツ	그레이프프루츠	グレイププルチュ
パイナップル	파인애플	パイネプル
ざくろ	석류	ソンニュ
すいか	수박	スバク
いちじく	무화과	ムファグァ
まくわうり	참외	チャムェ
薬菓(ヤッカ)(かりんとう状の菓子)	약과	ヤックァ
油菓(ユグァ)(韓国伝統菓子)	유과	ユグァ

はみだし豆知識

夏のスイーツ

パッピンスの「パッ」はあずきのことです。この「あずき氷」は、かき氷にあずきをのせ、そのほかにいろいろなフルーツをパフェのように盛ったものをいいます。日本のかき氷との違いは、しっかり混ぜて一つのお皿を囲んでみんなで食べることですね。

食

野菜・きのこ類

野菜	야채	ヤチェ
キャベツ	양배추	ヤンベチュ
レタス	양상치	ヤンサンチ
白菜	배추	ペチュ
たまねぎ	양파	ヤンパ
じゃがいも	감자	カムジャ
さつまいも	고구마	コグマ
にんじん	당근	タングン
大根	무	ム
かぶ	순무	スンム
トマト	토마토	トマト
ピーマン	피망	ピマン
なす	가지	カジ
かぼちゃ	단호박	タノバク
きゅうり	오이	オイ

ズッキーニ	애호박	エホバク
ねぎ	파	パ
ブロッコリー	브로콜리	ブロコルリ
カリフラワー	콜리플라워	コルリプルラウォ
ほうれんそう	시금치	シグムチ
もやし	콩나물	コンナムル
さやえんどう	꼬투리 완두	コトゥリワンドゥ
にら	부추	プチュ
しょうが	생강	センガン
にんにく	마늘	マヌル
とうもろこし	옥수수	オクスス
サンチュ	상추	サンチュ
ごまの葉	깻잎	ケンニプ
きのこ	버섯	ポソッ
しいたけ	표고	ピョゴ
えのきたけ	팽나무	ペンナム
まつたけ	송이	ソンイ
マッシュルーム	양송이	ヤンソンイ

第2章 ◇ 野菜・きのこ類

食

肉 類

肉	고기	コギ
牛肉	쇠고기	スェゴギ
とり肉	닭고기	タクコギ
豚肉	돼지고기	トェジゴギ
羊肉	양고기	ヤンゴギ
馬肉	말고기	マルゴギ
かも肉	오리고기	オリコギ
七面鳥	칠면조	チルミョンジョ
鯨肉	고래고기	コレゴギ
犬肉	개고기	ケゴギ
生肉	생고기	センゴギ
ひき肉	단진 고기	タンジン ゴギ
ひれ肉	필레 살코기	ピルレ サルコギ
もも肉	허벅지살	ホボクチサル
むね肉	가슴살	カスムサル

ささみ	연한살	ヨナンサル
手羽先	날개고기	ナルゲゴギ
あぶら身	기름살	キルムサル
カルビ	갈비	カルビ
骨付きカルビ	뼈갈비	ピョガルビ
豚ばら肉	삼겹살	サムギョプサル
豚の頭	돼지머리	トェジモリ
ホルモン	호르몬	ホルモン
タン	혀/텅	ヒョ/トン
ロース	등심	トゥンシム
レバー	간	カン
せんまい	천엽	チョニョプ
テール	꼬리	コリ
軟骨	물렁뼈	ムルロンピョ
砂肝	닭똥집	タクットンチプ
ハム	햄	ヘム
ソーセージ	소시지	ソシジ
ベーコン	베이컨	ベイコン

食

鮮魚・貝類

鮮魚	생선	センソン
まぐろ	다랑어	タランオ
さけ	연어	ヨノ
さば	고등어	コドゥンオ
さんま	꽁치	コンチ
たい	도미	トミ
いわし	정어리	チョンオリ
かれい	가자미	カジャミ
たら	대구	テグ
すけとうだら	명태	ミョンテ
ひらめ	광어	クァンオ
あじ	전갱이	チョンゲンイ
かつお	가다랑어	カダランオ
あゆ	은어	ウノ
たこ	낙지	ナクチ

いか	오징어	オジノオ
えび	새우	セウ
かに	게	ケ
ほたて貝	가리비	カリビ
貝	조개	チョゲ
牡蠣	굴	クル
うに	성게	ソンゲ
あわび	전복	チョンポク
あさり	모시조개	モシジョゲ
うなぎ	뱀장어	ペムジャンオ
どじょう	미꾸라지	ミックラジ
明太子	명란젓	ミョンナンジョッ
わかめ	미역	ミヨク
昆布	다시마	タシマ
ひじき	톳	トッ
さざえ	소라	ソラ
小魚	잔 물고기	チャン ムルコギ
干物	건어물	コノムル

第2章 ◇ 鮮魚・貝類

他食材・調味料

調味料	조미료	チョミリョ
塩	소금	ソグム
こしょう	후추	フチュ
砂糖	설탕	ソルタン
しょうゆ	간장	カンジャン
みそ	된장	トェンジャン
唐辛子みそ	고추장	コチュジャン
酢	식초	シクチョ
油	기름	キルム
えごま油	참기름	チャムギルム
ソース	소스	ソス
マヨネーズ	마요네즈	マヨネズ
ケチャップ	케첩	ケチョプ
ジャム	잼	チェム
水あめ	물엿	ムルリョッ

卵	달걀／계란	タルギャル／ケラン
牛乳	우유	ウユ
小麦粉	밀가루	ミルカル
バター	버터	ポト
ヨーグルト	요구르트	ヨグルトゥ
チーズ	치즈	チズ
豆乳	두유	トゥユ
豆腐	두부	トゥブ
大豆	대두	テドゥ
春雨	당면	タンミョン
くるみ	호두	ホドゥ
ピーナッツ	땅콩	タンコン
どんぐり	도토리	トトリ
くり	밤	パム
ごま	참깨	チャムケ
なつめ	대추	テチュ
唐辛子	고추	コチュ
海苔(のり)	김	キム

食

調理法①

弱火	약불	ヤクプル
中火	중불	チュンプル
強火	센불	センプル
小さじ	작은술	チャグンスル
大さじ	큰술	クンスル
調理法	조리법	チョリポプ
料理をする 原形	요리를 하다	ヨリルル ハダ
料理をします ヘヨ	요리를 해요	ヨリルル ヘヨ
料理をしました 過去	요리를 했어요	ヨリルル ヘッソヨ
作る 原形	만들다	マンドゥルダ
作ります ヘヨ	만들어요	マンドゥロヨ
作りました 過去	만들었어요	マンドゥロッソヨ
切る 原形	자르다	チャルダ
切ります ヘヨ	잘라요	チャルラヨ
切りました 過去	잘랐어요	チャルラッソヨ

皮をむく 原形	껍질을 벗기다	コプチルル ポッキダ
皮をむきます ヘヨ	껍질을 벗겨요	コプチルル ポッキョヨ
皮をむきました 過去	껍질을 벗겼어요	コプチルル ポッキョッソヨ
刻む 原形	잘게 썰다	チャルゲ ソルダ
刻みます ヘヨ	잘게 썰어요	チャルゲ ソロヨ
刻みました 過去	잘게 썰었어요	チャルゲ ソロッソヨ
混ぜる 原形	섞다／비비다	ソクタ／ピビダ
混ぜます ヘヨ	섞어요／비벼요	ソクコヨ／ピビョヨ
混ぜました 過去	섞었어요／비볐어요	ソッコッソヨ／ピビョッソヨ
煮る(ゆでる) 原形	삶다	サムタ
煮ます(ゆでます) ヘヨ	삶아요	サルマヨ
煮ました(ゆでました) 過去	삶았어요	サルマッソヨ
蒸す 原形	찌다	チダ
蒸します ヘヨ	쪄요	チョヨ
蒸しました 過去	쪘어요	チョッソヨ

第2章 ◇ 調理法①

食

調理法②

焼く	原形	굽다	クプタ
焼きます	ヘヨ	구워요	クウォヨ
焼きました	過去	구웠어요	クウォッソヨ
焦げる	原形	타다	タダ
焦げます	ヘヨ	타요	タヨ
焦げました	過去	탔어요	タッソヨ
炒める	原形	볶다	ポクタ
炒めます	ヘヨ	볶아요	ポッカヨ
炒めました	過去	볶았어요	ポッカッソヨ
温める	原形	데우다	テウダ
温めます	ヘヨ	데워요	テウォヨ
温めました	過去	데웠어요	テウォッソヨ
冷やす	原形	식히다	シキダ
冷やします	ヘヨ	식혀요	シキョヨ
冷やしました	過去	식혔어요	シキョッソヨ

冷凍する	原形	냉동하다	ネンドンハダ
冷凍します	ヘヨ	냉동해요	ネンドンヘヨ
冷凍しました	過去	냉동했어요	ネンドンヘッソヨ
薄切りにする	原形	얇게 썰다	ヤルケ ソルダ
薄切りにします	ヘヨ	얇게 썰어요	ヤルケ ソロヨ
薄切りにしました	過去	얇게 썰었어요	ヤルケ ソロッソヨ
千切りにする	原形	채치다	チェチダ
千切りにします	ヘヨ	채쳐요	チェチョヨ
千切りにしました	過去	채쳤어요	チェチョッソヨ
沸騰する	原形	끓어오르다	クロオルダ
沸騰します	ヘヨ	끓어올라요	クロオルラヨ
沸騰しました	過去	끓어올랐어요	クロオルラッソヨ

第2章 ◇ 調理法②

はみだし 豆知識

「手が大きい」ってどんな人?!

慣用表現で、料理をついつい多く作ってしまう人のことを「손이 크다（ソニ クダ）」、直訳では「手が大きい」といいます。意味はけちけちしない気前のいい人のことを指します。このことからも、韓国料理は手で混ぜて作るものが多いことがわかりますよね。

食

調理器具・食器

まな板	도마	トマ
包丁	식칼	シクカル
フライパン	후라이팬	フライペン
鍋	냄비	ネムビ
土鍋	질그릇의 냄비	チルグルセ ネムビ
やかん	주전자	チュジョンジャ
フライ返し	뒤집개	トゥィジブケ
おたま	국자	ククチャ
しゃもじ	주걱	チュゴク
皮むき器	감자칼	カムジャカル
栓抜き	병따개	ピョンタゲ
泡立て器	거품기	コプムギ
ざる	소쿠리	ソクリ
ボウル	볼	ポル
計量カップ	계량컵	ケリャンコプ

はかり	계측기	ケチュクキ
ふきん	행주	ヘンジュ
キッチンペーパー	키친타올	キチンタオル
ラップ	랩	レプ
鍋つかみ	냄비 잡이	ネムビ ジャビ
器	그릇	クルッ
皿	접시	チョプシ
小皿	작은 접시	チャグン ジョプシ
大皿	큰 접시	クン ジョプシ
ご飯茶わん	밥그릇	パプクルッ
おわん	공기	コンギ
どんぶり	사발	サバル
コップ	컵	コプ
マグカップ	머그컵	モグコプ
スプーン	숟가락	スッカラク
フォーク	포크	ポク
ナイフ	나이프	ナイプ
箸	젓가락	チョッカラク

第2章 ◇ 調理器具・食器

住

家 ①

家	집	チプ
玄関	현관	ヒョングァン
表札	문패	ムンペ
呼び鈴(チャイム)	초인종	チョインジョン
リビング(居間)	거실	コシル
キッチン(台所)	부엌	プオク
寝室	침실	チムシル
押し入れ	붙박이장	プッパギジャン
書斎	서재	ソジェ
子ども部屋	아이방	アイパン
屋根裏部屋	다락방	タラクパン
屋根	지붕	チブン
階段	계단	ケダン
窓	창문	チャンムン
ドア	문	ムン

ドアノブ	문의 손잡이	ムネ ソンジャビ
廊下	복도	ポクト
床暖房	온돌방	オンドルパン
天井	천장	チョンジャン
床	바닥	パダク
風呂場	목욕탕	モギョクタン
トイレ	화장실	ファジャンシル
洗面所	세면장	セミョンジャン
倉庫	창고	チャンゴ
庭	뜰/마당/정원	トゥル/マダン/チョンウォン
ベランダ	베란다	ベランダ
塀	벽	ピョク
門	문	ムン
勝手口	뒷문	トゥィンムン
車庫	차고	チャゴ
シャワー	샤워	シャウォ
アパート	아파트	アパトゥ
マンション	맨션	メンション

第2章 ◇ 家 ①

住

家 ②

ワンルーム	원룸	ウォンルム
家賃	집세	チブセ
社宅	사택	サテク
二世帯住宅	이세대주택	イセデジュテク
韓国の伝統家屋	한옥	ハノク
学生寮	학생 기숙사	ハクセン ギスクサ
新築	신축	シンチュク
一戸建て	단독 주택	タンドク チュテク
住宅	주택	チュテク
別荘	별장	ピョルチャン
下宿	하숙	ハスク
引っ越し	이사	イサ
不動産	부동산	プドンサン
賃貸	임대	イムデ
契約	계약	ケヤク

間取り	방의 배치	パンエ ペチ
チョンセ（家賃に充てる預け金）	전세	チョンセ
ウォルセ（月々の家賃）	월세	ウォルセ
ソニオンヌンナル（引っ越しによい日）	손이 없는 날	ソニ オムヌン ナル
引っ越し業者	이삿짐센터	イサッチムセント
引っ越し祝い	집들이	チプトゥリ
大家	집주인	チプチュイン
改築	개축	ケチュク
契約金（手付金）	계약금	ケヤックム
リフォーム	리폼	リポム
修繕工事	수선공사	スソンゴンサ

はみだし豆知識

言い方に注意！韓国のマンションとアパート

日本と韓国ではマンションとアパートの呼び方が逆で、日本でいうマンションのことをアパートと呼び、アパートのことをマンションと呼びます。「집들이（チプトゥリ）」と呼ばれる新居のお披露目では、手みやげにトイレットペーパーや洗剤などの生活用品を持っていきます。

住

家具・電化製品

ベッド	침대	チムデ
布団	이불	イブル
枕	베개	ペゲ
洋服だんす	옷장	オッチャン
テーブル	테이블	テイブル
椅子	의자	ウィジャ
ソファ	소파	ソパ
本棚	책장	チェクチャン
食器棚	찬장	チャンチャン
引き出し	서랍	ソラプ
げた箱	신발장	シンバルチャン
カーテン	커튼	コトゥン
テレビ	텔레비전	テルレビジョン
ラジオ	라디오	ラディオ
掃除機	청소기	チョンソギ

洗濯機	세탁기	セタクキ
電子レンジ	전자렌지	チョンジャレンジ
ガスレンジ	가스렌지	ガスレンジ
炊飯器	전기 밥솥	チョンギ パプソッ
トースター	토스터	トスト
冷蔵庫	냉장고	ネンジャンゴ
ドライヤー	드라이어	ドゥライオ
エアコン	에어컨	エオコン
DVDプレーヤー	DVD플레이어	ディブィディプルレイオ
ミュージックプレーヤー	오디오	オディオ
コンセント	콘센트	コンセントゥ
扇風機	선풍기	ソンプンギ
空気清浄機	공기청정기	コンギチョンジョンギ
加湿器	가습기	カスプキ
食洗器	식기세척기	シクキセチョクキ
洗面台	세면대	セミョンデ
浴槽	욕조	ヨクチョ
シャワー	샤워	シャウォ

家事・家事道具

掃除	청소	チョンソ
ほうき	빗자루	ピッチャル
ちりとり	쓰레받기	スレバッキ
ぞうきん	걸레	コルレ
拭き掃除	걸레질	コルレジル
庭掃除	마당 청소	マダン チョンソ
手洗い	손빨래	ソンパルレ
洗い物	빨랫감	パルレッカム
食器洗い	설거지	ソルゴジ
洗剤	세제	セジェ
柔軟剤	유연제	ユヨンジェ
漂白剤	표백제	ピョベクチェ
ゴム手袋	고무장갑	コムジャンガプ
スポンジ	스폰지	スポンジ
アイロン	다리미	タリミ

物干しざお	빨랫대	パルレッテ
干す(洗濯物を) 原形	널다	ノルダ
干します ヘヨ	널어요	ノロヨ
干しました 過去	널었어요	ノロッソヨ
縫う 原形	깁다	キプタ
縫います ヘヨ	기워요	キウォヨ
縫いました 過去	기웠어요	キウォッソヨ
裁縫道具	재봉도구	チェボンドグ
家計簿	가계부	カゲブ
草むしり	풀뜯기	プルトゥッキ
ごみ捨て	쓰레기 버리기	スレギ ポリギ

第2章 ◇ 家事・家事道具

はみだし 豆知識

下着を鍋で煮込む?!

「빨래솥（パルレソッ）」と呼ばれる洗濯用の鍋を使いタオルや下着など、衛生的に気になるものを鍋で煮込んで洗濯する方法があります。ふんわりとした洗い上がりで手触りも違います。最近ではこの機能がついた洗濯機も売り出されているんですよ。

住

生活雑貨

歯ブラシ	칫솔	チッソル
歯磨き粉	치약	チヤク
コンタクトレンズ	콘택트 렌즈	コンテクトゥ レンズ
傘	우산	ウサン
日傘	양산	ヤンサン
レインコート	레인코트	レインコトゥ
体温計	체온계	チェオンゲ
ティッシュペーパー	티슈	ティシュ
トイレットペーパー	화장지	ファジャンジ
ヘアブラシ	헤어브러쉬	ヘオブロスィ
タオル	타올	タオル
鏡	거울	コウル
財布	지갑	チガプ
小銭入れ	잔돈 지갑	チャンドン ジガプ
シャンプー	샴푸	シャムプ

リンス	린스	リンス
せっけん	비누	ピヌ
入浴剤	입욕제	イビョクチェ
マスク	마스크	マスク
爪切り	손톱깎이	ソントプッカクキ
かみそり	면도칼	ミョンドカル
耳かき	귀이개	クィイゲ
綿棒	면봉	ミョンボン
ハンドクリーム	핸드크림	ヘンドゥクリム
防虫剤	방충제	パンチュンジェ
ハンガー	옷걸이	オッコリ
ごみ箱	쓰레기통	スレギトン
乾電池	건전지	コンジョンジ
懐中電灯	손전등	ソンチョンドゥン
ライター	라이터	ライト
ろうそく	양초	ヤンチョ
マッチ	성냥	ソンニャン
かいろ	핫팩	ハッペク

第2章 ◇ 生活雑貨

住

文房具

文房具	문방구	ムンバング
筆記用具	필기도구	ピルギドグ
えんぴつ	연필	ヨンピル
シャープペンシル	샤프펜슬	シャプペンスル
ボールペン	볼펜	ボルペン
蛍光ペン	형광펜	ヒョングァンペン
万年筆	만연필	マンニョンピル
インク	잉크	インク
筆	붓	プッ
すずり	벼루	ピョル
消しゴム	지우개	チウゲ
修正液	수정액	スジョンエク
えんぴつ削り	연필깎이	ヨンピルッカクキ
ノート	공책	コンチェク
メモ帳	메모장	メモジャン

印鑑	도장	トジャン
ファイル	파일	パイル
はさみ	가위	カウィ
カッターナイフ	칼	カル
のり	풀	プル
接着剤	접착제	チョプチャクチェ
セロハンテープ	투명테이프	トゥミョンテイプ
両面テープ	양면테이프	ヤンミョンテイプ
ホチキス	스테플러	ステプルロ
クリップ	클립	クルリプ
電卓	계산기	ケサンギ
定規	자	チャ
筆箱	필통	ピルトン
事務用品	사무용품	サムヨンプム
画びょう	압정	アプチョン
下敷き	책받침	チェクパッチム
輪ゴム	고무밴드	コムベンドゥ
スケッチブック	스케치북	スケチブク

第2章 ◇ 文房具

数字① 漢数詞と単位

零／ゼロ	영／공	ヨン／コン
一	일	イル
二	이	イ
三	삼	サム
四	사	サ
五	오	オ
六	육	ユク
七	칠	チル
八	팔	パル
九	구	ク
十	십	シプ
百	백	ペク
千	천	チョン
万	만	マン
億	억	オク

~人分	~인분	~インブン
~階	~층	~チュン
~回	~회	~フェ
~週間	~주일간	~チュイルガン
~周年	~주년	~チュニョン
~月	~월	~ウォル
~日	~일	~イル
~泊	~박	~パク
~分	~분	~ブン
~秒	~초	~チョ
~メートル	~미터	~ミト
~ミリメートル	~밀리미터	~ミルリミト
~センチメートル	~센치미터	~センチミト
~キロメートル	~킬로미터	~キルロミト
~インチ	~인치	~インチ
~グラム	~그램	~グレム
~キログラム	~킬로그램	~キルログレム
~リットル	~리터	~リト

第2章 ◇ 数字① 漢数詞と単位

このページに掲載した単位は漢数詞と組み合わせます

数字②
固有数詞と単位

ひとつ	하나	ハナ
ふたつ	둘	トゥル
みっつ	셋	セッ
よっつ	넷	ネッ
いつつ	다섯	タソッ
むっつ	여섯	ヨソッ
ななつ	일곱	イルゴプ
やっつ	여덟	ヨドル
ここのつ	아홉	アホプ
とお	열	ヨル
11	열하나	ヨラナ
12	열둘	ヨルドゥル
20	스물	スムル
30	서른	ソルン
40	마흔	マフン

50	**쉰**	シュィン
60	**예순**	イェスン
70	**일흔**	イルン
80	**여든**	ヨドゥン
90	**아흔**	アフン
99	**아흔아홉**	アフナホプ
～個	**～개**	～ケ
～枚	**～장**	～チャン
～杯	**～잔**	～チャン
～名／～人	**～명／～인**	～ミョン／～イン
～冊	**～권**	～クォン
～匹／羽／頭	**～마리**	～マリ
～本	**～병**	～ピョン
～歳	**～살**	～サル
～時	**～시**	～シ
～通	**～통**	～トン
～台	**～대**	～テ
～番	**～번**	～ポン

このページに掲載した単位は固有数詞と組み合わせます

時
カレンダー①

1月	일 월	イルォル
2月	이 월	イ ウォル
3月	삼 월	サムォル
4月	사 월	サ ウォル
5月	오 월	オ ウォル
6月	유 월	ユ ウォル
7月	칠 월	チルォル
8月	팔 월	パルォル
9月	구 월	ク ウォル
10月	시 월	シ ウォル
11月	십일 월	シビルォル
12月	십이 월	シビ ウォル
1日	일 일	イリル
2日	이 일	イ イル
3日	삼 일	サミル

122

10日	십 일	シビル
日曜日	일요일	イリョイル
月曜日	월요일	ウォリョイル
火曜日	화요일	ファヨイル
水曜日	수요일	スヨイル
木曜日	목요일	モギョイル
金曜日	금요일	クミョイル
土曜日	토요일	トヨイル
きのう	어제	オジェ
きょう	오늘	オヌル
あした	내일	ネイル
あさって	모레	モレ
来週	다음 주	タウム チュ
来月	다음 달	タウム タル
来年	내년	ネニョン
先週	지난주	チナンジュ
先月	지난달	チナンダル
去年	작년	チャンニョン

カレンダー ②

正月 (陽暦1月1日)	정월／설	チョンウォル／ソル
旧正月 (陰暦1月1日)	구정／음력 설	クジョン／ウムニョク ソル
釈迦誕生日 (陰暦4月8日)	석가탄신일	ソクカタンシニル
子どもの日 (5月5日)	어린이날	オリニナル
両親の日 (5月8日)	어버이날	オボイナル
成人の日 (5月第3月曜日)	성년의 날	ソンニョネ ナル
制憲節 (チェホンジョル) (7月17日)	제헌절	チェホンジョル
三伏	삼복	サムボク
秋夕 (チュソク)	추석	チュソク
開天節 (ケチョンジョル) (建国記念日10月3日)	개천절	ケチョンジョル
ハングルの日 (10月9日)	한글날	ハングルラル
バレンタインデー	발렌타인데이	バルレンタインデイ
三一節 (サミルチョル) (独立運動記念日 3月1日)	삼일절	サミルチョル

光復節（8月15日）	광복절	クァンボクチョル
先生の日（5月15日）	스승의날	ススンエナル
年末／年始	연말／연시	ヨンマル／ヨンシ
誕生日	생일	センイル
記念日	기념일	キニョミル
祝日	경축일	キョンチュギル
連休	연휴	ヨニュ
季節	계절	ケジョル
春	봄	ポム
夏	여름	ヨルム
秋	가을	カウル
冬	겨울	キョウル

第2章 ◇ カレンダー②

はみだし 豆知識

残念ながら……、振替休日はない

韓国の祝日は日本より少ないうえに、日曜日に重なった祝日が月曜日に振り替えられることもありません。10月9日のハングルの日も以前は祝日でしたが、平日を増やす政策により1990年から、ハングルの日は残ったものの、祝日ではなくなりました。

（休みじゃない…？）

時間 〔時〕

1時	한 시	ハン シ
2時	두 시	トゥ シ
3時	세 시	セ シ
4時	네 시	ネ シ
5時	다섯 시	タソッ シ
6時	여섯 시	ヨソッ シ
7時	일곱 시	イルゴプ シ
8時	여덟 시	ヨドル シ
9時	아홉 시	アホプ シ
10時	열 시	ヨル シ
11時	열한 시	ヨラン シ
12時	열두 시	ヨルトゥ シ
10分	십 분	シプ プン
20分	이십 분	イシプ プン
30分	삼십 분	サムシプ プン

40分	사십 분	サシプ プン
50分	오십 분	オシプ プン
1時半	한 시 반	ハン シ バン
10分前	십 분 전	シプ プン ジョン
10分後	십 분 후	シプ プ ヌ
10秒	십 초	シプ チョ
30秒	삼십 초	サムシプ チョ
時間	시간	シガン
午前	오전	オジョン
午後	오후	オフ
明け方	새벽	セビョク
早朝	이른 아침	イル ナチム
朝 (明け方から昼)	아침	アチム
昼	점심	チョムシム
夕方	저녁	チョニョク
夜	밤	パム
深夜	심야	シミャ
徹夜	철야	チョリャ

第2章 ◇ 時間

ハングル雑学 ②
韓国の絵文字

韓国でよく使われている絵文字を紹介しましょう。
絵文字は「이모티콘（イモティコン）」といいます。

o(T^T)o	うわ〜ん	(ㅜ.ㅜ)	しくしく
(ㅠ.ㅠ)	え〜ん	s(￣へ￣)z	ふん！
(^ㅁ^)	にっこり	(>ㅂ<)/♡	きゃー
-_-ㅋ	ぽりぽり	@ㅇ@	うん？
ㅎㅎㅎ／hhh	はははは		
ㅋㅋㅋ／kkk	ククク		
하하하;;／(˙▽˙∞)v	はははは		
O(￣▽￣)o	やったー！		
s(￣▽￣)v	はいチーズ！		
s(￣▽￣)/	じゃじゃーん！		
s(ごoご)グ	さあ注目！	※日本語を使った絵文字もある	
Σ⊙)++333=◀	今日のメニュー		
@-m-m--	お花もらった	※韓国ではお花をもらうことが多い	

128

第3章

Theme

日常生活 ②

生活

一日の行動 ①

起きる	原形	일어나다	イロナダ
起きます	ヘヨ	일어나요	イロナヨ
起きました	過去	일어났어요	イロナッソヨ
歯を磨く	原形	이를 닦다	イルル タクタ
歯を磨きます	ヘヨ	이를 닦아요	イルル タクカヨ
歯を磨きました	過去	이를 닦았어요	イルル タクカッソヨ
顔を洗う	原形	얼굴을 씻다	オルグルル シッタ
顔を洗います	ヘヨ	얼굴을 씻어요	オルグルル シソヨ
顔を洗いました	過去	얼굴을 씻었어요	オルグルル シソッソヨ
着替える	原形	갈아입다	カライプタ
着替えます	ヘヨ	갈아입어요	カライボヨ
着替えました	過去	갈아입었어요	カライボッソヨ
帽子をかぶる	原形	모자를 쓰다	モジャルル ッスダ
帽子をかぶります	ヘヨ	모자를 써요	モジャルル ッソヨ
帽子をかぶりました	過去	모자를 썼어요	モジャルル ッソッソヨ

眼鏡をかける 原形	안경을 쓰다	アンギョヌル ッスダ
眼鏡をかけます ヘヨ	안경을 써요	アンギョヌル ッソヨ
眼鏡をかけました 過去	안경을 썼어요	アンギョヌル ッソッソヨ
化粧をする 原形	화장을 하다	ファジャンウル ハダ
化粧をします ヘヨ	화장을 해요	ファジャンウル ヘヨ
化粧をしました 過去	화장을 했어요	ファジャンウル ヘッソヨ
掃除をする 原形	청소를 하다	チョンソルル ハダ
掃除をします ヘヨ	청소를 해요	チョンソルル ヘヨ
掃除をしました 過去	청소를 했어요	チョンソルル ヘッソヨ
ごみを捨てる 原形	쓰레기를 버리다	スレギルル ポリダ
ごみを捨てます ヘヨ	쓰레기를 버려요	スレギルル ポリョヨ
ごみを捨てました 過去	쓰레기를 버렸어요	スレギルル ポリョッソヨ
洗濯をする 原形	세탁을 하다	セタグル ハダ
洗濯をします ヘヨ	세탁을 해요	セタグル ヘヨ
洗濯をしました 過去	세탁을 했어요	セタグル ヘッソヨ
出勤する 原形	출근하다	チュルグナダ
出勤します ヘヨ	출근해요	チュルグネヨ
出勤しました 過去	출근했어요	チュルグネッソヨ

第3章 ◇ 一日の行動①

生活

一日の行動 ②

仕事をする 原形	일을 하다	イルル ハダ
仕事をします ヘヨ	일을 해요	イルル ヘヨ
仕事をしました 過去	일을 했어요	イルル ヘッソヨ
退社する 原形	퇴근하다	トェグナダ
退社します ヘヨ	퇴근해요	トェグネヨ
退社しました 過去	퇴근했어요	トェグネッソヨ
出かける 原形	나가다	ナガダ
出かけます ヘヨ	나가요	ナガヨ
出かけました 過去	나갔어요	ナガッソヨ
歩く 原形	걷다	コッタ
歩きます ヘヨ	걸어요	コロヨ
歩きました 過去	걸었어요	コロッソヨ
走る 原形	뛰다	トゥィダ
走ります ヘヨ	뛰어요	トゥィオヨ
走りました 過去	뛰었어요	トゥィオッソヨ

遊ぶ	原形	놀다	ノルダ
遊びます	ヘヨ	놀아요	ノラヨ
遊びました	過去	놀았어요	ノラッソヨ
買う	原形	사다	サダ
買います	ヘヨ	사요	サヨ
買いました	過去	샀어요	サッソヨ
電車に乗る	原形	전철을 타다	チョンチョルル タダ
電車に乗ります	ヘヨ	전철을 타요	チョンチョルル タヨ
電車に乗りました	過去	전철을 탔어요	チョンチョルル タッソヨ
通う	原形	다니다	タニダ
通います	ヘヨ	다녀요	タニョヨ
通いました	過去	다녔어요	タニョッソヨ
帰る	原形	돌아가다	トラガダ
帰ります	ヘヨ	돌아가요	トラガヨ
帰りました	過去	돌아갔어요	トラガッソヨ
料理をする	原形	요리를 하다	ヨリルル ハダ
料理をします	ヘヨ	요리를 해요	ヨリルル ヘヨ
料理をしました	過去	요리를 했어요	ヨリルル ヘッソヨ

第3章 ◇ 一日の行動②

生活

一日の行動 ③

食事をする 原形	식사를 하다	シクサルル ハダ
食事をします ヘヨ	식사를 해요	シクサルル ヘヨ
食事をしました 過去	식사를 했어요	シクサルル ヘッソヨ
お酒を飲む 原形	술을 마시다	スルル マシダ
お酒を飲みます ヘヨ	술을 마셔요	スルル マショヨ
お酒を飲みました 過去	술을 마셨어요	スルル マショッソヨ
メールをする 原形	메일을 하다	メイルル ハダ
メールをします ヘヨ	메일을 해요	メイルル ヘヨ
メールをしました 過去	메일을 했어요	メイルル ヘッソヨ
勉強をする 原形	공부를 하다	コンブルル ハダ
勉強をします ヘヨ	공부를 해요	コンブルル ヘヨ
勉強をしました 過去	공부를 했어요	コンブルル ヘッソヨ
音楽を聴く 原形	음악을 듣다	ウマグル ドゥッタ
音楽を聴きます ヘヨ	음악을 들어요	ウマグル ドゥロヨ
音楽を聴きました 過去	음악을 들었어요	ウマグル ドゥロッソヨ

本を読む 原形	책을 읽다	チェグル イクタ
本を読みます ヘヨ	책을 읽어요	チェグル イルゴヨ
本を読みました 過去	책을 읽었어요	チェグル イルゴッソヨ
テレビを見る 原形	텔레비전을 보다	テルレビジョヌル ボダ
テレビを見ます ヘヨ	텔레비전을 봐요	テルレビジョヌル ポァヨ
テレビを見ました 過去	텔레비전을 봤어요	テルレビジョヌル ポァッソヨ
くつろぐ 原形	편히 쉬다	ピョニ シュィダ
くつろぎます ヘヨ	편히 쉬어요	ピョニ シュィオヨ
くつろぎました 過去	편히 쉬었어요	ピョニ シュィオッソヨ
電話をする 原形	전화를 하다	チョヌァルル ハダ
電話をします ヘヨ	전화을 해요	チョヌァルル ヘヨ
電話をしました 過去	전화를 했어요	チョヌァルル ヘッソヨ
入浴する 原形	목욕을 하다	モギョグル ハダ
入浴します ヘヨ	목욕을 해요	モギョグル ヘヨ
入浴しました 過去	목욕을 했어요	モギョグル ヘッソヨ
寝る 原形	자다	チャダ
寝ます ヘヨ	자요	チャヨ
寝ました 過去	잤어요	チャッソヨ

第3章 ◇ 一日の行動③

生活 家族

家族	가족	カジョク
両親	부모님	プモニム
父	아버지	アボジ
パパ(父さん)	아빠	アッパ
母	어머니	オモニ
ママ(母さん)	엄마	オムマ
兄弟	형제	ヒョンジェ
姉妹	자매	チャメ
お兄さん(弟からみて)	형	ヒョン
お兄さん(妹からみて)	오빠	オッパ
お姉さん(弟からみて)	누나	ヌナ
お姉さん(妹からみて)	언니	オンニ
弟	남동생	ナムドンセン
妹	여동생	ヨドンセン
おじいさん(父方)	할아버지	ハラボジ

おばあさん（父方）	할머니	ハルモニ
おじいさん（母方）	외할아버지	ウェハラボジ
おばあさん（母方）	외할머니	ウェハルモニ
伯父（父の兄）	큰아버지	クナボジ
叔父（父の弟）	삼촌	サムチョン
おば（父の姉妹）	고모	コモ
おじ（母の兄弟）	외삼촌	ウェサムチョン
おば（母の姉妹）	이모	イモ
夫婦	부부	ププ
夫	남편	ナムピョン
妻	아내	アネ
息子	아들	アドゥル
娘	딸	タル
長男	장남	チャンナム
長女	장녀	チャンニョ
末っ子	막내	マンネ
(男の)孫／(女の)孫	손자／손녀	ソンジャ／ソンニョ
赤ちゃん	아가	アガ

第3章 ◇ 家族

学び

学校 ①

学校	학교	ハクキョ
保育園	보육원	ポユグォン
幼稚園	유치원	ユチウォン
小学校	초등학교	チョドゥンハクキョ
中学校	중학교	チュンハクキョ
高等学校	고등학교	コドゥンハクキョ
大学	대학교	テハクキョ
大学院	대학원	テハグォン
専門学校	전문학교	チョンムナクキョ
校舎	학교 건물	ハクキョ ゴンムル
職員室	직원실	チグォンシル
校長室	교장실	キョジャンシル
学生寮	학생 기숙사	ハクセン ギスクサ
講堂	강당	カンダン
体育館	체육관	チェユククァン

運動場	운동장	ウンドンジャン
先生	선생님	ソンセンニム
校長先生	교장선생님	キョジャンソンセンニム
教授	교수	キョス
学生	학생	ハクセン
新入生	신입생	シニプセン
卒業生	졸업생	チョロプセン
浪人（生）	재수（생）	チェス(セン)
受験（生）	수험（생）	スホム(セン)
退学／停学	퇴학／정학	トェハク／チョンハク
休学／留年	휴학／유급	ヒュハク／ユグプ
入学式	입학식	イパクシク
卒業式	졸업식	チョロプシク
始業式	개학식	ケハクシク
終業式	종업식	チョンオプシク
夏休み	여름방학	ヨルムパンハク
冬休み	겨울방학	キョウルパンハク
創立記念日	창립기념일	チャンニプキニョミル

第3章 ◇ 学校①

学び

学校 ②

教室	교실	キョシル
机／椅子	책상／의자	チェクサン／ウィジャ
黒板	칠판	チルパン
チョーク	분필	プンピル
掲示板	게시판	ケシパン
教壇	교단	キョダン
教科書	교과서	キョグァソ
辞書	사전	サジョン
休み時間	쉬는 시간	シュィヌン シガン
登校／下校	등교／하교	トゥンギョ／ハギョ
出席／欠席	출석／결석	チュルソク／キョルソク
遅刻／早退	지각／조퇴	チガク／チョトェ
ランドセル	책가방	チェクカバン
学生服	교복	キョボク
学生証	학생증	ハクセンチュン

授業	수업	スオプ
放課後	방과후	パングァフ
いじめ	괴롭힘／왕따	クェロピム／ワンタ
給食	급식	クプシク
授業を始める 原形	수업을 시작하다	スオブル シジャカダ
授業を始めます ヘヨ	수업을 시작해요	スオブル シジャケヨ
授業を始めました 過去	수업을 시작했어요	スオブル シジャケッソヨ
授業が終わる 原形	수업이 끝나다	スオビ クンナダ
授業が終わります ヘヨ	수업이 끝나요	スオビ クンナヨ
授業が終わりました 過去	수업이 끝났어요	スオビ クンナッソヨ

はみだし 豆知識

センター試験の日は国をあげての一大事?!

日本のセンター試験にあたる「수능시험（スヌンシホム）」の日は国民に影響が出ます。会社が、受験生が試験会場に向かう時間帯と重ならないよう出勤時間を変更したり、休みにしたりします。それでも遅刻しそうな受験生を、警官がパトカーで会場へ送ることもあるほどです。

学び

学校 ③

試験／テスト	시험	シホム
入学試験	입학시험	イパクシホム
筆記試験	필기시험	ピルギシホム
模擬試験	모의시험	モイシホム
中間試験	중간고사	チュンガンゴサ
期末試験	기말고사	キマルゴサ
実技試験	실기시험	シルギシホム
再試験	재시험	チェシホム
点数	점수	チョムス
満点	만점	マンチョム
成績（表）	성적（표）	ソンジョク（ピョ）
宿題	숙제	スクチェ
期末レポート	기말리포트	キマルリポトゥ
卒業論文	졸업논문	チョロムノンムン
必須科目	필수과목	ピルスクァモク

選択科目	선택과목	ソンテクァモク
合格	합격	ハプキョク
不合格	불합격	プラプキョク
予習	예습	イェスプ
復習	복습	ポクスプ
受講	수강	スガン
自習	자습	チャスプ
実験	실험	シロム
大学祭	대학축제	テハクチュクチェ
体育祭	체육제	チェユクチェ
運動会	운동회	ウンドンフェ
遠足	소풍	ソプン
修学旅行	수학여행	スハンニョヘン
授業参観	참관수업	チャムグァンスオプ
生徒会	학생회	ハクセンフェ
偏差値	편차치	ピョンチャチ
受験	수험	スホム
討論	토론	トロン

第3章 ◆ 学校③

学び

教科・学部

教科	교과	キョクァ
国語	국어	クゴ
英語	영어	ヨンオ
算数	산수	サンス
数学	수학	スハク
化学	화학	ファハク
生物	생물	センムル
物理	물리	ムルリ
社会	사회	サフェ
歴史	역사	ヨクサ
世界史	세계사	セゲサ
道徳	도덕	トドク
家庭科	가정과	カジョンクァ
体育	체육	チェユク
音楽	음악	ウマク

美術	미술	ミスル
専攻	전공	チョンゴン
文系	문과	ムンクァ
理系	이과	イクァ
学部	학부	ハクプ
学科	학과	ハククァ
経済学部	경제학부	キョンジェハクプ
文学部	문학부	ムナクプ
法学部	법학부	ポパクプ
社会学部	사회학부	サフェハクプ
商学部	상학부	サンハクプ
教育学部	교육학부	キョユカクプ
外国語学部	외국어학부	ウェグゴハクプ
工学部	공학부	コンハクプ
医学部	의학부	ウィハクプ
薬学部	약학부	ヤカクプ
農学部	농학부	ノンハクプ
心理学部	심리학부	シムニハクプ

第3章 ◇ 教科・学部

仕事

職　業

職業	직업	チゴプ
会社員	회사원	フェサウォン
公務員	공무원	コンムウォン
自営業	자영업	チャヨンオプ
医師	의사	ウィサ
看護師	간호사	カノサ
薬剤師	약사	ヤクサ
弁護士	변호사	ピョノサ
会計士	회계사	フェゲサ
銀行員	은행원	ウネンウォン
消防士	소방관	ソバングァン
警察官	경찰관	キョンチャルグァン
教師	교사	キョサ
販売員	판매원	パンメウォン
営業部員	영업부원	ヨンオプブウォン

運転手	운전수	ウンジョンス
美容師	미용사	ミヨンサ
エステティシャン	에스테티션	エステティション
料理人	요리인	ヨリイン
主婦	주부	チュブ
漁師	어부	オブ
農民	농부	ノンブ
建築家	건축가	コンチュクカ
編集者	편집자	ピョンジプチャ
デザイナー	디자이너	ディジャイノ
エンジニア	기술자	キスルチャ
カメラマン	사진가	サジンガ

第3章 ◇ 職業

はみだし豆知識

資格必須の職業あれこれ

医師や弁護士などは日本と同じく国家資格で取得も大変ですが、取得後の職は安定しているようです。また、日本にはない韓国特有の資格に、脈をみて漢方薬の診断ができる漢方医や、エステティシャンなどがもつ皮膚美容師という資格もあります。

仕事

働く ①

出社	출근	チュルグン
退社	퇴근	トェグン
赴任	부임	プイム
転勤	전근	チョングン
夜勤	야근	ヤグン
出張	출장	チュルチャン
残業	잔업	チャノプ
昇進	승진	スンジン
降格	강격	カンギョク
勤務時間	근무 시간	クンム シガン
週休2日制	주5일제	チュオイルチェ
有給休暇	유급휴가	ユグピュガ
産休	출산휴가	チュルサニュガ
育児休暇	육아 휴직	ユガ ヒュジク
昼休み	점심 시간	チョムシムシガン

会議	회의	フェイ
議事録	의사록	ウィサロク
事務処理	사무 처리	サム チョリ
書類	서류	ソリュ
交渉	교섭	キョソプ
企画	기획	キフェク
生産	생산	センサン
販売	판매	パンメ
経営	경영	キョンヨン
業界	업계	オプケ
業種	업종	オプチョン
朝礼	조례	チョレ
取引先	거래처	コレチョ
プレゼンテーション	프리젠테이션	プリジェンテイション
ファイリング	서류철	ソリュチョル
働く　　原形	일하다	イラダ
働きます　ヘヨ	일해요	イレヨ
働きました　過去	일했어요	イレッソヨ

第3章 ◇ 働く①

仕事

働く ②

コピー	복사	ポゥサ
シュレッダー	문서 절단기	ムンソ チョルタンギ
資料	자료	チャリョ
名刺	명함	ミョンハム
報告書	보고서	ポゴソ
請求書	청구서	チョングソ
見積書	견적서	キョンジョクソ
始末書	시말서	シマルソ
売り上げ	매상	メサン
決算	결산	キョルサン
本社	본사	ポンサ
支社	지사	チサ
外資系企業	외국 자본 기업	ウェグク チャボン キオプ
受注	수주	スジュ
発注	발주	パルチュ

タイムカード	타임 카드	タイム カドゥ
スケジュール	스케줄	スケジュル
給与明細	급여명세	クビョミョンセ
月給	월급	ウォルグプ
初任給	초임급	チョイムグプ
ボーナス	보너스	ボノス
退職金	퇴직금	トェジククム
振り込み	입금	イプクム
顧客（クライアント）	고객	コゲク
大企業	대기업	テギオプ
中小企業	중소기업	チュンソギオプ
目標達成	목표달성	モクピョタルソン
株価	주가	チュカ
グラフ	그래프	クレプ
合併	합병	ハプピョン
買収	매수	メス
予算	예산	イェサン
結果	결과	キョルグァ

第3章 ◇ 働く②

仕事

職位・部署

役職	역직	ヨクチク
肩書き	직함	チカム
役員	역원	ヨグォン
取締役	임원	イムォン
代表	대표	テピョ
会長	회장	フェジャン
社長	사장	サジャン
副社長	부사장	プサジャン
専務	전무	チョンム
常務	상무	サンム
監査	감사	カムサ
顧問	고문	コムン
所長	소장	ソジャン
部長	부장	プジャン
課長	과장	クァジャン

課長代理	과장대리	クァジャンデリ
係長	계장	ケジャン
主任	주임	チュイム
管理職	관리직	クァルリジク
秘書	비서	ピソ
新入社員	신입사원	シニプサウォン
総務部	총무부	チョンムブ
財務部	재무부	チェムブ
経理部	경리부	キョンニブ
人事部	인사부	インサブ
営業部	영업부	ヨンオブブ
販売部	판매부	パンメブ
広報部	홍보부	ホンボブ
物流部	물류부	ムルリュブ
商品開発部	상품개발부	サンプムケバルブ
マーケティング部	마케팅부	マケティンブ
経営企画部	경영기획부	キョンヨンギフェクブ
情報システム部	정보시스템부	チョンボシステムブ

第3章 ◇ 職位・部署

仕事
就職活動・転職・退職

就職活動	취직활동	チュイジクファルトン
新卒	신졸	シンジョル
転職	이직	イジク
ヘッドハンティング	헤드헌팅	ヘドゥホンティン
証明写真	증명사진	チュンミョンサジン
リクルートスーツ	리쿠르트 슈트／면접용 정장	リクルトゥ シュトゥ／ミョンジョムニョン チョンジャン
志望動機	지망동기	チマンドンギ
自己PR	자기 PR	チャギ ピアル
履歴書	이력서	イリョクソ
面接	면접	ミョンジョプ
応募	응모	ウンモ
求人募集	구인모집	クインモジプ
会社員	회사원	フェサウォン
派遣社員	파견사원	パギョンサウォン

契約社員	계약사원	ケヤクサウォン
アルバイト	아르바이트	アルバイトゥ
日雇い	일용／날품팔이	イリョン／ナルプムパリ
採用	채용	チェヨン
不採用	불채용	プルチェヨン
雇用	고용	コヨン
解雇	해고	ヘゴ
左遷	좌천	チュァチョン
辞任	사임	サイム
辞表	사표	サピョ
リストラ	리스트라	リストゥラ
定年	정년	チョンニョン
失業	실업	シロプ
安定	안정	アンジョン
不安定	불안정	プランジョン
雇用保険	고용보험	コヨンボホム
雇用年金	고용연금	コヨンニョングム
職業安定所	직업소개소	チゴプソゲソ

第3章 ◇ 就職活動・転職・退職

仕事
起業・独立

起業	기업	キオプ
独立	독립	トンニプ
開業	개업	ケオプ
自営業	자영업	チャヨンオプ
起業資金	기업자금	キオプチャグム
株式会社	주식회사	チュシクェサ
有限会社	유한회사	ユハヌェサ
競合他社	경쟁타사	キョンジェンタサ
借金	빚	ピッ
資本金	자본금	チャボングム
助成金	조성금	チョソングム
スポンサー	스폰서	スポンソ
ノウハウ	노하우	ノハウ
支援	지원	チウォン
ベンチャー企業	벤처기업	ペンチョキオプ

共同経営	공동경영	コンドンギョンヨン
コンサルタント	컨설턴트	コンソルトントゥ
実業家	실업가	シロプカ
ビジネスプラン	사업계획	サオプケフェク
資金調達	자금조달	チャグムジョダル
新規事業	신규사업	シンギュサオプ
届け出	신고	シンゴ
手続き	수속	スソク
新規参入	신규참가	シンギュチャムガ
工場	공장	コンジャン
新商品	신상품	シンサンプム
創立	창립	チャンニプ

第3章 ◇ 起業・独立

はみだし 豆知識

韓国の意外な職業観！

日本には食品や工芸品など代々引き継がれているものが多く残っていますが、韓国にはあまりありません。大企業になれば話は別かもしれませんが、だいたい一代で築いて終わってしまいます。昔のものを後世に残す考え方が日本とは異なるのかもしれませんね。

仕事

資産運用

資産運用	자산운용	チャサンウニョン
資金	자금	チャグム
担保	담보	タムポ
金融商品	금융상품	クムニュンサンプム
為替取引	외환거래	ウェファンゴレ
外貨投資	외국 자본투자	ウェグク チャボントゥジャ
外国為替	외환	ウェファン
株式投資	주식투자	チュシクトゥジャ
ファンド	폰드	ポンドゥ
投資信託	투자신탁	トゥジャシンタク
証券取引所	증권거래소	チュンクォンゴレソ
株式市場	주식시장	チュシクシジャン
証券	증권	チュンクォン
銘柄	증권 상품	チュンクォン サンプム

銘柄株	유가 증권	ユガ ジュンクォン
国債	국채	ククチェ
不動産投資	부동산투자	プドンサントゥジャ
投資 (家)	투자 (자)	トゥジャ(ジャ)
資産家	자산가	チャサンガ
保証人	보증인	ポジュンイン
借り入れ	차입	チャイプ
貸し付け	대부	テブ
負債	부채	プチェ
利益	이익	イイク
赤字	적자	チョクチャ
黒字	흑자	フクチャ
初心者	초보자	チョボジャ
ポートフォリオ	포토폴리어	ポトポルリオ
確定申告	확정신고	ファクチョンシンゴ
増やす 原形	늘리다	ヌルリダ
増やします ヘヨ	늘려요	ヌルリョヨ
増やしました 過去	늘렸어요	ヌルリョッソヨ

第3章 ◇ 資産運用

気もち

感情①

うれしい	原形	기쁘다	キップダ
うれしいです	ヘヨ	기뻐요	キッポヨ
うれしかったです	過去	기뻤어요	キッポッソヨ
悲しい	原形	슬프다	スルプダ
悲しいです	ヘヨ	슬퍼요	スルポヨ
悲しかったです	過去	슬펐어요	スルポッソヨ
楽しい	原形	즐겁다	チュルゴプタ
楽しいです	ヘヨ	즐거워요	チュルゴウォヨ
楽しかったです	過去	즐거웠어요	チュルゴウォッソヨ
おもしろい	原形	재미있다	チェミイッタ
おもしろいです	ヘヨ	재미있어요	チェミイッソヨ
おもしろかったです	過去	재미있었어요	チェミイッソッソヨ
喜ぶ	原形	기뻐하다	キッポハダ
喜びます	ヘヨ	기뻐해요	キッポヘヨ
喜びました	過去	기뻐했어요	キッポヘッソヨ

160

つまらない 原形	재미없다	チェミオプタ
つまらないです ヘヨ	재미없어요	チェミオプソヨ
つまらなかったです 過去	재미없었어요	チェミオプソッソヨ
寂しい 原形	외롭다	ウェロプタ
寂しいです ヘヨ	외로워요	ウェロウォヨ
寂しかったです 過去	외로웠어요	ウェロウォッソヨ
怖い 原形	무섭다	ムソプタ
怖いです ヘヨ	무서워요	ムソウォヨ
怖かったです 過去	무서웠어요	ムソウォッソヨ
気もちいい 原形	기분이 좋다	キブニ チョッタ
気もちいいです ヘヨ	기분이 좋아요	キブニ チョアヨ
気もちよかったです 過去	기분이 좋았어요	キブニ チョアッソヨ
すっきりする 原形	상쾌하다	サンクェハダ
すっきりします ヘヨ	상쾌해요	サンクェヘヨ
すっきりしました 過去	상쾌했어요	サンクェヘッソヨ
気分が悪い 原形	기분이 나쁘다	キブニ ナップダ
気分が悪いです ヘヨ	기분이 나빠요	キブニ ナッパヨ
気分が悪かったです 過去	기분이 나빴어요	キブニ ナッパッソヨ

第3章 ◆ 感情①

気もち

感情②

悔しい 原形	억울하다	オグラダ
悔しいです ヘヨ	억울해요	オグレヨ
悔しかったです 過去	억울했어요	オグレッソヨ
いらいらする 原形	짜증나다	チャジュンナダ
いらいらします ヘヨ	짜증나요	チャジュンナヨ
いらいらしました 過去	짜증났어요	チャジュンナッソヨ
つらい 原形	고통스럽다	コトンスロプタ
つらいです ヘヨ	고통스러워요	コトンスロウォヨ
つらかったです 過去	고통스러웠어요	コトンスロウォッソヨ
かわいそうだ 原形	불쌍하다	プルサンハダ
かわいそうです ヘヨ	불쌍해요	プルサンヘヨ
かわいそうでした 過去	불쌍했어요	プルサンヘッソヨ
感激する 原形	감격하다	カムギョカダ
感激します ヘヨ	감격해요	カムギョケヨ
感激しました 過去	감격했어요	カムギョケッソヨ

退屈だ	原形	지루하다	チルハダ
退屈です	ヘヨ	지루해요	チルヘヨ
退屈でした	過去	지루했어요	チルヘッソヨ
むっとする	原形	불퉁하다	プルトゥンハダ
むっとします	ヘヨ	불퉁해요	プルトゥンヘヨ
むっとしました	過去	불퉁했어요	プルトゥンヘッソヨ
驚く	原形	놀라다	ノルラダ
驚きます	ヘヨ	놀라요	ノルラヨ
驚きました	過去	놀랐어요	ノルラッソヨ
飽きる	原形	싫증나다	シルチュンナダ
飽きます	ヘヨ	싫증나요	シルチュンナヨ
飽きました	過去	싫증났어요	シルチュンナッソヨ
好きだ	原形	좋아하다	チョアハダ
好きです	ヘヨ	좋아해요	チョアヘヨ
好きでした	過去	좋아했어요	チョアヘッソヨ
嫌だ	原形	싫다	シルタ
嫌です	ヘヨ	싫어요	シロヨ
嫌でした	過去	싫었어요	シロッソヨ

第3章 ◆ 感情②

気もち

恋愛の感情

恋愛感情	연애감정	ヨネガムジョン
どきどき(わくわく)	두근두근	トゥグンドゥグン
びっくり	깜짝 놀람	カムチャク ノルラム
がっかり	실망함	シルマンハム
じりじり	한발한발	ハンバルハンバル
うきうき	마음이 들뜸	マウミ トゥルトゥム
はらはら	조마조마	チョマチョマ
好き	좋아함	チョアハム
大好き	아주 좋아함	アジュ チョアハム
嫉妬／やきもち	질투／시기	チルトゥ／シギ
自制心	자제심	チャジェシム
恋しい 原形	그립다	クリプタ
恋しいです ヘヨ	그리워요	クリウォヨ
恋しかったです 過去	그리웠어요	クリウォッソヨ
切ない 原形	애절하다	エジョラダ

切ないです	ヘヨ	애절해요	エジョレヨ
切なかったです	過去	애절했어요	エジョレッソヨ
恥ずかしい	原形	부끄럽다	プックロプタ
恥ずかしいです	ヘヨ	부끄러워요	プックロウォヨ
恥ずかしかったです	過去	부끄러웠어요	プックロウォッソヨ
憎い	原形	밉다	ミプタ
憎いです	ヘヨ	미워요	ミウォヨ
憎かったです	過去	미웠어요	ミウォッソヨ
思いが募る	原形	연정이 더해지다	ヨンジョンイ トヘジダ
思いが募ります	ヘヨ	연정이 더해져요	ヨンジョンイ トヘジョヨ
思いが募りました	過去	연정이 더해졌어요	ヨンジョンイ トヘジョッソヨ

第3章 ◇ 恋愛の感情

はみだし豆知識

韓国人は感情表現がストレート!

韓国人は感情表現が豊かだとよくいわれますが、たしかに感情を思いのまま表現する人は多いようです。泣きたいときは大声で泣くので、お葬式では本当に声を上げて泣きます。けんかも派手にしたりもしますが、思いをぶつけたあとは、すっきり根にもたないのも特徴です。

人の描写

性格 ①

明るい	原形	밝다	パクタ
明るいです	ヘヨ	밝아요	パルガヨ
明るかったです	過去	밝았어요	パルガッソヨ
活発だ	原形	활발하다	ファルバラダ
活発です	ヘヨ	활발해요	ファルバレヨ
活発でした	過去	활발했어요	ファルバレッソヨ
優しい	原形	상냥하다	サンニャンハダ
優しいです	ヘヨ	상냥해요	サンニャンヘヨ
優しかったです	過去	상냥했어요	サンニャンヘッソヨ
気さくだ	原形	싹싹하다	サクサカダ
気さくです	ヘヨ	싹싹해요	サクサケヨ
気さくでした	過去	싹싹했어요	サクサケッソヨ
わがままだ	原形	제멋대로다	チェモッテロダ
わがままです	ヘヨ	재멋대로예요	チェモッテロエヨ
わがままでした	過去	재멋대로였어요	チェモッテロヨッソヨ

正直だ	原形	정직하다	チョンジカダ
正直です	ヘヨ	정직해요	チョンジケヨ
正直でした	過去	정직했어요	チョンジケッソヨ
うそつきだ	原形	거짓말쟁이다	コジンマルジェンイダ
うそつきです	ヘヨ	거짓말쟁이에요	コジンマルジェンイエヨ
うそつきでした	過去	거짓말쟁이였어요	コジンマルジェンイヨッソヨ
おとなしい	原形	얌전하다	ヤムジョナダ
おとなしいです	ヘヨ	얌전해요	ヤムジョネヨ
おとなしかったです	過去	얌전했어요	ヤムジョネッソヨ
親切だ	原形	친절하다	チンジョラダ
親切です	ヘヨ	친절해요	チンジョレヨ
親切でした	過去	친절했어요	チンジョレッソヨ
大胆だ	原形	대담하다	テダマダ
大胆です	ヘヨ	대담해요	テダメヨ
大胆でした	過去	대담했어요	テダメッソヨ
人見知り		낯가림	ナッカリム

第3章 ◆ 性格①

人の描写

性格②

気難しい	原形	까다롭다	カダロプタ
気難しいです	ヘヨ	까다로워요	カダロウォヨ
気難しかったです	過去	까다로웠어요	カダロウォッソヨ
生意気だ	原形	건방지다	コンバンジダ
生意気です	ヘヨ	건방져요	コンバンジョヨ
生意気でした	過去	건방졌어요	コンバンジョッソヨ
せっかちだ	原形	성격이 급하다	ソンキョギ グパダ
せっかちです	ヘヨ	성격이 급해요	ソンキョギ グペヨ
せっかちでした	過去	성격이 급했어요	ソンキョギ グペッソヨ
頑固だ	原形	완고하다	ワンゴハダ
頑固です	ヘヨ	완고해요	ワンゴヘヨ
頑固でした	過去	완고했어요	ワンゴヘッソヨ
穏やかだ	原形	온화하다	オヌァハダ
穏やかです	ヘヨ	온화해요	オヌァヘヨ

穏やかでした 過去	온화했어요	オヌァヘッソヨ
無愛想だ 原形	무뚝뚝하다	ムットゥクトゥカダ
無愛想です ヘヨ	무뚝뚝해요	ムットゥクトゥケヨ
無愛想でした 過去	무뚝뚝했어요	ムットゥクトゥケッソヨ
のんびりしている 原形	한가롭다	ハンガロプタ
のんびりしています ヘヨ	한가로워요	ハンガロウォヨ
のんびりしていました 過去	한가로웠어요	ハンガロウォッソヨ
几帳面だ 原形	꼼꼼하다	コムッコマダ
几帳面です ヘヨ	꼼꼼해요	コムッコメヨ
几帳面でした 過去	꼼꼼했어요	コムッコメッソヨ
積極的だ 原形	적극적이다	チョククチョギダ
積極的です ヘヨ	적극적이에요	チョククチョギエヨ
積極的でした 過去	적극적이었어요	チョククチョギオッソヨ
いい人	좋은 사람	チョウン　サラム
悪い人	나쁜 사람	ナップン　サラム

第3章 ◇ 性格②

人の描写

外見 ①

痩せている 原形	마르다	マルダ
痩せています ヘヨ	말라요	マルラヨ
痩せていました 過去	말랐어요	マルラッソヨ
太っている 原形	뚱뚱하다	トゥントゥンハダ
太っています ヘヨ	뚱뚱해요	トゥントゥンヘヨ
太っていました 過去	뚱뚱했어요	トゥントゥンヘッソヨ
背が高い 原形	키가 크다	キガ クダ
背が高いです ヘヨ	키가 커요	キガ コヨ
背が高かったです 過去	키가 컸어요	キガ コッソヨ
背が低い 原形	키가 작다	キガ チャクタ
背が低いです ヘヨ	키가 작아요	キガ チャガヨ
背が低かったです 過去	키가 작았어요	キガ チャガッソヨ
若い 原形	젊다	チョムタ
若いです ヘヨ	젊어요	チョルモヨ
若かったです 過去	젊었어요	チョルモッソヨ

老けている 原形	늙다	ヌクタ
老けています ヘヨ	늙어요	ヌルゴヨ
老けていました 過去	늙었어요	ヌルゴッソヨ
美しい 原形	아름답다	アルムダプタ
美しいです ヘヨ	아름다워요	アルムダウォヨ
美しかったです 過去	아름다웠어요	アルムダウォッソヨ
かわいい 原形	귀엽다	クィヨプタ
かわいいです ヘヨ	귀여워요	クィヨウォヨ
かわいかったです 過去	귀여웠어요	クィヨウォッソヨ
ハンサム	핸섬	ヘンソム
美人	미인	ミイン
筋肉質	근육질	クニュクチル
目が大きい 原形	눈이 크다	ヌニ クダ
目が大きいです ヘヨ	눈이 커요	ヌニ コヨ
目が大きかったです 過去	눈이 컸어요	ヌニ コッソヨ
顔が小さい 原形	얼굴이 작다	オルグリ チャクタ
顔が小さいです ヘヨ	얼굴이 작아요	オルグリ チャガヨ
顔が小さかったです 過去	얼굴이 작았어요	オルグリ チャガッソヨ

第3章 ◇ 外見 ①

人の描写

外見②

脚が長い 原形	다리가 길다	タリガ キルダ
脚が長いです ヘヨ	다리가 길어요	タリガ キロヨ
脚が長かったです 過去	다리가 길었어요	タリガ キロッソヨ
髪が短い 原形	머리가 짧다	モリガ チャルタ
髪が短いです ヘヨ	머리가 짧아요	モリガ チャルバヨ
髪が短かったです 過去	머리가 짧았어요	モリガ チャルバッソヨ
スタイルがいい 原形	스타일이 좋다	スタイリ チョッタ
スタイルがいいです ヘヨ	스타일이 좋아요	スタイリ チョアヨ
スタイルがよかったです 過去	스타일이 좋았어요	スタイリ チョアッソヨ
ウエストが細い 原形	허리가 얇다	ホリガ ヤルタ
ウエストが細いです ヘヨ	허리가 얇아요	ホリガ ヤルバヨ
ウエストが細かったです 過去	허리가 얇았어요	ホリガ ヤルバッソヨ
色白だ 原形	피부가 희다	ピブガ ヒダ

色白です ヘヨ	피부가 희어요	ピブガ ヒオヨ	
色白でした 過去	피부가 희었어요	ピブガ ヒオッソヨ	
色黒だ 原形	피부가 검다	ピブガ コムタ	
色黒です ヘヨ	피부가 검어요	ピブガ コモヨ	
色黒でした 過去	피부가 검었어요	ピブガ コモッソヨ	
美白	미백	ミベク	
醜い 原形	추하다	チュハダ	
醜いです ヘヨ	추해요	チュヘヨ	
醜かったです 過去	추했어요	チュヘッソヨ	
不潔だ 原形	불결하다	プルギョラダ	
不潔です ヘヨ	불결해요	プルギョレヨ	
不潔でした 過去	불결했어요	プルギョレッソヨ	
上品だ 原形	고상하다	コサンハダ	
上品です ヘヨ	고상해요	コサンヘヨ	
上品でした 過去	고상했어요	コサンヘッソヨ	
セクシーだ 原形	섹시하다	セクシハダ	
セクシーです ヘヨ	섹시해요	セクシヘヨ	
セクシーでした 過去	섹시했어요	セクシヘッソヨ	

第3章 ◆ 外見②

恋愛 出会い・お付き合い①

出会い	만남	マンナム
一目ぼれ	첫눈에 반함	チョンヌネ バナム
紹介	소개	ソゲ
告白	고백	コペク
初恋	첫사랑	チョッサラン
デート	데이트	デイトゥ
情熱	정열	チョンニョル
幸せ	행복함	ヘンボカム
運命／宿命	운명／숙명	ウンミョン／スンミョン
片思い	짝사랑	チャクサラン
理想／タイプ	이상／타입	イサン／タイプ
駆け引き	밀고 당김	ミルゴ ダンギム
第一印象	첫인상	チョディンサン
キス	키스	キス
チュー	뽀뽀	ポッポ

ラブラブ	러브러브	ロブロブ
アタック	어택	オテク
カップル(恋人同士)	커플	コプル
彼氏	남자친구	ナムジャチング
彼女	여자친구	ヨジャチング
遠距離恋愛	원거리연애	ウォンゴリヨネ
恋に落ちる 原形	사랑에 빠지다	サランエ ッパジダ
恋に落ちます ヘヨ	사랑에 빠져요	サランエ ッパジョヨ
恋に落ちました 過去	사랑에 빠졌어요	サランエ ッパジョッソヨ
愛している 原形	사랑하다	サランハダ
愛しています ヘヨ	사랑해요	サランヘヨ
愛していました 過去	사랑했어요	サランヘッソヨ
見つめる 原形	바라보다	パラボダ
見つめます ヘヨ	바라봐요	パラボァヨ
見つめました 過去	바라봤어요	パラボァッソヨ
付き合う 原形	사귀다	サグィダ
付き合います ヘヨ	사귀어요	サグィオヨ
付き合いました 過去	사귀었어요	サグィオッソヨ

第3章 ◆ 出会い・お付き合い ①

恋愛
出会い・お付き合い ②

ナンパ	꼬시기	コシギ
束縛	속박	ソクパク
会いたい 原形	보고 싶다	ポゴ シプタ
会いたいです ヘヨ	보고 싶어요	ポゴ シポヨ
会いたかったです 過去	보고 싶었어요	ポゴ シポッソヨ
モテる 原形	인기가 있다	インキガ イッタ
モテます ヘヨ	인기가 있어요	インキガ イッソヨ
モテました 過去	인기가 있었어요	インキガ イッソッソヨ
伝えたい 原形	전하고 싶다	チョナゴ シプタ
伝えたいです ヘヨ	전하고 싶어요	チョナゴ シポヨ
伝えたかったです 過去	전하고 싶었어요	チョナゴ シポッソヨ
ぎゅっと抱きしめる 原形	꼭 껴안다	コク キョアンタ
ぎゅっと抱きしめます ヘヨ	꼭 껴안아요	コク キョアナヨ
ぎゅっと抱きしめました 過去	꼭 껴안았어요	コク キョアナッソヨ
手をつなぐ 原形	손을 잡다	ソヌル チャプタ

手をつなぎます ヘヨ	손을 잡아요	ソヌル チャバヨ
手をつなぎました 過去	손을 잡았어요	ソヌル チャバッソヨ
ベッドイン	배드인	ペドゥイン
セックス／性行為	섹스／성행위	セクス／ソンヘンウィ
エッチ	성교	ソンギョ
肉体関係	육체관계	ユクチェグァンゲ
愛撫(あいぶ)	애무	エム
童貞	동정	トンジョン
処女	처녀	チョニョ
初体験	첫경험	チョッキョンホム
コンドーム	콘돔	コンドム
避妊	피임	ピイム

第3章 ◇ 出会い・お付き合い②

はみだし 豆知識

■ 猛烈なアプローチの理由

韓国人の男性は、女性に優しく愛のメッセージも熱いといわれます。「백번 찍어 안 넘어가는 나무 없다 (ペクポン チゴアン ノモガヌン ナム オプタ)」とよくいわれ、「斧（おの）で100回叩いて倒れない木はない」という意味があります。男性はあきらめずに何度もアプローチする人が多くいるようですね。

恋愛
失恋・不倫・けんか・別れ

失恋	실연	シリョン
浮気	바람을 피움	パラムル ピウム
けんか	싸움	サウム
別れ	헤어짐	ヘオジム
傷心	상심	サンシム
三角関係	삼각관계	サムガククァンゲ
不倫	불륜	プルリュン
愛人	애인	エイン
二股	양다리를 걸침	ヤンダリルル ゴルチム
裏切り	배신	ペシン
密会	밀회	ミルェ
思い出	추억	チュオク
涙	눈물	ヌンムル
痛手	큰 상처	クン サンチョ
元彼	옛날 남자친구	イェンナル ナムジャチング

元彼女	옛날 여자친구	イェンナル ヨジャチング
負担	부담	プダム
理由	이유	イユ
うそ	거짓말	コジンマル
泣き顔	우는 얼굴	ウヌ ノルグル
どろ沼	수렁	スロン
ふられる 原形	차이다	チャイダ
ふられます ヘヨ	차여요	チャヨヨ
ふられました 過去	차였어요	チャヨッソヨ
忘れない 原形	못 잊다	モン ニッタ
忘れません ヘヨ	못 잊어요	モン ニジョヨ
忘れませんでした 過去	못 잊었어요	モン ニジョッソヨ
だまされる 原形	속다	ソクタ
だまされます ヘヨ	속아요	ソガヨ
だまされました 過去	속았어요	ソガッソヨ
立ち直る 原形	회복하다	フェボカダ
立ち直ります ヘヨ	회복해요	フェボケヨ
立ち直りました 過去	회복했어요	フェボケッソヨ

第3章 ◇ 失恋・不倫・けんか・別れ

イベント

結婚①

結婚	결혼	キョロン
婚約	약혼	ヤコン
プロポーズ	프로포즈	プロポズ
見合い	중매	チュンメ
婚約式	약혼식	ヤコンシク
婚約者	약혼자	ヤコンジャ
新婚	신혼	シノン
新婚旅行	신혼여행	シノンニョヘン
婚姻届	혼인신고서	ホニンシンゴソ
見合い結婚	중매결혼	チュンメギョロン
恋愛結婚	연애결혼	ヨネギョロン
結婚する 原形	결혼하다	キョロナダ
結婚します ヘヨ	결혼해요	キョロネヨ
結婚しました 過去	결혼했어요	キョロネッソヨ
嫁ぐ 原形	시집가다	シジプカダ

嫁ぎます ヘヨ	시집가요	シジブカヨ
嫁ぎました 過去	시집갔어요	シジブカッソヨ
結婚する (男性が) 原形	장가가다	チャンガガダ
結婚します ヘヨ	장가가요	チャンガガヨ
結婚しました 過去	장가갔어요	チャンガガッソヨ
結婚準備	결혼준비	キョロンジュンビ
結婚指輪	결혼반지	キョロンバンジ
結婚式	결혼식	キョロンシク
ウエディングドレス	웨딩드레스	ウェディンドゥレス
婚礼服	혼례복	ホルレボク
新郎	신랑	シルラン
新婦	신부	シンブ
引き出物	답례품	タムネプム
スピーチ	스피치	スピチ
ケーキカット	케이크 컷	ケイク コッ
入場	입장	イプチャン
結婚式場	결혼식장	キョロンシクチャン
祝電	축전	チュクチョン

第3章 ◇ 結婚①

イベント

結婚②・離婚

司会	사회	サフェ
ブーケ	부케	ブケ
ブーケトス	부케던지기	ブケドンジギ
ご祝儀	축의금	チュギグム
披露宴	피로연	ピロヨン
初夜	첫날밤	チョンナルパム
嫁入り道具	혼수	ホンス
新婚生活	신혼생활	シノンセンファル
既婚者	기혼자	キホンジャ
国際結婚	국제결혼	ククチェギョロン
歳の差結婚	나이차 결혼	ナイチャ ギョロン
姉さん女房(年上の妻)	연상의 아내	ヨンサンエ アネ
離婚	이혼	イホン
協議離婚	협의이혼	ヒョビイホン
離婚届	이혼신고	イホンシンゴ

離婚調停	이혼조정	イホンジョジョン
不仲	불화	プルァ
性格の不一致	성격 차이	ソンキョク チャイ
家庭内暴力	가정내 폭력	カジョンネ ポンニョク
慰謝料	위자료	ウィジャリョ
養育費	양육비	ヤンニュクピ
財産分与	재산분여	チェサンプニョ
親権	친권	チンクォン
再婚	재혼	チェホン
再婚相手	재혼상대	チェホンサンデ
離婚歴	이혼경력	イホンギョンニョク
子連れ	아이가 딸려있음	アイガ タルリョイッスム
養子縁組	양자 결연	ヤンジャ ギョリョン
母子家庭	모자가정	モジャガジョン
父子家庭	부자가정	プジャガジョン
バツイチ(男性/女性)	이혼남/이혼녀	イホンナム/イホンニョ
再婚禁止期間	재혼금지기간	チェホングムジギガン

第3章 ◇ 結婚②・離婚

イベント

妊娠・出産

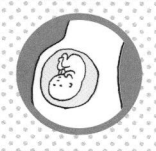

排卵日	배란일	ペラニル
受精（卵）	수정 (란)	スジョン(ナン)
妊娠	임신	イムシン
妊婦	임산부	イムサンブ
安定期	안정기	アンジョンギ
妊娠5か月	임신 오개월	イムシン オゲウォル
基礎体温	기초체온	キチョチェオン
胎動	태동	テドン
胎児	태아	テア
つわり	입덧	イプトッ
妊娠中	임신중	イムシンジュン
臨月	산달	サンタル
予定日	예정일	イェジョンイル
里帰り	친정 귀성	チンジョン グィソン
おしるし	조짐	チョジム

陣痛	진통	チントン
破水	파수	パス
出産	출산	チュルサン
高齢出産	고령출산	コリョンチュルサン
流産	유산	ユサン
早産	초산	チョサン
安産	순산	スンサン
逆子	태아가 거꾸로 나옴	テアガ コックロ ナオム
自然分娩	자연분만	チャヨンブンマン
帝王切開	제왕절개	チェワンジョルゲ
へその緒	탯줄	テッチュル
未熟児	미숙아	ミスガ
中絶	중절	チュンジョル
不妊治療	불임치료	プリムチリョ
超音波検査	초음파검사	チョウムパゴムサ
内診	내신	ネシン
妊娠高血圧症	임신고혈압증	イムシンゴヒョラプチュン

第3章 ◇ 妊娠・出産

イベント
育児・子育て

産後	산후	サヌ
名づけ	이름 짓기	イルム ジッキ
新生児	신생아	シンセンア
乳児／乳飲み子	유아／젖먹이	ユア／チョンモギ
幼児／子ども	유아／어린아이	ユア／オリナイ
授乳	수유	スユ
母乳	모유	モユ
ミルク（人工乳）	분유	プニュ
うぶ着	배내옷	ペネオッ
おむつ	기저귀	キジョグィ
哺乳瓶	젖병	チョッピョン
離乳食	이유식	イユシク
育児	육아	ユガ
子育て	아기 키우기	アギ キウギ
ベビーベッド	아기침대	アギチムデ

よだれかけ	턱받이	トゥパジ
子守唄	자장가	チャジャンガ
おもちゃ	장난감	チャンナンカム
ベビーマッサージ	아기 마사지	アギ マサジ
夜泣き	밤에 욺	パメ ウム
ベビーカー	유모차	ユモチャ
抱っこ	안음	アヌム
自立	자립	チャリプ
英才教育	영재 교육	ヨンジェ ギョユク
思春期	사춘기	サチュンギ
反抗期	반항기	パナンギ
自意識	자의식	チャイシク

第3章 ◇ 育児・子育て

はみだし 豆知識

韓国の赤ちゃん言葉

韓国にも赤ちゃんが使う幼児語があります。ご飯のことは「맘마（マムマ）」といい、これは日本と同じですね。車は、走る音から「붕붕（ブンブン）」、おっぱいは「찌찌（チッチ）」、お菓子は「까까（カッカ）」です。韓国より日本のほうが「赤ちゃん言葉」の種類が多く、長い期間使っているようです。

イベント

シニアライフ

老後	노후	ノフ
定年	정년	チョンニョン
定年退職	정년퇴직	チョンニョントェジク
退職金	퇴직금	トェジククム
高齢者	고령자	コリョンジャ
熟年離婚	중년이혼	チュンニョニホン
年金生活	연금생활	ヨングムセンファル
シニア料金	연장자요금	ヨンジャンジャヨグム
保険	보험	ポホム
計画	계획	ケフェク
リタイア	리타이어	リタイオ
趣味	취미	チュィミ
自給自足	자급자족	チャグプチャジョク
田舎暮らし	시골생활	シゴルセンファル
海外移住	해외이주	ヘウェイジュ

海外旅行	해외여행	ヘウェヨヘン
シニア海外ボランティア	연장자 해외 자원봉사	ヨンジャンジャ ヘウェ チャウォンポンサ
園芸	원예	ウォニェ
農業	농업	ノンオブ
リハビリテーション	리허빌리테이션	リホビルリテイション
車椅子	휠체어	フィルチェオ
優先席	경로석	キョンノソク
福祉施設	복지시설	ポクチシソル
老人ホーム	노인복지시설센터	ノインポクチシソルセント
介護	병간호	ピョンガノ
在宅	재가	チェガ
デイサービス	일일 서비스	イリル ソビス
地域社会	지역사회	チヨクサフェ
(男の)孫／(女の)孫	손자／손녀	ソンジャ／ソンニョ
団塊の世代	단괴세대	タングェセデ

第3章 ◇ シニアライフ

イベント

葬　式

葬式	장례식	チャンネシク
告別式	고별식	コビョルシク
通夜	경야	キョンヤ
葬儀場	장례식장	チャンネシクチャン
火葬	화장	ファジャン
埋葬	매장	メジャン
密葬	밀장	ミルチャン
腕章	완장	ワンジャン
四十九日	사십구일	サシプクイル
遺言	유언	ユオン
遺産	유산	ユサン
孤独死	고독사	コドゥサ
墓	무덤	ムドム
棺桶	관	クァン
入棺／出棺	입관／출상	イプクァン／チュルサン

香典	부의	プイ
喪服	상복	サンボク
喪章	상장	サンジャン
遺骨	유골	ユゴル
喪主	상주	サンジュ
故人	고인	コイン
遺族	유족	ユジョク
看取ること	병구완	ピョングワン
死装束	수의	スイ
遺影	영정사진	ヨンジョンサジン
霊柩車	영구차	ヨングチャ
安置所	안치소	アンチソ
訃報	부고	プゴ
献花	헌화	ホンファ
死亡診断書	사망진단서	サマンジンダンソ
偲ぶ 原形	그리다	クリダ
偲びます ヘヨ	그려요	クリョヨ
偲びました 過去	그렸어요	クリョッソヨ

第3章 ◇ 葬式

ハングル雑学 ③
スターに伝えたいメッセージ

ここでは、コンサートやファンミーティング、空港などでスターに送りたいフレーズを紹介します。

大当たり　超ウケル	<ruby>대박<rt>テバク</rt></ruby>
愛してる	<ruby>사랑해<rt>サランヘ</rt></ruby>
こっち見て	<ruby>여기 봐<rt>ヨギ ブァ</rt></ruby>
投げキッスして	<ruby>키스 날려 줘<rt>キス ナルリョ ジュォ</rt></ruby>
チューして	<ruby>뽀뽀해 줘<rt>ポッポヘ ジュォ</rt></ruby>
ハグして	<ruby>안아 줘<rt>アナ ジュォ</rt></ruby>
最高	<ruby>최고<rt>チュェゴ</rt></ruby>
いい身体	<ruby>몸짱<rt>モムチャン</rt></ruby>
いい顔	<ruby>얼짱<rt>オルチャン</rt></ruby>
ウインクして	<ruby>윙크해 줘<rt>ウィンクヘ ジュォ</rt></ruby>
電話して 090-////	<ruby>전화해<rt>チョヌァヘ</rt></ruby> 090-////
脱いで	<ruby>벗어라<rt>ポソラ</rt></ruby>
私の◯◯	<ruby>내<rt>ネ</rt></ruby> ◯◯

※ ////には電話番号、◯◯には名前を入れます。

第4章

Theme

趣味・エンターテインメント

旅行①

旅行	여행	ヨヘン
観光	관광	クァングァン
ツアー	투어	トゥオ
スケジュール	스케줄	スケジュル
2泊3日	이박 삼일	イバク サミル
3泊4日	삼박 사일	サムバク サイル
弾丸旅行	총알여행	チョンアルリョヘン
長期滞在	장기체재	チャンギチェジェ
予約	예약	イェヤク
コース	코스	コス
パスポート	여권	ヨクォン
チケット	티켓	ティケッ
チケット売り場	매표소	メピョソ
旅行かばん	여행가방	ヨヘンガバン
スーツケース	트렁크	トゥロンク

地図	지도	チド
ガイドブック	가이드북	カイドゥブク
案内所	안내소	アンネソ
旅行客	여행객	ヨヘンゲク
日本語ガイド	일본어 가이드	イルボノ　ガイドゥ
両替所	환전소	ファンジョンソ
おみやげ	선물	ソンムル
空席照会	빈자리 조회	ピンジャリ　チョフェ
航空券	항공권	ハンゴンクォン
キャビンアテンダント	승무원	スンムウォン
添乗員	여행안내원	ヨヘンアンネウォン
パンフレット	팸플릿	ペムプルリッ

第4章 ◆ 旅行①

関連 キーフレーズ

- チェックインをお願いします。　체크인 부탁합니다.　チェキン　プタカムニダ
- トイレはどこですか？　화장실은 어디예요?　ファジャンシルン　オディエヨ
- 駅はどこですか？　역은 어디예요?　ヨグン　オディエヨ
- いくらですか？　얼마예요?　オルマエヨ
- これをください。　이거 주세요.　イゴ　ジュセヨ

旅行②

旅行会社	여행사	ヨヘンサ
国内旅行	국내여행	クンネヨヘン
海外旅行	해외여행	ヘウェヨヘン
料金	요금	ヨグム
予約する 原形	예약하다	イェヤカダ
予約します ヘヨ	예약해요	イェヤケヨ
予約しました 過去	예약했어요	イェヤケッソヨ
滞在する 原形	체재하다	チェジェハダ
滞在します ヘヨ	체재해요	チェジェヘヨ
滞在しました 過去	체재했어요	チェジェヘッソヨ
キャンセル(待ち)	캔슬 (대기)	ケンスル(テギ)
出発	출발	チュルバル
到着	도착	トチャク
入国	입국	イプクク
出国	출국	チュルグク

集合時間	집합시간	チパプシガン
集合場所	집합장소	チパプチャンソ
待合室	대합실	テハプシル
乗り場	타는 곳	タヌン ゴッ
乗り換え(乗り継ぎ)	환승	ファンスン
空席	빈자리	ピンジャリ
空車(タクシーの場合)	빈차	ピンチャ
観光名所	관광명소	クァングァンミョンソ
座席番号	좌석번호	チュアソクポノ
出発する 原形	출발하다	チュルバラダ
出発します ヘヨ	출발해요	チュルバレヨ
出発しました 過去	출발했어요	チュルバレッソヨ

関連 キーフレーズ

- 結構です。　　　　　됐어요.　　　　　　トェッソヨ
- 安くしてください。　싸게 해 주세요.　　サゲ ヘ ジュセヨ
- メーターをつけてください。　미터 켜 주세요.　　ミト キョ ジュセヨ
- 日本語はできますか？　일본어 할 수 있어요?　イルボノ ハル ス イッソヨ

旅

旅行③

航空会社	항공회사	ハンゴンフェサ
国際線	국제선	ククチェソン
国内線	국내선	クンネソン
出発ロビー	출발로비	チュルバルロビ
到着ロビー	도착로비	トチャンノビ
手荷物預け所	수하물 위탁소	スハムル ウィタクソ
手荷物受取所	수하물 수취소	スハムル スチュィソ
チェックインカウンター	탑승수속카운터	タプスンスソクカウント
セキュリティチェック	보안검사	ポアンゴムサ
入国審査	입국심사	イプククシムサ
税関	세관	セグァン
搭乗口	탑승구	タプスング
片道／往復	편도／왕복	ピョンド／ワンボク
フライト	비행	ピヘン
自由席	자유석	チャユソク

エコノミークラス	보통석	ポトンソク
ファーストクラス	일등석	イルトゥンソク
高速バスターミナル	고속버스 터미널	コソクポス　トミノル
バス乗り場	버스정류장	ポスジョンニュジャン
交通カード	교통카드	キョトンカドゥ
切符売り場	매표소	メピョソ
運賃	운임	ウニム
時刻表	시각표	シガクピョ
地下鉄路線図	지하철노선도	チハチョルノソンド
始発	첫차	チョッチャ
終電	막차	マクチャ
改札口	개찰구	ケチャルグ
ホーム	홈	ホム
〜号線	〜호선	〜ホソン
タクシー乗り場	택시 타는 곳	テクシ　タヌン　ゴッ
料金メーター	요금미터	ヨグムミト
交通費	교통비	キョトンビ
物価	물가	ムルカ

第4章 ◆ 旅行 ③

旅

ホテル

ホテル	호텔	ホテル
高級ホテル	고급호텔	コグプホテル
ゲストハウス	게스트하우스	ゲストゥハウス
レジデンス	레지던스	レジドンス
旅館	여관	ヨグァン
民宿	민숙	ミンスク
予約	예약	イェヤク
シングル	싱글	シングル
ツイン	트윈	トゥウィン
オンドル部屋	온돌방	オンドルパン
宿泊料	숙박료	スクパンニョ
変更	변경	ピョンギョン
キャンセル	취소	チュィソ
チェックイン	체크인	チェクイン
チェックアウト	체크아웃	チェクアウッ

フロント	프런트	プロントゥ
ロビー	로비	ロビ
ルームナンバー	방 번호	パン ボノ
部屋の鍵	방 열쇠	パン ニョルスェ
ルームサービス	룸서비스	ルムソビス
モーニングコール	모닝콜	モニンコル
エレベーター	엘리베이터	エルリペイト
非常口	비상구	ピサング
枕	베개	ペゲ
シーツ	시트	シトゥ
ベッド	침대	チムデ
エアコン	에어컨	エオコン
貴重品入れ	귀중품 보관함	クィジュンプム ポグァナム
備品	비품	ピプム
口コミ	입소문	イプソムン
日本人スタッフ	일본인스태프	イルボニンステプ
送迎	픽업	ピゴプ
従業員	종업원	チョンオプォン

第4章 ◇ ホテル

旅

乗り物

乗り物	타는 것	タヌン ゴッ
乗用車	승용차	スンヨンチャ
タクシー	택시	テクシ
模範タクシー	모범택시	モボムテクシ
個人タクシー	개인택시	ケインテクシ
小型車	소형차	ソヒョンチャ
大型車	대형차	テヒョンチャ
中型車	중형차	チュンヒョンチャ
バス	버스	ボス
高速バス	고속버스	コソクポス
夜行バス	심야버스	シミャポス
観光バス	관광버스	クァングァンポス
電車	전철	チョンチョル
地下鉄	지하철	チハチョル
韓国高速鉄道 (KTX)	한국고속철도	ハングクコソクチョルト

新幹線	신칸센	シンカンセン
路面電車	노면전차	ノミョンジョンチャ
飛行機	비행기	ピヘンギ
ジェット機	제트기	チェトゥギ
船	배	ペ
ヨット	요트	ヨトゥ
トラック	트럭	トゥロク
パトカー	경찰차	キョンチャルチャ
救急車	구급차	クグプチャ
消防車	소방차	ソバンチャ
特急列車	특급열차	トゥックムニョルチャ
降車ボタン	하차버튼	ハチャボトゥン
指定席	지정석	チジョンソク
グリーン車(特等車)	특실	トゥクシル
モノレール	모노레일	モノレイル
自転車	자전거	チャジョンゴ
バイク(オートバイ)	오토바이	オトバイ
三輪車	삼륜차	サムニュンチャ

第4章 ◇ 乗り物

旅

車

車	차	チャ
レンタカー	렌트카	レントゥカ
ハンドル	핸들	ヘンドゥル
シートベルト	안전벨트	アンジョンベルトゥ
クラクション	클랙슨	クルレクスン
ウインカー	방향지시등	パンヒャンジシドゥン
トランク	트렁크	トゥロンク
運転席	운전석	ウンジョンソク
助手席	조수석	チョスソク
スピード	스피드	スピドゥ
エンスト	엔진고장	エンジンゴジャン
パンク	펑크	ポンク
免許証	면허증	ミョノチュン
初心者	초보자	チョボジャ
ガソリン満タン	휘발유 가득	フィバルリュ カドゥク

駐車	주차	チュチャ
バック(後退)	백	ペク
直進	직진	チクチン
右折	우회전	ウフェジョン
左折	좌회전	チュァフェジョン
運転する 原形	운전하다	ウンジョナダ
運転します ヘヨ	운전해요	ウンジョネヨ
運転しました 過去	운전했어요	ウンジョネッソヨ
エンジンをかける 原形	엔진을 걸다	エンジヌル コルダ
エンジンをかけます ヘヨ	엔진을 걸어요	エンジヌル コロヨ
エンジンをかけました 過去	엔진을 걸었어요	エンジヌル コロッソヨ
ブレーキをかける 原形	브레이크를 걸다	ブレイクルル コルダ
ブレーキをかけます ヘヨ	브레이크를 걸어요	ブレイクルル コロヨ
ブレーキをかけました 過去	브레이크를 걸었어요	ブレイクルル コロッソヨ

旅

標識・注意書き

標識	표지	ピョジ
立ち入り禁止	출입금지	チュリプクムジ
進入禁止	진입금지	チニプクムジ
撮影禁止	촬영금지	チュアリョングムジ
駐車禁止	주차금지	チュチャグムジ
禁煙	금연	クミョン
飲食禁止	음식물금지	ウムシンムルグムジ
持ち込み禁止	지참금지	チチャムグムジ
置き引き注意	들치기 주의	トゥルチギ ジュイ
横断禁止	횡단금지	フェンダングムジ
追い越し禁止	추월금지	チュウォルグムジ
一方通行	일방통행	イルバントンヘン
注意	주의	チュイ
危険	위험	ウィホム
止まれ	정지	チョンジ

安全地帯 (エリア)	안전지대	アンジョンジデ
歩行者優先	보행자우선	ポヘンジャウソン
一時停止	일시정지	イルシジョンジ
右折禁止	우회전금지	ウフェジョングムジ
左折禁止	좌회전금지	チュァフェジョングムジ
速度制限	속도제한	ソクトジェハン
Uターン禁止	유턴금지	ユトングムジ
禁止	금지	クムジ
厳禁	엄금	オムグム
通行禁止	통행금지	トンヘングムジ
スリップ注意	미끄럼 주의	ミックロム ジュイ
工事中	공사중	コンサジュン

第4章 ◆ 標識・注意書き

関連 キーフレーズ

안지지 마세요

- 触らないでください。 만지지 마세요. マンジジ マセヨ
- 静かにしてください。 조용히 하세요. チョヨンヒ ハセヨ
- 座らないでください。 앉지 마세요. アンチ マセヨ
- 近づかないでください。 가까이 가지 마세요. カッカイ カジ マセヨ

街の中①

目的地	목적지	モクチョクチ
駅	역	ヨク
空港	공항	コンハン
港	항구	ハング
バス停	버스정류장	ポスジョンニュジャン
銀行	은행	ウネン
郵便局	우체국	ウチェグク
病院	병원	ピョンウォン
消防署	소방서	ソバンソ
警察署	경찰서	キョンチャルソ
交番（派出所）	파출소	パチュルソ
トンネル	터널	トノル
ビル	빌딩	ビルディン
案内所	안내소	アンネソ
警備室	경비실	キョンビシル

橋	다리	タリ
道路	도로	トロ
高速道路	고속도로	コソクトロ
交差点	교차로	キョチャロ
信号	신호등	シノドゥン
歩道	보도	ポド
歩道橋	육교	ユクキョ
横断歩道	횡단보도	フェンダンボド
地下道	지하도	チハド
駐車場	주차장	チュチャジャン
ガソリンスタンド	주유소	チュユソ
学校	학교	ハクキョ
寺	절	チョル
寺院	사원	サウォン
神社	신사	シンサ
公共施設	공용시설	コンヨンシソル
大使館	대사관	テサグァン
博物館	박물관	パンムルグァン

第4章 ◇ 街の中 ①

旅 街の中②

図書館	도서관	トソグァン
体育館	체육관	チェユククァン
官公庁	관공청	クァンゴンチョン
国会議事堂	국회의사당	ククェウィサダン
税務署	세무소	セムソ
電話局	전화국	チョヌァグク
水道局	수도국	スドグク
出入国管理局	출입국 관리국	チュリプクク クァルリグク
県庁（道庁）	도청	トチョン
市庁（市役所）	시청	シチョン
区役所	구청	クチョン
町役場	동사무소	トンサムソ
村役場	읍사무소	ウプサムソ
保健所	보건소	ポゴンソ
裁判所	법원	ポブォン

最高裁判所	대법원	テポブォン
高等裁判所	고등법원	コドゥンボブォン
地方裁判所	지방법원	チバンボブォン
家庭裁判所	가정법원	カジョンボブォン
自動車教習所	자동차 교습소	チャドンチャ ギョスプソ
公民館	주민회관	チュミンフェグァン
文化会館	문화 회관	ムヌァ フェグァン
児童館	아동관	アドングァン
天文台	천문대	チョンムンデ
インフラ	기간사업	キガンサオプ
公共事業	공공사업	コンゴンサオプ
住宅地	주택지	チュテクチ

はみだし 豆知識

本好きが多い?! 韓国人の図書館利用法

韓国では図書館を勉強、本を借りる、パソコンの利用などのために利用することはもちろん、待ち合わせ場所にすることもあります。待ち合わせたあとに、併設の食堂で食事をして、勉強することも多いんですよ。図書館が日本よりも身近な存在なのかもしれませんね。

レジャー施設

レジャー施設	레저시설	レジョシソル
テーマパーク	테마파크	テマパク
遊園地	유원지	ユウォンジ
ショッピングモール	쇼핑몰	ショピンモル
アウトレットモール	아울렛	アウルレッ
コンサートホール	콘서트홀	コンソトゥホル
劇場	극장	ククチャン
映画館	영화관	ヨンファグァン
展望台	전망대	チョンマンデ
記念館	기념관	キニョムグァン
博物館	박물관	パンムルグァン
美術館	미술관	ミスルグァン
水族館	수족관	スジョックァン
プラネタリウム	플라네타륨	プルラネタリュム
公園	공원	コンウォン

動物園	동물원	トンムルォン
植物園	식물원	シンムルォン
ゴルフ場	골프장	ゴルブジャン
サッカー場	축구장	チュックジャン
スキー場	스키장	スキジャン
野球場	야구장	ヤグジャン
競技場	경기장	キョンギジャン
史跡	사적	サジョク
古宮(こきゅう)	고궁	コグン
世界遺産	세계유산	セゲユサン
カラオケ	노래방	ノレバン
インターネットカフェ	PC방	ピシバン
ゲームセンター	게임방	ゲイムバン
カジノ	카지노	カジノ
ボウリング	볼링	ボルリン
ビリヤード	포켓볼	ポケッポル
バッティングセンター	배팅센터	ベティンセント
ダーツバー	다트바	ダトゥバ

第4章 ◇ レジャー施設

銀行・通貨

旅

銀行	은행	ウネン
銀行員	은행원	ウネンウォン
窓口	창구	チャング
ATM	자동현금인출기	チャドンヒョングミンチュルギ
お金	돈	トン
現金	현금	ヒョングム
お札	지폐	チペ
小銭	동전	トンジョン
口座	계좌	ケジュァ
口座番号	계좌번호	ケジュァボノ
通帳	통장	トンジャン
キャッシュカード	현금카드	ヒョングムカドゥ
暗証番号	비밀번호	ピミルボノ
手数料	수수료	ススリョ

印鑑	도장	トジャン
入金	입금	イプクム
出金	출금	チュルグム
預金	예금	イェグム
貯金	저금	チョグム
利子 (利息)	이자	イジャ
振り込み	이체	イチェ
電子マネー	전자화폐	チョンジャファペ
両替	환전	ファンジョン
外国為替市場	외환시장	ウェファンシジャン
円	엔	エン
ウォン	원	ウォン
ドル	달러	タルロ
ユーロ	유로	ユロ
元	원	ウォン
おろす(お金を) 原形	돈을 찾다	トヌル チャッタ
おろします ヘヨ	돈을 찾아요	トヌル チャジャヨ
おろしました 過去	돈을 찾았어요	トヌル チャジャッソヨ

第4章 ◆ 銀行・通貨

旅

方向・位置

方向	방향	パンヒャン
位置	위치	ウィチ
東西南北	동서남북	トンソナムブク
東	동쪽	トンッチョク
西	서쪽	ソッチョク
南	남쪽	ナムッチョク
北	북쪽	プクッチョク
前	앞	アプ
後ろ	뒤	トゥィ
上	위	ウィ
下	밑／아래	ミッ／アレ
右	오른쪽	オルンチョク
左	왼쪽	ウェンチョク
横／隣	옆	ヨプ
真ん中	가운데	カウンデ

一番前	맨앞	メナプ
奥	안쪽	アンチョク
一番後ろ	맨뒤	メンドゥィ
まっすぐ	곧장	コッチャン
斜め	대각선	テガクソン
隅	모퉁이	モトゥンイ
中間	중간	チュンガン
てっぺん	꼭대기	コクテギ
こちら側	이쪽	イッチョク
向こう側	저쪽	チョッチョク
あっち	저기	チョギ
こっち	여기	ヨギ
そっち	거기	コギ
手前	자기 앞	チャギ アプ
時計回り	시계방향으로 돎	シゲバンヒャンウロ ドム
内回り	안쪽으로 돎	アンチョグロ ドム
外回り	바깥쪽으로 돎	パッカッチョグロ ドム
端っこ	구석	クソク

第4章 ◇ 方向・位置

旅

店

店	가게	カゲ
レストラン	레스토랑	レストラン
カフェ	카페	カペ
喫茶店	다방	タバン
ケーキ店	케이크점	ケイクジョム
パン屋	빵집	パンチプ
コンビニ	편의점	ピョニジョム
売店	매점	メジョム
スーパーマーケット	슈퍼마켓	シュポマケッ
雑貨店	잡화점	チャプァジョム
CDショップ	레코드점	レコドゥジョム
書店	서점	ソジョム
洋品店	옷가게	オッカゲ
化粧品店	화장품가게	ファジャンプムガゲ
眼鏡店	안경점	アンギョンジョム

電器店	전자상가	チョンジャサンガ
文具店	문구점	ムングジョム
花屋	꽃집	コッチプ
八百屋	야채가게	ヤチェガゲ
酒屋	주류점	チュリュジョム
家具店	가구점	カグジョム
たばこ屋	담뱃가게	タムベッカゲ
屋台	포장마차	ポジャンマチャ
市場	시장	シジャン
焼き肉店	고깃집	コギッチプ
冷麺店	냉면가게	ネンミョンガゲ
粥店	죽집	チュクチプ
軽食店	분식점	プンシクチョム
伝統茶カフェ	전통찻집	チョントンチャッチプ
デパート	백화점	ペクァジョム
ネイルサロン	네일싸롱	ネイルッサロン
免税店	면세점	ミョンセジョム
みやげもの店	선물가게	ソンムルカゲ

第4章 ◆ 店

遊び

ショッピング

ショッピング	쇼핑	ショピン
販売員／店員	판매원／점원	パンメウォン／チョムォン
営業中	영업중	ヨンオプチュン
営業時間	영업시간	ヨンオプシガン
年中無休	연중무휴	ヨンジュンムヒュ
定休日	정기휴일	チョンギヒュイル
商品	상품	サンプム
おすすめ品	추천상품	チュチョンサンプム
非売品	비매품	ピメプム
限定品	한정품	ハンジョンプム
試供品	견본품	キョンボンプム
売り切れ	품절	プムジョル
セール／割引き	세일／할인	セイル／ハリン
値札	가격표	カギョクピョ
試着室	탈의실	タリシル

返品	반품	パンプム
定価	정가	チョンカ
消費税	소비제	ソビジェ
おつり	거스름돈	コスルムトン
領収書	영수증	ヨンスジュン
現金払い	현금지불	ヒョングムジブル
カード払い	카드지불	カドゥジブル
クレジットカード	신용카드	シニョンカドゥ
分割払い	할부	ハルブ
一括払い	일시불	イルシブル
クーポン	쿠폰	クポン
配送無料	배송무료	ペソンムリョ

第4章 ◇ ショッピング

関連 キーフレーズ

- 見ているだけです。 / 그냥 보는 거예요. / クニャン ポヌン ゴエヨ
- ○○はありますか？ / ○○ 있어요? / ○○イッソヨ
- いくらですか？ / 얼마예요? / オルマエヨ
- 他の色はありますか？ / 다른 색은 있어요? / タルン セグン イッソヨ
- 試着してもいいですか？ / 입어 봐도 돼요? / イボ ポァド ドェヨ
- 返品はできますか？ / 반품은 가능해요? / パンプムン カヌンヘヨ

遊び
デパート

デパート／百貨店	백화점	ペクァジョム
食料品売り場	식품 판매장	シクプム パンメジャン
婦人服売り場	여성패션 판매장	ヨソンペション パンメジャン
紳士服売り場	남성패션 판매장	ナムソンペション パンメジャン
子ども服売り場	아동복 판매장	アドンボク パンメジャン
おもちゃ売り場	장난감 판매장	チャンナンカム パンメジャン
インテリア雑貨売り場	인테리어잡화 판매장	インテリオジャプァ パンメジャン
宝飾品売り場	보석 판매장	ポソク パンメジャン
家具売り場	가구 판매장	カグ パンメジャン
フードコート	스넥코너	スネクコノ
手荷物預かり所	수하물보관소	スハムルボグァンソ

ベビー休憩室	유아휴게실	ユアヒュゲシル
案内所	안내소	アンネソ
駐車場	주차장	チュチャジャン
入口／出口	입구／출구	イプク／チュルグ
非常口	비상구	ピサング
エレベーター	엘리베이터	エルリベイト
エスカレーター	에스컬레이터	エスコルレイト
1階	일 층	イル チュン
2階	이 층	イ チュン
3階	삼 층	サム チュン
4階	사 층	サ チュン
5階	오 층	オ チュン
6階	육 층	ユク チュン
7階	칠 층	チル チュン
地下	지하	チハ
屋上	옥상	オクサン
本館	본관	ポングァン
別館	별관	ピョルグァン

第4章 ◇ デパート

遊び 書店・CDショップ

書店	서점	ソジョム
新刊	신간	シンガン
雑誌	잡지	チャプチ
旅行ガイド	여행가이드	ヨヘンガイドゥ
文庫	문고	ムンゴ
新書	신서	シンソ
ビジネス書	비지니스서	ビジニスソ
コミック(漫画)	코믹	コミク
小説	소설	ソソル
芸術書	예술서	イェスルソ
洋書	외국도서	ウェグクトソ
科学書	과학도서	クァハクトソ
写真集	사진집	サジンジプ
実用書	실용서적	シリョンソジョク
語学書	어학서	オハクソ

辞書	사전	サジョン
学習参考書	학습참고서	ハクスプチャムゴソ
医学書	의학서적	ウィハクソジョク
児童書	아동서적	アドンソジョク
CDショップ	레코드점	レコドゥジョム
新曲	신곡	シンゴク
洋楽	서양음악	ソヤンウマク
ポップス	팝송	パプソン
ロック	락	ラク
バラード	발라드	パルラドゥ
ラップ	랩	レプ
クラシック	클래식	クルレシク
ジャズ	재즈	ジェズ
ヒップホップ	힙합	ヒプハプ
ブルース	블루스	ブルルス
レゲエ	레게	レゲ
アニメソング	만화주제곡	マヌァジュジェゴク
オペラ	오페라	オペラ

遊び

占い

占い	점	チョム
人生	인생	インセン
運命	운명	ウンミョン
開運	개운	ケウン
運勢	운세	ウンセ
ツキ	재수	チェス
相性	궁합	クンハプ
転機	전기	チョンギ
恋愛運	연애운	ヨネウン
仕事運	직장운	チクチャンウン
金運	금전운	クムジョヌン
健康運	건강운	コンガンウン
婚期	혼기	ホンギ
悩み	고민	コミン
生まれもった運命	타고난 운명	タゴナンウンミョン

手相	손금	ソンクム
人相	관상	クァンサン
四柱推命	사주추명	サジュチュミョン
タロット占い	타로점	タロジョム
星占い	별자리운세	ピョルチャリウンセ
姓名判断	성명판단	ソンミョンパンダン
画数	획수	フェクス
風水	풍수	プンス
出生日時	출생일시	チュルセンイルシ
占い師	점쟁이	チョムジェンイ
占い料	복채	ポクチェ
哲学館(韓国の占い所)	철학관	チョラックァン
占いカフェ	사주카페	サジュカペ
ラッキーアイテム	행운아이템	ヘンウナイテム
鬼門	귀문	クィムン
お告げ	계시	ケシ
巫堂(ムーダン)	무당	ムダン
巫女の踊り	무당춤	ムダンチュム

第4章 ◇ 占い

遊び
美容院

美容院	미용실	ミヨンシル
カット	커트	コトゥ
パーマ	파마	パマ
カラーリング	염색	ヨムセク
パック	팩	ペク
ショートカット	숏커트	ショッコトゥ
セミロング	긴단발	キンタンバル
ロングヘア	긴머리	キンモリ
ボブ	보브단발	ボブタンバル
ストレートヘア	스트레이트머리	ストゥレイトゥモリ
天然パーマ(くせ毛)	곱슬머리	コプスルモリ
白髪	흰머리	ヒンモリ
薄毛	대머리	テモリ
坊主(軍隊のスタイル)	스포츠머리	スポチュモリ
前髪	앞머리	アムモリ

栗色 (くり)	밤색	パムセク
金髪	금발머리	クムパルモリ
ポニーテール	포니테일	ポニテイル
エクステンション	붙임머리	プチムモリ
シャンプー台	샴푸의자	シャムプウィジャ
髪を切る　原形	머리를 자르다	モリルル　チャルダ
髪を切ります ヘヨ	머리를 잘라요	モリルル　チャルラヨ
髪を切りました　過去	머리를 잘랐어요	モリルル　チャルラッソヨ
パーマをかける　原形	파마를 하다	パマルル　ハダ
パーマをかけます ヘヨ	파마를 해요	パマルル　ヘヨ
パーマをかけました 過去	파마를 했어요	パマルル　ヘッソヨ

関連 キーフレーズ

- 前髪だけ切ってください。　앞머리를 잘라 주세요.　アムモリルル チャルラ ジュセヨ
- 短くカットしてください。　짧게 잘라 주세요.　チャルケ チャルラ ジュセヨ
- パーマをかけてください。　파마를 해 주세요.　パマルル ヘ ジュセヨ
- 白髪を染めてください。　흰머리를 염색해 주세요.　ヒンモリルル ヨムセケ ジュセヨ
- ○○みたいにしてください。　○○처럼 해 주세요.　○○チョロム ヘ ジュセヨ

遊び

エステ①

エステ	에스테	エステ
漢方エステ	한방에스테	ハンバンエステ
着替え	갈아입음	カライブム
コース	코스	コス
基本コース	기본코스	キボンコス
女性専用	여성전용	ヨソンジョニョン
ロッカー	사물함	サムラム
浴室	욕실	ヨクシル
女湯	여탕	ヨタン
男湯	남탕	ナムタン
指圧	지압	チアプ
マッサージ	마사지	マサジ
足つぼマッサージ	발마사지	パルマサジ
経絡マッサージ	경락마사지	キョンナクマサジ
オイルマッサージ	오일마사지	オイルマサジ

ボディ	보디	ボディ
フェイシャル	페이셜	ペイショル
すっぴん	생얼	センオル
乾燥肌	건조피부	コンジョピブ
しわ／しみ	주름／기미	チュルム／キミ
にきび	여드름	ヨドゥルム
角質除去	각질제거	カクチルジェゴ
老廃物	노폐물	ノペムル
むくみ	부증	プジュン
たるみ	처짐	チョジム
二重あご	이중턱	イジュントゥ
老化	노화	ノファ
整形	성형	ソンヒョン
美白	미백	ミベク
毛穴	땀구멍	タムクモン
脱毛	탈모	タルモ
アートメイク	아트메이크	アトゥメイク
まつ毛パーマ	눈썹파마	ヌンソプパマ

第4章 ◆ エステ①

遊び
エステ②・ダイエット

まつ毛エクステンション	속눈썹 연장술	ソンヌンッソプ ヨンジャンスル
ネイル	네일	ネイル
ネイルアート	네일아트	ネイルアトゥ
ジェルネイル	젤네일	ジェルネイル
サウナ	사우나	サウナ
チムジルバン(低温サウナ)	찜질방	チムジルバン
汗蒸幕(ハンジュンマク)(高温サウナ)	한증막	ハンジュンマク
あかすり	때밀이	テミリ
薬草風呂	약초탕	ヤクチョタン
人参(にんじん)風呂	인삼탕	インサムタン
よもぎ蒸し(座浴)	쑥찜／좌욕	スクッチム／チュアヨク
うぶ毛剃(そ)り	잔털제모	チャントルジェモ
カッピング	부황	プファン
きゅうりパック	오이팩	オイペク

232

よもぎパック	쑥팩	スクペク
泥パック	머드팩	モドゥペク
石膏パック	석고팩	ソクコペク
発汗作用	발간작용	パルガンジャギョン
ダイエット	다이어트	ダイオトゥ
体重	체중	チェジュン
プロポーション	프로포션	プロポション
くびれ	잘록함	チャルロカム
美脚	미각	ミガク
小顔	작은얼굴	チャグノルグル
体脂肪率	체지방률	チェジバンニュル
食事制限	식사제한	シクサジェハン
サプリメント	영양제	ヨンヤンジェ
ダイエット食品	다이어트식품	ダイオトゥシクプム
エクササイズ	엑서사이즈	エクソサイズ
リバウンド	리바운드	リバウンドゥ
スリーサイズ	쓰리사이즈	スリサイズ
新陳代謝	신진대사	シンジンデサ

第4章 ◇ エステ② ・ ダイエット

遊び

癒し

癒し	치유	チユ
疲れ	피곤	ピゴン
安らぎ	평안	ピョンアン
くつろぎ	편히 쉼	ピョニ シュイム
リラックス	릴랙스	リルレクス
半身浴	반신욕	パンシニョク
足浴	족욕	チョギョク
森林浴	삼림욕	サムニムニョク
バスタイム	목욕타임	モギョクタイム
アロマテラピー	아로마테라피	アロマテラピ
精油	정유	チョンユ
香り	향기	ヒャンギ
アロマキャンドル	아로마캔들	アロマケンドゥル
瞑想	명상	ミョンサン
ヨガ	요가	ヨガ

ハーブ	허브	ホブ
パワースポット	파워스폿	パウォスポッ
気功	기공	キゴン
オーラ	빛／기운	ピッ／キウン
スピリチュアル	영적	ヨンチョク
アーユルヴェーダ	아유르베딕	アユルベディク
癒される 原形	치유되다	チユドェダ
癒されます ヘヨ	치유돼요	チユドェヨ
癒されました 過去	치유됐어요	チユドェッソヨ
なごむ 原形	온화해지다	オヌァヘジダ
なごみます ヘヨ	온화해져요	オヌァヘジョヨ
なごみました 過去	온화해졌어요	オヌァヘジョッソヨ

第4章 ◇ 癒し

はみだし 豆知識

日本とはちょっと違う?!
韓国の癒し

韓国人は休みの日に山登りやドライブなど、家族や友だちとアウトドアの楽しみを共有することで癒しを感じています。
安らぎを求める日本人と違い、韓国人は独りにならない・させない傾向があり、癒しの方法も違うのでしょうね。

遊び

飲み会

宴会	연회	ヨヌェ
会食（会社の飲み会）	회식	フェシク
野外で飲むこと	야유회	ヤユフェ
忘年会	망년회	マンニョヌェ
新年会	신년회	シンニョヌェ
歓迎会	환영회	ファニョンフェ
送別会	송별회	ソンビョルェ
合コン	미팅	ミティン
二次会	이차	イチャ
幹事	간사	カンサ
居酒屋	선술집	ソンスルチプ
屋台	포장마차	ポジャンマチャ
爆弾酒	폭탄주	ポクタンジュ
おつまみ	안주	アンジュ

乾杯	건배	コンベ
酒ぐせ	술버릇	スルポルッ
一気飲み	원샷	ウォンシャッ
しらふ	말짱한 정신	マルチャンハンジョンシン
酔っ払い	주정뱅이	チュジョンベンイ
飲みすぎ	과음	クァウム
酒豪	술고래	スルゴレ
泥酔	만취	マンチュイ
二日酔い	숙취	スクチュイ
迎え酒	해장술	ヘジャンスル
わりかん	각자부담	カクチャブダム
バー／クラブ	바／클럽	バ／クルロプ
余興	여흥	ヨフン
席料	자릿세	チャリッセ
個室	독실	トクシル
歓談	환담	ファンダム
座敷	객실	ケクシル

第4章 ◇ 飲み会

遊び

スポーツ①

スポーツ	스포츠	スポチュ
野球	야구	ヤグ
サッカー	축구	チュック
バスケットボール	농구	ノング
ゴルフ	골프	ゴルプ
テニス	테니스	テニス
スキー	스키	スキ
スケート	스케이트	スケイトゥ
水泳	수영	スヨン
卓球	탁구	タック
バドミントン	배드민턴	ベドゥミントン
バレーボール	배구	ペグ
ハンドボール	핸드볼	ヘンドゥボル
ラグビー	럭비	ロクピ
マラソン	마라톤	マラトン

柔道	유도	ユド
テコンドー	태권도	テクォンド
ボクシング	복싱	ボクシン
相撲	씨름	シルム
体操	체조	チェジョ
武術	무술	ムスル
ダンス	댄스	デンス
アイスホッケー	아이스하키	アイスハキ
スノーボード	스노보드	スノボドゥ
レスリング	레슬링	レスリン
アーチェリー	양궁	ヤングン
トライアスロン	삼종 경기	サムジョン ギョンギ
ソフトボール	소프트볼	ソプトゥボル
乗馬	승마	スンマ
陸上競技	육상경기	ユクサンギョンギ
ダイビング	다이빙	ダイビン
剣道	검도	コムド
ボウリング	볼링	ボルリン

第4章 ◆ スポーツ①

遊び

スポーツ②

チーム	팀	ティム
選手	선수	ソンス
主将	주장	チュジャン
監督	감독	カムドク
コーチ	코치	コチ
審判	심판	シムパン
予選	예선	イェソン
試合	시합	シハプ
前半戦	전반전	チョンバンジョン
後半戦	후반전	フバンジョン
ハーフタイム	하프타임	ハプタイム
ロスタイム	로스타임	ロスタイム
延長戦	연장전	ヨンジャンジョン
タイムオーバー	타임오버	タイムオボ
敗者復活	패자부활	ペジャブファル

得点	득점	トゥクチョム
先取点	선취점	ソンチュィチョム
同点	동점	トンジョム
引き分け	무승부	ムスンブ
逆転	역전	ヨクチョン
準決勝	준결승	チュンギョルスン
決勝	결승	キョルスン
優勝	우승	ウスン
応援	응원	ウンウォン
観戦	관전	クァンジョン
世界大会	세계대회	セゲデフェ
ブーイング	부잉	ブイン
スターティングメンバー	스타팅 멤버	スタティン メムボ
ルール	룰	ルル
誤審	오심	オシム
フェアプレー	페어플레이	ペオプルレイ
トーナメント	토너먼트	トノモントゥ
1位／2位／3位	일위／이위／삼위	イルィ／イウィ／サムィ

第4章 ◇ スポーツ②

遊び

趣 味

趣味	취미	チュイミ
旅行	여행	ヨヘン
ショッピング	쇼핑	ショピン
食べ歩き	맛집 찾아 다니기	マッチプ チャジャ タニギ
映画鑑賞	영화감상	ヨンファガムサン
読書	독서	トクソ
音楽鑑賞	음악감상	ウマクカムサン
ドラマを見ること	드라마 보기	トゥラマ ポギ
歌うこと	노래 부르기	ノレ プルギ
絵を描くこと	그림 그리기	クリム グリギ
書道	서예	ソエ
裁縫	재봉	チェボン
料理	요리	ヨリ
お菓子作り	과자 만들기	クァジャ マンドゥルギ
ガーデニング	정원 가꾸기	チョンウォン カックギ

家庭菜園	가정 채원	カジョン チェウォン
写真	사진	サジン
～を集めること	～모으기	～モウギ
勉強	공부	コンブ
登山	등산	トゥンサン
釣り	낚시	ナクシ
散歩	산책	サンチェク
運動	운동	ウンドン
スポーツ観戦	스포츠 관전	スポチュ クァンジョン
サーフィン	서핑	ソピン
ドライブ	드라이브	トゥライブ
ジョギング	조깅	ジョギン

第4章 ◇ 趣味

はみだし 豆知識

韓国人は登山好き！

韓国には比較的低めの山が多くあります。そのため、1～2時間の気軽なものから本格的なものまで多くの登山コースがあるので、登山を趣味にしている人がたくさんいます。休日に家族や彼氏、彼女と山登りをする人も多く、健康にいいといわれるスポーツは人気がありますね。

遊び

映画・ドラマ

映画	영화	ヨンファ
韓国映画	한국영화	ハングンニョンファ
洋画	서양영화	ソヤンニョンファ
ドラマ	드라마	トゥラマ
韓国ドラマ	한국드라마	ハングクトゥラマ
タイトル	제목	チェモク
ラブストーリー	러브스토리	ロブストリ
コメディ	코미디	コミディ
アクション	액션	エクション
ホラー	공포영화	コンポヨンファ
時代劇	사극	サグク
監督	감독	カムドク
主演	주연	チュヨン
主人公	주인공	チュインゴン
俳優	배우	ペウ

女優	여배우	ヨベウ
台詞(せりふ)	대사	テサ
字幕	자막	チャマク
吹き替え	더빙	ドビン
公開	공개	コンゲ
第1話(第1回)	일 회	イル ェ
最終回	마지막 회	マジマ クェ
前売り券	예매	イェメ
上映時間	상영시간	サンヨンシガン
ノーカット版	노 컷판	ノ コッパン
続編	속편	ソクピョン
出演	출연	チュリョン
共演	공연	コンヨン
主題歌	주제가	チュジェガ
脇役	조연	チョヨン
子役	아역	アヨク
キスシーン	키스신	キスシン
ベッドシーン	배드신	ベドゥシン

第4章 ◇ 映画・ドラマ

遊び
音楽・K-POP

歌	노래	ノレ
ボーカル(歌手)	보컬	ボコル
ダンス	댄스	デンス
振り付け	안무	アンム
ラップ	랩	レプ
テクノ	테크노	テクノ
作詞／作曲	작사／작곡	チャクサ／チャクコク
発売日	발매일	パルメイル
先行予約	선행예약	ソネンイェヤク
新曲	신곡	シンゴク
レコーディング	리코딩	リコディン
グループ	그룹	グルプ
ソロアーティスト	솔로아티스트	ソルロアティストゥ
アルバム	앨범	エルボム
シングル	싱글	シングル

踊る	原形	춤을 추다	チュムル　チュダ
踊ります	ヘヨ	춤을 춰요	チュムル　チュォヨ
踊りました	過去	춤을 췄어요	チュムル　チュォッソヨ
音楽を聴く	原形	음악을 듣다	ウマグル　ドゥッタ
音楽を聴きます	ヘヨ	음악을 들어요	ウマグル　ドゥロヨ
音楽を聴きました	過去	음악을 들었어요	ウマグル　ドゥロッソヨ
歌を歌う	原形	노래를 부르다	ノレルル　ブルダ
歌を歌います	ヘヨ	노래를 불러요	ノレルル　ブルロヨ
歌を歌いました	過去	노래를 불렀어요	ノレルル　ブルロッソヨ
演奏する	原形	연주하다	ヨンジュハダ
演奏します	ヘヨ	연주해요	ヨンジュヘヨ
演奏しました	過去	연주했어요	ヨンジュヘッソヨ

第4章 ◇ 音楽・K-POP

関連 キーフレーズ

- 発売日はいつですか？　　발매일은 언제예요?　　パルメイルン　オンジェエヨ
- 先行予約をしたい　　　　선행예약을 하고 싶은　　ソネンイェヤグル　ハゴ
  です。　　　　　　　　　데요.　　　　　　　　　シプンデヨ
- 歌いに行きましょう。　　노래 부르러 가요.　　　　ノレ　ブルロ　ガヨ
- 音楽を聴きましょう。　　음악을 들어요.　　　　　ウマグル　ドゥロヨ

遊び

芸能 ①

芸能	연예	ヨネ
芸能人	연예인	ヨネイン
有名人	유명인	ユミョンイン
タレント	탤런트	テルロントゥ
アイドル	아이돌	アイドル
役者	배우	ペウ
歌手	가수	カス
コメディアン	코미디언	コミディオン
ミュージカルスター	뮤지컬스타	ミュジコルスタ
ダンサー	댄서	デンソ
アナウンサー	아나운서	アナウンソ
王子	왕자	ワンジャ
末っ子	막내	マンネ
美男子	꽃미남	コンミナム
貴公子	귀공자	クィゴンジャ

カリスマ	카리스마	カリスマ
リーダー	리더	リド
新人	신인	シニン
韓流四天王	한류 사천왕	ハルリュ　サチョヌァン
三冠達成	삼관 달성	サムグァン　ダルソン
デビュー	데뷔	デビィ
デビュー前	데뷔전	デビィジョン
活動	활동	ファルトン
ソロ活動	솔로활동	ソルロファルトン
パフォーマンス	퍼프먼스	ポプモンス
公演	공연	コンヨン
再演	재연	チェヨン

第4章 ◆ 芸能①

はみだし 豆知識

よくカムバックといわれるけれど？

歌手はシングル、アルバムを出してツアーに出て、と常に活動する日本に対し、韓国ではアルバム制作期間は、メディアにあまり顔を出さずアルバム発売に合わせてテレビに出演するため「カムバック」といわれます。けっして、休業していたわけではないのだけれど…。

遊び

芸能②

演技	연기	ヨンギ
活動停止	활동정지	ファルトンジョンジ
休業	휴업	ヒュオブ
殺到	쇄도	スェド
分裂	분열	プニョル
解散	해산	ヘサン
引退	은퇴	ウントェ
カムバック	컴백	コムベク
所属事務所	소속사무실	ソソクサムシル
契約期間	계약기간	ケヤクキガン
日本進出	일본진출	イルボンジンチュル
凱旋公演	개선공연	ケソンゴンヨン
ファン	팬	ペン
撮影所	촬영장	チュァリョンジャン
野外撮影	야외촬영	ヤウェチュァリョン

スケジュール	스케줄	スケジュル
密着	밀착	ミルチャク
取材	취재	チュイジェ
マスコミ	매스컴	メスコム
インタビュー	인터뷰	イントビュ
芸能ニュース	연예뉴스	ヨネニュス
芸能情報	연예 정보	ヨネ ジョンボ
芸能情報誌	연예정보지	ヨネジョンボジ
プライベート	사생활	サセンファル
熱愛	열애	ヨレ
発覚	발각	パルガク
スキャンダル	스캔들	スケンドゥル
中傷	중상	チュンサン
破局	파국	パグク
謝罪	사죄	サジェ
出演する 原形	출연하다	チュリョナダ
出演します ヘヨ	출연해요	チュリョネヨ
出演しました 過去	출연했어요	チュリョネッソヨ

第4章 ◆ 芸能②

遊び
コンサート会場・ファンミーティング

コンサート	콘서트	コンソトゥ
初公演	첫공연	チョッコンヨン
ツアー	투어	トゥオ
世界ツアー	세계투어	セゲトゥオ
記念公演	기념공연	キニョムゴンヨン
5周年記念	오주년 기념	オジュニョン ギニョム
ファンミーティング	팬미팅	ペンミティン
ファンクラブ	팬클럽	ペンクルロブ
公式	공식	コンシク
開催	개최	ケチェ
会場	회장	フェジャン
舞台	무대	ムデ
握手会	악수회	アクスフェ
サイン会	사인회	サイヌェ
制作発表	제작발표	チェジャクパルピョ

公演日時	공연일시	コンヨニルシ
発売日	발매일	パルメイル
チケット予約	티켓 예약	ティケッ イェヤク
開場時間	개장시간	ケジャンシガン
開演時間	개연시간	ケヨンシガン
公演時間	공연시간	コンヨンシガン
終演時間	종연시간	チョンヨンシガン
パンフレット	팸플릿	ペムプルリッ
座席番号	좌석번호	チュアソクポノ
立見席	입석	イプソク
1階席	일 층석	イル チュンソク
2階席	이 층석	イ チュンソク
入場	입장	イプチャン
入場制限	입장제한	イプチャンジェハン
人気	인기	インキ
緊張する 原形	긴장하다	キンジャンハダ
緊張します ヘヨ	긴장해요	キンジャンヘヨ
緊張しました 過去	긴장했어요	キンジャンヘッソヨ

第4章 ◇ コンサート会場・ファンミーティング

遊び
テレビ・ラジオ

テレビ	텔레비전	テルレビジョン
放送局	방송국	パンソングク
収録	수록	スロク
生放送	생방송	センバンソン
再放送	재방송	チェバンソン
チャンネル	채널	チェノル
番組表	프로그램표	プログレムピョ
放送日	방송일	パンソンイル
放送時間	방송시간	パンソンシガン
原作	원작	ウォンジャク
リメイク	리메이크	リメイク
バラエティ番組	버라이티프로그램	ボライティプログレム
報道番組	보도프로그램	ポドプログレム
クイズ番組	퀴즈프로그램	クィズプログレム
ロケ地	야외 촬영지	ヤウェ チュアリョンジ

撮影日	촬영날	チュアリョンナル
放送禁止	방송금지	パンソングムジ
放送中止	방송중지	パンソンジュンジ
放送延期	방송연기	パンソンヨンギ
観覧	관람	クァルラム
録画	녹화	ノクァ
視聴制限	시청제한	シチョンジェハン
視聴者	시청자	シチョンジャ
視聴率	시청률	シチョンニュル
放送権	방송권	パンソンクォン
ラジオ	라디오	ラディオ
周波数	주파수	チュパス

第4章 ◇ テレビ・ラジオ

はみだし 豆知識

韓国の連続ドラマは週2回が常識?!

韓国のドラマは「月火ドラマ」、「水木ドラマ」、「土日ドラマ」といわれ、週に2話ずつ放送されるものが多くあります。放送時間もまちまちで、1話が63分だったり67分だったりします。CMはドラマの最初と最後に放送され、日本のように途中に挿入することはありません。

ハングル雑学 ④
略　語

ここでは、よく使われている略語を紹介します。

これは何？	ムォニ イケ　　　　　　　　ムォンミ 뭐니 이게？　→　뭥미
一生懸命勉強する	ヨルシミ　コンブハダ　　　　　ヨルゴン 열심히 공부하다　→　열공
三十路の女性	パン ファンガムニョジャ　　　　パンガムニョ 반 환갑여자　→　반갑녀
デジカメ	ディジトル　カメラ　　　　　　ディカ 디지털 카메라　→　디카
ディスカウント	ディスカウント　　　　　　ディッシ 디스카운터　→　디씨
キャンパスカップル	ケムポス　コプル　　　　　シシ 캠퍼스 커플　→　CC
組織暴力団	チョジク ポンニョクペ　　　　チョポク 조직 폭력배　→　조폭
彼女	ヨジャ　チング　　　　　ヨチン 여자 친구　→　여친
彼氏	ナムジャ　チング　　　　　ナムチン 남자 친구　→　남친
すっぴん	センオルグル　　　　センオル 생얼굴　→　생얼
おすすめ	カンハゲ　チュチョナダ　　　　カンチュ 강하게 추천하다　→　강추
正直言うと （ぶっちゃけ）	ソルチキ　ッカノコ　マレソ　　　　ソルッカ（マル） 솔직히 까놓고 말해서　→　솔까(말)

第5章

Theme

社会・自然

通信

パソコン①

パソコン	컴퓨터	コムピュト
ノートパソコン	노트북	ノトゥブク
マウス	마우스	マウス
キーボード	키보드	キボドゥ
液晶	액정	エクチョン
プリンター	복사기	ポクサギ
デスクトップ	데스크톱컴퓨터	デスクトプコムピュト
起動	기동	キドン
再起動	재기동	チェギドン
文字化け	글자 깨짐	クルチャ ッケジム
クリック	클릭	クルリク
カーソル	커서	コソ
ドラッグ	끌기	クルギ
ファイル	파일	パイル
フォルダ	폴더	ポルド

アイコン	아이콘	アイコン
ホームページ	홈페이지	ホムペイジ
バックアップ	백업	ペゴプ
初期化	초기화	チョギファ
壁紙	배경화면	ペギョンファミョン
モデム	모뎀	モデム
バージョンアップ	버전업	ボジョノプ
コピー	복사	ポクサ
貼り付け(ペースト)	붙이기	プチギ
保存	저장	チョジャン
オンライン	온라인	オンライン
ブラウザ	브라우저	ブラウジョ
強制終了	강제수료	カンジェスリョ
エンターキー	엔터키	エントキ
スキャナー	스캐너	スケノ
無線LAN	무선인터넷	ムソニントネッ
ショートカット(キー)	단축버튼 (키)	タンチュクポトゥン(キ)
モニター	모니터	モニト

第5章 ◇ パソコン①

通信

パソコン②

クラウド	크라우드	クラウドゥ
タブレット	태블릿	テブルリッ
インターネット	인터넷	イントネッ
情報処理	정보처리	チョンボチョリ
ホームページアドレス	홈페이지 주소	ホムペイジ ジュソ
WEBサイト	웹사이트	ウェブサイトゥ
公式サイト	공식사이트	コンシクサイトゥ
お気に入り	즐겨찾기	チュルギョチャッキ
ブックマーク	책갈피	チェクカルピ
トップページ	맨위로	メヌィロ
オークション	옥션	オクション
出品	출품	チュルプム
入札	입찰	イプチャル
落札	낙찰	ナクチャル
電子決済	전자결제	チョンジャギョルチェ

ログイン	로그인	ログイン
ログアウト	로그아웃	ログアウッ
アカウント	어카운트／회원가입	オカウントゥ／フェウォンガイプ
パスワード	패스워드	ペスウォドゥ
認証	인증	インジュン
ダウンロード	다운로드	ダウンロドゥ
アップロード	업로드	オムノドゥ
動画	동영상	トンヨンサン
更新	갱신	ケンシン
検索	검색	コムセク
添付	첨부	チョムブ
登録	등록	トゥンノク
設定	설정	ソルチョン
削除	삭제	サクチェ
有料	유료	ユリョ
無料	무료	ムリョ
取り消し	취소	チュィンソ

第5章 ◆ パソコン②

通信

パソコン③

ウイルス	바이러스	パイロス
セキュリティ	안전보장	アンジョンボジャン
インストール	인스톨	インストル
アンインストール	언인스톨	オニンストル
バナー	배너	ペノ
アクセス	액세스	エクセス
ヒット数	히트수	ヒトゥス
ハンドル名	예명	イェミョン
プロフィール	프로필	プロピル
リンク	링크	リンク
ブログ	블로그	ブルログ
ミニホームページ (韓国のSNS)	미니 홈페이지	ミニ ホムペイジ
フェイスブック	페이스북	ペイスブク
ツイッター	트위터	トゥウィト

フォロー	팔로우	パルロウ
フォロワー	팔로워	パルロウォ
コメント	코멘트	コメントゥ
トラックバック	트랙백	トゥレクペク
エラー	에러	エロ
ネットトラブル	인터넷트러블	イントネットゥロブル
ハードウエア	하드웨어	ハドゥウェオ
ソフトウエア	소프트웨어	ソプトゥウェオ
アプリケーション	애플리케이션	エプルリケイション
スレッド	쓰레드	スレドゥ
チャット	채팅	チェティン
掲示板	게시판	ケシパン

関連 キーフレーズ

- 動かなくなりました。　안 움직여요.　アヌムジギョヨ
- メールが送れません。　메일이 안 가요.　メイリ アン ガヨ
- 添付ファイルがありません。　첨부 파일이 없어요.　チョムブ パイリ オプソヨ
- もう一度送ってください。　한번 더 보내 주세요.　ハンボン ド ポネ ジュセヨ

通信
携帯・スマートフォン

携帯電話	휴대전화／휴대폰	ヒュデジョヌァ／ヒュデポン
スマートフォン	스마트폰	スマトゥポン
電話番号	전화번호	チョヌァポノ
メールアドレス	메일주소	メイルジュソ
メール	메일	メイル
携帯メール	문자메시지	ムンチャメシジ
留守番電話	자동 응답기 음성메시지	チャドン ウンダプキ ウムソンメシジ
絵文字	이모티콘	イモティコン
顔文字	얼굴문자	オルグルムンチャ
デコメール	데코레이션 문자	デコレイション ムンチャ
写メール	사진메일	サジンメイル
迷惑メール	스팸메일	スペムメイル
アプリケーション	애플리케이션	エプルリケイション
アイコン	아이콘	アイコン

受信	수신	スシン
送信	송신	ソンシン
マナーモード	매너모드	メノモドゥ
キーロック	키 잠금	キ ジャムグム
バイブレーション	진동	チンドン
電源	전원	チョヌォン
充電	충전	チュンジョン
タッチパネル	터치 패널	トチ ペノル
解像度	해상도	ヘサンド
待ち受け	배경화면	ペギョンファミョン
着信 (あり)	착신 (있음)	チャクシン(イッスム)
ホーム	홈	ホム

第5章 ◇ 携帯・スマートフォン

はみだし 豆知識

車中でも通話 OK?! 韓国の携帯電話マナー事情

日本ではマナー違反でも韓国では、電車やバスなどで通話することは特に禁じられていません。携帯電話が普及されだした当初、地下鉄の走行中に不通になった会社が倒産してしまったこともあり、今では地下鉄の走行中でも通話できるんですよ。

通信

手　紙

手紙	편지	ピョンジ
便箋	편지지	ピョンジジ
封筒	편지봉투	ピョンジボントゥ
はがき	엽서	ヨプソ
小包	소포	ソポ
(記念)切手	(기념) 우표	(キニョム)ウピョ
宛名	받는 사람	パンヌン　サラム
郵便番号	우편번호	ウピョンボノ
住所	주소	チュソ
同封	동봉	トンボン
消印	소인	ソイン
郵便局	우체국	ウチェグク
郵便ポスト	우체통	ウチェトン
郵便配達	우편배달	ウピョンペダル
郵便料金	우편요금	ウピョンニョグム

航空便	항공편	ハンゴンピョン
普通郵便	보통우편	ポトンウピョン
差出人	발송인	パルソンイン
受取人	수취인	スチュイイン
～さま	～님	～ニム
～御中	～귀중	～クィジュン
速達	속달	ソクタル
返信	답장	タプチャン
着払い	착불	チャクプル
手紙を書く 原形	편지를 쓰다	ピョンジルル ッスダ
手紙を書きます ヘヨ	편지를 써요	ピョンジルル ッソヨ
手紙を書きました 過去	편지를 썼어요	ピョンジルル ッソッソヨ
手紙が届く 原形	편지가 오다	ピョンジガ オダ
手紙が届きます ヘヨ	편지가 와요	ピョンジガ ワヨ
手紙が届きました 過去	편지가 왔어요	ピョンジガ ワッソヨ
送る 原形	보내다	ポネダ
送ります ヘヨ	보내요	ポネヨ
送りました 過去	보냈어요	ポネッソヨ

第5章 ◇ 手紙

文化

カメラ・写真

カメラ	카메라	カメラ
写真	사진	サジン
デジタルカメラ (デジカメ)	디지털카메라 (디카)	ディジトルカメラ (ディカ)
一眼レフ	일안레플렉스 카메라	イランレプルレクスカメラ
シャッター	셔트	ショトゥ
レンズ	렌즈	レンズ
フラッシュ	후레쉬	フレシュィ
連写	연속촬영	ヨンソクチュアリョン
望遠レンズ	망원렌즈	マンウォンレンズ
画質	화질	ファジル
画像	화상	ファサン
セルフタイマー	셀프타이머	セルプタイモ
カラー写真	컬러사진	コルロサジン

モノクロ写真	흑백사진	フクペクサジン
アルバム	앨범	エルボム
三脚	삼각대	サムガクテ
自分撮り	셀카	セルカ
撮影	촬영	チュアリョン
ポーズ	포즈	ポズ
拡大	확대	ファクテ
縮小	축소	チュクソ
風景	풍경	プンギョン
夜景	야경	ヤギョン
手ぶれ防止	손떨림 방지	ソンットゥルリム バンジ
マクロ	매크로	メクロ

第5章 ◇ カメラ・写真

関連 キーフレーズ

- 写真を撮ってもいいですか？ 　사진 찍어도 돼요? 　サジン チゴド ドェヨ？
- 写真を撮ってください。 　사진 좀 찍어 주세요. 　サジン チョム ッチゴ ジュセヨ
- シャッターを押すだけです。 　셔터만 누르면 돼요. 　ショトマン ヌルミョン ドェヨ
- 一緒に写真に写りましょう。 　사진 같이 찍읍시다. 　サジン カチ ッチグプシタ
- もう一枚お願いします。 　한 장 더 부탁할게요. 　ハンジャンド プタカルケヨ

文化

文学・絵画

文学	문학	ムナク
日本文学	일본문학	イルボンムナク
韓国文学	한국문학	ハングンムナク
現代文学	현대문학	ヒョンデムナク
古典文学	고전문학	コジョンムナク
小説	소설	ソソル
随筆	수필	スピル
詩	시	シ
伝記	전기	チョンギ
自叙伝	자서전	チャソジョン
戯曲	희곡	ヒゴク
日記	일기	イルギ
フィクション	픽션	ピクション
ノンフィクション	논픽션	ノンピクション
紀行	기행	キヘン

和歌	일본 정형시	イルボン チョンヒョンシ
俳句	일본 단시	イルボン タンシ
漢詩	한시	ハンシ
短歌	단가	タンガ
川柳	일본 단시	イルボン タンシ
書評	서평	ソピョン
絵画	회화	フェファ
水彩画	수채화	スチェファ
油絵	유화	ユファ
パステル画	파스텔화	パステルア
風景画	풍경화	プンギョンファ
静物画	정물화	チョンムルァ
肖像画	초상화	チョサンファ
自画像	자화상	チャファサン
宗教画	종교화	チョンギョファ
版画	판화	パヌァ
彫刻	조각	チョガク
画家	화가	ファガ

第5章 ◇ 文学・絵画

文化
韓国の伝統芸能・伝統工芸

伝統芸能	전통예능	チョントンイェヌン
伝統工芸	전통공예	チョントンゴンエ
アリラン	아리랑	アリラン
プンムル	풍물	プンムル
パンソリ	판소리	パンソリ
サムルノリ	사물놀이	サムルロリ
農楽	농악	ノンアク
舞踊	무용	ムヨン
太鼓	북	プク
どら	징	チン
かね	꽹과리	クェングァリ
長鼓	장고	チャンゴ
打楽器	타악기	タアクキ
笛	피리	ピリ
カヤグム	가야금	カヤグム

韓服／チマチョゴリ	한복	ハンボク
ノリゲ	노리개	ノリゲ
靴(韓服用)	고무신	コムシン
足袋	버선	ポソン
男性の韓服	남자 한복	ナムジャ ハンボク
陶磁器	도자기	トジャギ
韓紙	한지	ハンジ
韓国式パッチワーク	보자기	ポジャギ
ししゅう	자수	チャス
組みひも	매듭	メドゥプ
かんざし	비녀	ピニョ
福チュモニ	복주머니	ポクチュモニ

第5章 ◇ 韓国の伝統芸能・伝統工芸

はみだし 豆知識

韓国の伝統芸能 パンソリとサムルノリ

パンソリは、朝鮮王朝後期に庶民が始め、韓国に古くから伝わる話を一人が歌い、それに合わせて一人が太鼓をたたく芸能の一つです。一方、サムルノリのサムルは4つの物、ノリは遊びを意味し、4つの伝統打楽器を使った民族音楽です。ぜひ聴いてみてください。

文化

子どもの遊び

じゃんけん	가위 바위 보	カウィ パウィ ポ
だるまさんが ころんだ	무궁화 꽃이 피었습니다	ムグンファ ッコチ ピオッスムニダ
ユンノリ(韓国のすごろく)	윷놀이	ユンノリ
トランプ	트럼프	トゥロムプ
童謡	동요	トンヨ
折り紙	종이 접기	チョンイ ジョブキ
テレビゲーム	텔레비전게임	テルレビジョンゲイム
かけっこ	달리기 경주	タルリギ ギョンジュ
かくれんぼ	숨바꼭질	スムパッコクチル
パズル	퍼즐	ポジュル
積み木	집짓기 놀이	チプチッキ ノリ
ままごと	소꿉놀이	ソックムノリ
ノルティギ	널뛰기	ノルットゥィギ
ゴム跳び	고무줄넘기	コムジュルロムキ

あやとり	실뜨기	シルットゥギ
お手玉	공기	コンギ
縄跳び	줄넘기	チュルロムキ
たこあげ	연날리기	ヨンナルリギ
缶蹴り	깡통차기	カントンチャギ
ドッジボール	피구	ピグ
鉄棒	철봉	チョルボン
ジャングルジム	정글짐	チョングルジム
滑り台	미끄럼대	ミックロムテ
シーソー	시소	シソ
ぶらんこ	그네	クネ
しゃぼん玉	비누방울	ピヌバンウル

第5章 ◇ 子どもの遊び

はみだし 豆知識

「むくげの花が咲きました」の正体は……?

日本の「だるまさんがころんだ」と同じ遊びを韓国では「무궁화 꽃이 피었습니다（ムグンファ ッコチ ピオッスムニダ）」。直訳すると「むくげの花が咲きました」になります。じゃんけんは「가위（カウィ）＝はさみ、바위（パウィ）＝岩、보（ポ）＝風呂敷包み」といいます。

文化

日本紹介 ①

富士山	후지산	フジサン
温泉	온천	オンチョン
城	성	ソン
新幹線	신칸센	シンカンセン
世界遺産	세계유산	セゲユサン
正月	정월	チョンウォル
おせち料理	명절 음식	ミョンジョルムシク
年賀状	연하장	ヨナチャン
初詣で	새해 참배	セヘ チャムベ
ひなまつり	히나마쯔리	ヒナマッチュリ
こいのぼり	고이노보리	コイノボリ
たなばた	칠석	チルソク
花見	꽃구경	コックギョン
花火	불꽃놀이	プルコンノリ
祭り	축제	チュクチェ

歳暮	세보	セボ
着物	키모노	キモノ
浴衣	유카타	ユカタ
下駄(げた)	왜나막신／게다	ウェナマクシン／ゲダ
てぬぐい	수건	スゴン
相撲	일본 씨름	イルボン シルム
柔道	유도	ユド
剣道	검도	コムド
生け花	꽃꽂이	コッコジ
茶道	다도	タド
抹茶	말차	マルチャ
和菓子	일본 과자	イルボン クァジャ
歌舞伎	카부키	カブキ
民謡	민요	ミニョ
本音と建前	본심과 명분	ポンシムグァ ミョンブン
和室	일본식 방	イルボンシク パン
畳	돗짚요	トッチムニョ
正座	정좌	チョンジュア

第5章 ◇ 日本紹介①

文化

日本紹介 ②

満員電車	만인전철	マニンジョンチョル
行列	행렬	ヘンニョル
秩序	질서	チルソ
回転寿司	회전초밥	フェジョンチョバプ
居酒屋	선술집	ソンスルチプ
カラオケ	노래방	ノレバン
ギャル	갸루	キャル
キャバクラ	캬바쿠라／ 캬바레식 클럽	キャバクラ／ キャバレシク クルロプ
ビジュアル系	비주얼계	ビジュオルゲ
草食系	초식남	チョシンナム
秋葉系	아키하바라계	アキハバラゲ
義理チョコ	의리초콜릿	ウィリチョコルリッ
ちゃぶ台	밥상	パプサン
お笑い	만담	マンダム

オタク	오타쿠	オタク
漫画	만화	マヌァ
コミック	코믹	コミク
アニメ	애니메이션	エニメイション
漫画喫茶	만화카페	マヌァカペ
メイド喫茶	메이도카페	メイドカペ
コスプレ	코스프레	コスプレ
韓流	한류	ハルリュ
イケメン	미남／얼짱	ミナム／オルチャン
サブカルチャー	서부컬쳐	ソブコルチョ
鉄道マニア	철도매니어	チョルトメニオ
宝塚	다카라즈카	タカラズカ

第5章 ◇ 日本紹介②

はみだし 豆知識

韓国人の好きな日本の文化って？

韓国でも日本料理のお店が増えています。なかでも人気のある日本料理は「とんカツ」「すし」「ラーメン」でしょうか。赤ちょうちんの居酒屋も見かけたことがあります。それに日本のアニメやコミック、ゲームも人気がありますね。

地理

世界地図

世界地図	세계지도	セゲジド
地球儀	지구본	チグボン
国旗	국기	ククキ
太極旗 (韓国の国旗)	태극기	テグッキ
緯度	위도	ウィド
経度	경도	キョンド
北極	북극	ブククク
南極	남극	ナムグク
赤道	적도	チョクト
アジア	아시아	アシア
東南アジア	동남아시아	トンナマシア
アフリカ	아프리카	アプリカ
中東	중동	チュンドン
ヨーロッパ	유럽	ユロプ
北米	북미	プンミ

南米	남미	ナムミ
東洋	동양	トンヤン
西洋	서양	ソヤン
太平洋	태평양	テピョンヤン
大西洋	대서양	テソヤン
インド洋	인도양	インドヤン
地中海	지중해	チジュンヘ
日本	일본	イルボン
韓国	한국	ハングク
中国	중국	チュングク
台湾	대만	テマン
アメリカ	미국	ミグク
イギリス	영국	ヨングク
オーストラリア	호주	ホジュ
フランス	프랑스	プランス
ドイツ	독일	トギル
イタリア	이탈리아	イタルリア
トルコ	터키	トキ

第5章 ◇ 世界地図

地理
日本と韓国の地名

北海道	홋가이도／북해도	ホッカイド／ブケド
本州	본주	ポンジュ
東北	동북	トンブク
四国	사국	サグク
九州	규슈	キュシュ
沖縄	오키나와	オキナワ
札幌	삿포로	サッポロ
仙台	센다이	センダイ
東京	도쿄	トキョ
横浜	요코하마	ヨコハマ
名古屋	나고야	ナゴヤ
京都	쿄토	キョト
大阪	오사카	オサカ
神戸	고베	コベ
福岡	후쿠오카	フクオカ

長崎	나가사키	ナガサキ
広島	히로시마	ヒロシマ
ソウル	서울	ソウル
春川 (チュンチョン)	춘천	チュンチョン
仁川 (インチョン)	인천	インチョン
釜山 (プサン)	부산	プサン
全州 (チョンジュ)	전주	チョンジュ
済州島 (チェジュド)	제주도	チェジュド
慶州 (キョンジュ)	경주	キョンジュ
明洞 (ミョンドン)	명동	ミョンドン
東大門 (トンデムン)	동대문	トンデムン
仁寺洞 (インサドン)	인사동	インサドン

第5章 ◇ 日本と韓国の地名

関連 キーフレーズ

- 出身地は○○です。　　出신지는 ○○예요.　　チュルシンジヌン ○○イェヨ
- ○○に住んでいます。　○○에 살고 있어요.　　○○エ サルゴ イッソヨ
- ○○から来ました。　　○○에서 왔어요.　　　○○エソ ワッソヨ
- ○○で生まれました。　○○에서 태어났어요.　　○○エソ テオナッソヨ

言葉

世界の言葉

ABC 한글 あいう

言葉	말	マル
言語	언어	オノ
母国語	모국어	モグゴ
外国語	외국어	ウェグゴ
公用語	공용어	コンヨンオ
日本語	일본어	イルボノ
韓国語	한국어	ハングゴ
中国語	중국어	チュングゴ
英語	영어	ヨンオ
フランス語	프랑스어	プランスオ
イタリア語	이탈리아어	イタルリアオ
ドイツ語	독일어	トギロ
ひらがな	히라가나	ヒラガナ
かたかな	카타카나	カタカナ
漢字	한자	ハンチャ

ハングル	한글	ハングル
アルファベット	알파벳	アルパベッ
標準語	표준어	ピョジュノ
方言	방언	パンオン
なまり	사투리	サトゥリ
発音	발음	パルム
ネイティブ	원주민	ウォンジュミン
母音	모음	モウム
子音	자음	チャウム
縦書き	세로쓰기	セロッスギ
横書き	가로쓰기	カロッスギ
つづり	철자	チョルチャ
ヒアリング	듣기	トゥッキ
ライティング	쓰기	スギ
リーディング	읽기	イルキ
スピーチ	말하기	マラギ
文法	문법	ムンポプ
単語	단어	タノ

第5章 ◆ 世界の言葉

自然

陸・海

自然	자연	チャヨン
山／丘	산／언덕	サン／オンドゥ
川／滝	강／폭포	カン／ポクポ
波	파도	パド
畑／田	밭／논	パッ／ノン
池／湖	연못／호수	ヨンモッ／ホス
平野	평야	ピョンヤ
高原	고원	コウォン
盆地	분지	プンジ
平地	평지	ピョンジ
高地	고지	コジ
森林	삼림	サムニム
森	숲	スプ
海	바다	パダ
海岸	해안	ヘアン

砂浜	모래 사장	モレ サジャン
川沿い	강변	カンビョン
島／無人島	섬／무인도	ソム／ムインド
さんご礁	산호초	サノチョ
海水	해수	ヘス
海流	해류	ヘリュ
谷	골짜기	コルチャギ
小川	시내	シネ
火山	화산	ファサン
水平線	수평선	スピョンソン
地平線	지평선	チピョンソン
海岸線	해안선	ヘアンソン
山道／林道	산길／숲길	サンキル／スプキル
街路樹	가로수	カロス
土／岩	흙／바위	フク／パウィ
砂	모래	モレ
砂漠	사막	サマク
洞窟	동굴	トングル

第5章 ◆ 陸・海

自然

宇宙・鉱物

星／月	별／달	ピョル／タル
太陽	태양	テヤン
虹	무지개	ムジゲ
空	하늘	ハヌル
星空	별이 많은 밤하늘	ピョリ マヌン パマヌル
星座	별자리	ピョルジャリ
空気	공기	コンギ
宇宙	우주	ウジュ
水星	수성	スソン
金星	금성	クムソン
地球	지구	チグ
火星	화성	ファソン
木星	목성	モクソン
土星	토성	トソン
恒星	항성	ハンソン

惑星	혹성	ホクソン
流れ星	유성／별똥별	ユソン／ビョルットンビョル
北斗七星	북두칠성	プクトゥチルソン
天の川	은하수	ウナス
オリオン座	오리온자리	オリオンジャリ
オーロラ	오로라	オロラ
朝日	아침 해	アチ メ
夕日	석양	ソギャン
日の出	일출／해돋이	イルチュル／ヘドジ
日蝕／月蝕	일식／월식	イルシク／ウォルシク
かげろう	아지랑이	アジランイ
隕石	운석	ウンソク
鉱物	광물	クァンムル
金／銀	금／은	クム／ウン
銅／鉄	동／철	トン／チョル
ダイヤモンド	다이아몬드	ダイアモンドゥ
白金(プラチナ)	백금	ペクム

第5章 ◇ 宇宙・鉱物

生き物

動　物

動物	동물	トンムル
犬	개	ケ
小型犬	강아지	カンアジ
猫	고양이	コヤンイ
うさぎ	토끼	トッキ
りす	다람쥐	タラムジュィ
ねずみ	쥐	チュィ
もぐら	두더지	トゥドジ
牛	소	ソ
馬	말	マル
豚	돼지	トェジ
いのしし	멧돼지	メットェジ
羊	양	ヤン
やぎ	염소	ヨムソ
きりん	기린	キリン

象	코끼리	コッキリ
鹿	사슴	サスム
らくだ	낙타	ナクタ
熊	곰	コム
パンダ	팬더	ペンド
猿	원숭이	ウォンスンイ
ゴリラ	고릴라	ゴリルラ
チンパンジー	침팬지	チムペンジ
ライオン	사자	サジャ
虎	호랑이	ホランイ
おおかみ	늑대	ヌクテ
かば	하마	ハマ
しまうま	얼룩말	オルルンマル
きつね	여우	ヨウ
たぬき	너구리	ノグリ
あざらし	바다표범	パダピョボム
いるか	돌고래	トルゴレ
鯨	고래	コレ

第5章 ◇ 動物

生き物

植物・花

植物	식물	シンムル
観葉植物	관엽식물	クァニョプシンムル
木	나무	ナム
花	꽃	コッ
いちょう	은행나무	ウネンナム
きんもくせい	금목서	クムモクソ
桜	벚꽃	ポッコッ
杉	삼나무	サムナム
むくげ	무궁화	ムグンファ
もみじ(紅葉)	단풍	タンプン
あさがお	나팔꽃	ナパルコッ
あじさい	자양화	チャヤンファ
カーネーション	카네이션	カネイション
菊	국화	ククァ
すずらん	은방울꽃	ウンバンウルコッ

たんぽぽ	민들레	ミンドゥルレ
ばら	장미	チャンミ
チューリップ	튤립	テュルリプ
ひまわり	해바라기	ヘバラギ
ゆり	백합	ペカプ
らん	난초	ナンチョ
花束	꽃다발	コッタバル
芝生	잔디밭	チャンディバッ
雑草	잡초	チャプチョ
草	풀	プル
根	뿌리	プリ
葉	잎	イプ

はみだし豆知識

韓国でもカーネーションは大活躍！

日本では母の日にカーネーションを贈ったりもらったりしますが、韓国も5月8日の「両親の日」に親に赤いカーネーションを贈ります。5月15日には「先生の日」があり、学校や習い事でお世話になっている先生にカーネーションとプレゼントを贈る習慣もあるんですよ。

生き物
魚・爬虫類・両生類

魚	물고기	ムルコギ
熱帯魚	열대어	ヨルテオ
観賞魚	관상어	クァンサンオ
淡水魚	민물고기	ミンムルコギ
海水魚	바닷물고기	パダンムルコギ
アロワナ	아로와나	アロワナ
金魚	금붕어	クムブンオ
グッピー	거피	ゴピ
こい	잉어	インオ
なまず	메기	メギ
めだか	송사리	ソンサリ
おたまじゃくし	올챙이	オルチェンイ
かえる	개구리	ケグリ
亀	거북	コブク
とかげ	도마뱀	トマベム

蛇	뱀	ペム
わに	악어	アゴ
イグアナ	이구아나	イグアナ
カメレオン	카멜레온	カメルレオン
さんご	산호	サノ
うろこ	비늘	ピヌル
えら	아가미	アガミ
ひれ	지느러미	チヌロミ
産卵	산란	サルラン
餌	먹이	モギ
プランクトン	플랑크톤	プルランクトン
水槽	수조	スジョ

第5章 ◇ 魚・爬虫類・両生類

はみだし 豆知識

手頃なおすすめスポット！韓国の水族館＆動物園

日本は、人口に対する水族館の数が世界一だそうです。韓国では、水族館や動物園が公園やビルの中にあることが多く、規模も日本に比べたら小さいものです。その分、気軽に観賞できるので、魚や動物の名前を覚えるために訪れてみるのもいいですね。

生き物

虫

虫	벌레	ポルレ
昆虫	곤충	コンチュン
ちょう	나비	ナビ
せみ	매미	メミ
かぶとむし	장수풍뎅이	チャンスプンデンイ
ばった	메뚜기	メットゥギ
かまきり	사마귀	サマグィ
きりぎりす	베짱이	ペッチャンイ
てんとうむし	무당벌레	ムダンボルレ
あり	개미	ケミ
蜂	벌	ポル
女王蜂	여왕벌	ヨワンポル
すずむし	방울벌레	パンウルボルレ
こおろぎ	귀뚜라미	クィットゥラミ
くわがた	사슴벌레	サスムボルレ

蛍	개똥벌레／반디	ケットンボルレ／パンディ
とんぼ	잠자리	チャムジャリ
かげろう	아지랑이	アジランイ
蚊	모기	モギ
はえ	파리	パリ
ごきぶり	바퀴벌레	パクィボルレ
くも	거미	コミ
むかで	지네	チネ
毛虫	모충	モチュン
蛾	나방	ナバン
あおむし	배추벌레	ペチュボルレ
だに	진드기	チンドゥギ
のみ	벼룩	ピョルク
みみず	지렁이	チロンイ
かたつむり	달팽이	タルペンイ
なめくじ	민달팽이	ミンダルペンイ
羽	날개	ナルゲ
ふん	똥	トン

生き物

鳥

鳥	새	セ
小鳥	작은 새	チャグン セ
渡り鳥	철새	チョルセ
すずめ	참새	チャムセ
からす	까마귀	カマグィ
はと	비둘기	ピドゥルギ
鶴	학／두루미	ハク／トゥルミ
つばめ	제비	チェビ
とび	솔개／소리개	ソルゲ／ソリゲ
うぐいす	휘파람새	フィパラムセ
おうむ	앵무새	エンムセ
いんこ	잉꼬	インコ
くじゃく	공작	コンジャク
鶏(にわとり)	닭	タク
ひよこ	병아리	ピョンアリ

あひる	집오리	チボリ
かもめ	갈매기	カルメギ
わし	독수리	トクスリ
たか	매	メ
七面鳥	칠면조	チルミョンジョ
かささぎ	까치	カチ
がちょう	거위	コウィ
鴨(かも)	오리	オリ
ふくろう	올빼미	オルッペミ
きじ	꿩	クォン
とき	따오기	タオギ
白鳥	백조	ペクチョ
かわせみ	물총새	ムルチョンセ
ペンギン	펭귄	ペングィン
こうのとり	황새	ファンセ
かっこう	뻐꾸기	ポックギ
ひばり	종달새	チョンダルセ
はやぶさ	매	メ

第5章 ◇ 鳥

気象

天気・気候 ①

天気	날씨	ナルッシ
天気予報	일기 예보	イルギ イェボ
天気図	일기도	イルギド
異常気象	이상기상	イサンギサン
快晴	쾌청	クェチョン
晴れ	맑음	マルグム
晴れときどき曇り	맑음 가끔 흐림	マルグム ガックム フリム
曇り	흐림	フリム
うす曇り	구름조금	クルムチョグム
入道雲	쎈비구름	センビグルム
ひつじ雲	양떼구름	ヤンッテグルム
飛行機雲	비행운	ピヘンウン
雨	비	ピ
にわか雨	소나기	ソナギ
どしゃぶりの雨	작달비	チャクタルビ

300

洪水	홍수	ホンス
雷雨	뇌우	ヌェウ
雷	천둥	チョンドゥン
稲妻	번개	ポンゲ
霧／もや	안개	アンゲ
雪	눈	ヌン
吹雪	눈보라	ヌンボラ
ひょう	우박	ウバク
みぞれ	진눈깨비	チンヌンケビ
風	바람	パラム
竜巻 (つむじ風)	회오리바람	フェオリバラム
嵐	폭풍우	ポクプンウ
台風	태풍	テプン
高気圧	고기압	コギアプ
低気圧	저기압	チョギアプ
寒冷前線	한랭 전선	ハルレン ジョンソン
降水確率	강수 확률	カンス ファンニュル
降水量	강수량	カンスリャン

第5章 ◇ 天気・気候 ①

気象

天気・気候②

気温	기온	キオン
湿度	습도	スプト
気象観測	기상관측	キサングァンチュク
気象衛星	기상위성	キサンウィソン
大雨注意報	호우 주의보	ホウ ジュイボ
警報	경보	キョンボ
花冷え	꽃샘 추위	コッセム チュウィ
梅雨	장마	チャンマ
乾燥	건조	コンジョ
紫外線	자외선	チャウェソン
オゾン層	오존층	オジョンチュン
日照時間	일조시간	イルチョシガン
熱帯雨林気候	열대우림기후	ヨルテウリムギフ
砂漠気候	사막기후	サマクギフ
ツンドラ気候	툰드라기후	トゥンドゥラギフ

302

高山気候	고산기후	コサンギフ
黄砂	황사	ファンサ
花粉	꽃가루	コッカル
風向き	풍향	プンヒャン
春一番	강한 남풍	カンハン ナムプン
暖冬	난동	ナンドン
冷夏	냉하	ネンハ
猛暑	혹서	ホクソ
西高東低	서고동저	ソゴドンジョ
南高北低	남고북저	ナムゴブクチョ
光化学スモッグ	광화학스모그	クァンファハクスモグ
ぽかぽか	후끈후끈	フックンフックン
じりじり／かんかん	쨍쨍	チェンッチェン
びゅうびゅう	씽씽	シンシン
じめじめ	눅눅／축축	ヌンヌク／チュクチュク
ざあざあ	좍좍	チュアクチュアク
ごろごろ	우르릉 우르릉	ウルルンウルルン
こんこん	펑펑	ポンポン

第5章 ◇ 天気・気候 ②

社会

新聞

新聞	신문	シンムン
朝刊	조간	チョガン
夕刊	석간	ソクカン
休刊	휴간	ヒュガン
号外	호외	ホウェ
紙面	지면	チミョン
一面	일면	イルミョン
三面記事	삼면기사	サムミョンギサ
写真	사진	サジン
新聞記者	신문기자	シンムンギジャ
取材	취재	チュィジェ
記事	기사	キサ
トップ記事	톱기사	トプキサ
朝鮮日報	조선일보	チョソニルボ
東亜日報	동아일보	トンアイルボ

中央日報	중앙일보	チュンアンイルボ
地方紙	지방 신문	チバン　シンムン
社説	사설	サソル
テレビ欄	텔레비전란	テルレビジョルラン
社会面	사회면	サフェミョン
国際面	국제면	ククチェミョン
政治面	정치면	チョンチミョン
スポーツ面	스포츠면	スポチュミョン
見出し	표제	ピョジェ
デスク	책임자	チェギムジャ
投書欄	투고란	トゥゴラン
風刺画	풍자화	プンジャファ
記者クラブ	기자클럽	キジャクルロプ
コラム	칼럼	カルロム
インタビュー	인터뷰	イントビュ
広告	광고	クァンゴ
印刷	인쇄	インスェ
新聞配達	신문배달	シンムンベダル

第5章 ◇ 新聞

社会

ニュース用語 ①

ニュース	뉴스	ニュス
報道	보도	ポド
速報	속보	ソクポ
事件	사건	サコン
事故	사고	サゴ
殺害	살해	サレ
犯人	범인	ポミン
詐欺	사기	サギ
振り込め詐欺	이체사기	イチェサギ
騒動	소동	ソドン
殺人	살인	サリン
事件現場	사건현장	サコニョンジャン
不法滞在	불법체재	プルポプチェジェ
自殺	자살	チャサル
他殺	타살	タサル

死体	시체	シチェ
発見	발견	パルギョン
強盗	강도	カンド
誘拐	유괴	ユグェ
訴訟	소송	ソソン
容疑者	용의자	ヨンイジャ
被疑者	피의자	ピイジャ
動機	동기	トンギ
逮捕	체포	チェポ
有罪	유죄	ユジェ
無罪	무죄	ムジェ
死刑	사형	サヒョン
執行猶予	집행유예	チペンニュエ
原告	원고	ウォンゴ
被告	피고	ピゴ
検事	검사	コムサ
弁護士	변호사	ピョノサ
裁判官	재판관	チェパングァン

社会

ニュース用語②

政治	정치	チョンチ
政党	정당	チョンダン
政論／世論	정론／여론	チョンノン／ヨロン
選挙	선거	ソンゴ
政策	정책	チョンチェク
内閣	내각	ネガク
与党／野党	여당／야당	ヨダン／ヤダン
首相	수상	スサン
国会	국회	ククェ
国家予算	국가예산	ククカイェサン
法律	법률	ポムニュル
憲法	헌법	ホンポプ
経済	경제	キョンジェ
景気	경기	キョンギ
不況	불황	プルァン

不良債権	불량채권	プルリャンチェクォン
株価	주가	チュカ
合併	합병	ハプピョン
需要	수요	スヨ
供給	공급	コングプ
経済制裁	경제 제재	キョンジェ チェジェ
インフレーション	인플레이션	インプルレイション
デフレーション	디플레이션	ディプルレイション
失業率	실업률	シロムニュル
規制緩和	규제 완화	キュジェ ワヌァ
円高	원고	ウォンゴ
倒産	도산	トサン
税金	세금	セグム
消費	소비	ソビ
所得	소득	ソドゥク
国債	국채	ククチェ
公債	공채	コンチェ
輸出／輸入	수출／수입	スチュル／スイプ

第5章 ◇ ニュース用語②

社会

ニュース用語③

外交	외교	ウェギョ
大統領選挙	대통령선거	テトンニョンソンゴ
G8サミット	G8서밋	ジエイトゥソミッ
首脳会談	수뇌회담	スヌェフェダム
難民	난민	ナンミン
貧困	빈곤	ピンゴン
減少	감소	カムソ
増加	증가	チュンガ
手話	수화	スファ
通訳	통역	トンニョク
潜入取材	잠입취재	チャミプチュイジェ
外務省	외무성	ウェムソン
要人 (VIP)	요인	ヨイン
国際連合 (UN)	국제연합	ククチェヨナプ
欧州連合 (EU)	유럽연합	ユロムニョナプ

国際連盟	국제연맹	クㇰチェヨンメン
機密	기밀	キミル
貿易	무역	ムヨㇰ
関税	관세	クァンセ
条約	조약	チョヤㇰ
安全保障	안전보장	アンジョンボジャン
国境	국경	クㇰキョン
テロ	테러	テロ
領土問題	영토문제	ヨントムンジェ
差別	차별	チャビョル
ワシントン条約	워싱턴조약	ウォシントンジョヤㇰ
環境ホルモン	환경호르몬	ファンギョンホルモン
英才教育	영재 교육	ヨンジェ ギョユㇰ
受験勉強	수험공부	スホㇺゴンブ
受験戦争	수험전쟁	スホㇺジョンジェン
修能試験(韓国の試験)	수능시험	スヌンシホㇺ
サミット	서밋	ソミッ
エネルギー	에너지	エノジ

第5章 ◇ ニュース用語 ③

社会

軍　隊

軍隊	군대	クンデ
自衛隊	자위대	チャウィデ
兵役	병역	ビョンニョク
海軍	해군	ヘグン
陸軍	육군	ユクグン
空軍	공군	コングン
軍人	군인	クニン
徴兵制度	징병제도	チンビョンジェド
兵役免除	병역면제	ビョンニョンミョンジェ
入隊／除隊	입대／제대	イプテ／チェデ
徴兵検査	징병검사	チンビョンゴムサ
司令官	사령관	サリョングァン
駐屯地	주둔지	チュドゥンジ
軍服	군복	クンボク
兵器／銃	병기／총	ビョンギ／チョン

機関銃	기관총	キグァンチョン
手りゅう弾	수류탄	スリュタン
軍艦	군함	クナム
紛争	분쟁	プンジェン
戦場	전쟁터	チョンジェント
作戦	작전	チャクチョン
反戦	반전	パンジョン
平和	평화	ピョンファ
100日休暇 (入隊100日目)	백일휴가	ペギルヒュガ
末年休暇 (除隊直前の休暇)	말년휴가	マルリョニュガ

第5章 ◇ 軍隊

はみだし 豆知識

日本にはない韓国の兵役制度

韓国には兵役制度があり、男性は 20 〜 30 歳の間に入隊することが義務づけられています。20 歳になると通知が届き、大学や留学など正当な理由をつけて入隊時期を申請します。健康診断で身長、体重、視力を測るほか心身の健康を証明することも入隊の条件です。

社会

宗　教

宗教	종교	チョンギョ
神様	하느님	ハヌニム
祈り	기도	キド
宗派	종파	チョンパ
キリスト教	기독교	キドゥキョ
カトリック	천주교	チョンジュギョ
プロテスタント	프로테스탄트	プロテスタントゥ
教会	교회	キョフェ
聖堂	성당	ソンダン
修道院	수도원	スドゥウォン
牧師	목사	モクサ
神父	신부	シンブ
聖書	성서	ソンソ
十字架	십자가	シプチャガ
礼拝／礼拝	예배	イェベ

讃美歌	찬송가	チャンソンガ
洗礼	세례	セレ
天国	천국	チョングク
仏教	불교	プルギョ
寺／神社	절／신사	チョル／シンサ
住職	주지	チュジ
僧（お坊さん）	스님	スニム
経典（お経）	불경	プルギョン
仏像	불상	プルサン
供物	공물	コンムル
数珠	염주	ヨムジュ
極楽浄土	극락정토	クンナクチョント
地獄	지옥	チオク
信仰	신앙	シナン
儒教	유교	ユギョ
イスラム教	이슬람교	イスルラムギョ
ヒンズー教	힌두교	ヒンドゥギョ
無宗教	무교	ムギョ

第5章 ◇ 宗教

社会

エコ

Recycle

エコロジー	생태학	センテハク
省エネ	에너지 절약	エノジ チョリャク
ごみ分別	쓰레기 분리수거	スレギ プルリスゴ
自然保護	자연보호	チャヨンボホ
汚染	오염	オヨム
資源	자원	チャウォン
リサイクル	재활용	チェファリョン
再生紙	재생지	チェセンジ
環境問題	환경문제	ファンギョンムンジェ
エコバッグ	에코 백	エコ ベク
節約	절약	チョリャク
地球温暖化	지구온난화	チグオンナヌァ
クールビズ	쿨비즈	クルビズ
ウオームビズ	웜비즈	ウォムビズ
打ち水	물을 뿌림	ムルル プリム

レジ袋	비닐봉투	ピニルポントゥ
CO2削減	이산화탄소 삭감	イサヌァタンソ サクカム
太陽光発電	태양열발전	テヤンニョルバルチョン
自家発電	자가발전	チャガバルチョン
節電	절전	チョルチョン
節水	절수	チョルス
修理	수리	スリ
再利用	재이용	チェイヨン
ロハス	로하스	ロハス
植樹	식수	シクス
簡易包装	간이포장	カニポジャン
有機栽培	유기재배	ユギジェベ

第5章 ◇ エコ

はみだし 豆知識

とってもエコなお国柄?! 環境問題への取り組み

韓国に一度でも行かれた方はお気づきでしょうが、ホテルの歯ブラシが有料だったり、食堂に割り箸がなかったりしませんでしたか？それは使い捨てを禁止している法律があるからです。スーパーのレジ袋も有料なので、袋を持参していたらそう伝えましょう。

社会

韓国の歴史

歴史	역사	ヨクサ
未来	미래	ミレ
友好	우호	ウホ
戦争	전쟁	チョンジェン
侵略	침략	チムニャク
国交	국교	ククキョ
新羅(しらぎ)	신라	シルラ
百済(くだら)	백제	ペクチェ
高句麗(こうくり)	고구려	コグリョ
倭国(わこく)(日本)	왜국	ウェグク
隋(ずい)	수나라	スナラ
唐(とう)	당나라	タンナラ
元(げん)	원나라	ウォンナラ
明(みん)	명나라	ミョンナラ
清(しん)	청나라	チョンナラ

世紀	세기	セギ
西暦（西紀）	서기	ソギ
医女（ウィニョ）	의녀	ウィニョ
侍医（シウィ）（王の主治医）	시의	シウィ
妓生（キーセン）（芸妓）	기생	キーセン
京城（キョンソン）（現在のソウル）	경성	キョンソン
尚宮（サングン）（女官の最高位）	상궁	サングン
水刺間（スラカン）（王、王妃の為の厨房）	수라간	スラカン
世子（セジャ）（王太子）	세자	セジャ
成均館（ソンギュングァン）（高麗末期～朝鮮時代の最高教育機関）	성균관	ソンギュングァン
殿下	전하	チョナ
大王大妃（テワンテビ）（前王の王妃）	대왕대비	テワンテビ
皇帝	황제	ファンジェ
皇太子	황태자	ファンテジャ
捕盗庁（ポドチョン）（警察機関）	포도청	ポドチョン
両班（ヤンバン）／良民（ヤンミン）	양반／양민	ヤンバン／ヤンミン

第5章 ◇ 韓国の歴史

ハングル雑学 ⑤
韓国の十二支

ここでは十二支の韓国語を紹介します。日本と違う部分もありますよ。

韓国では相手の年齢によって、使う言葉が変わるため初対面の相手には必ず生まれ年か干支を確認します。日本とほぼ同じですが、亥年は韓国や中国では豚年です。

子 (ねずみ)	チュィ 쥐
丑 (牛)	ソ 소
寅 (虎)	ホランイ 호랑이
卯 (うさぎ)	トッキ 토끼
辰 (竜)	ヨン 용
巳 (蛇)	ペム 뱀
午 (馬)	マル 말
未 (羊)	ヤン 양
申 (猿)	ウォンスンイ 원숭이
酉 (鶏)	タク 닭
戌 (犬)	ケ 개
亥 (豚)	トェジ 돼지

第6章

Theme

トラブル・病気

災難

トラブル・災害

トラブル	트러블	トゥロブル
盗難	도난	トナン
パスポート紛失	여권분실	ヨクォンブンシル
ひったくり	날치기	ナルチギ
すり	소매치기	ソメチギ
万引き	도둑질	トドゥックチル
泥棒	도둑	トドゥク
窃盗	절도	チョルト
恐喝	공갈	コンガル
火災	화재	ファジェ
交通事故	교통사고	キョトンサゴ
空き巣	빈집털이	ピンジプトリ
カードトラブル	카드 트러블	カドゥ トゥロブル
痴漢	치한	チハン
口論	언쟁	オンジェン

迷子	미아	ミア
ぼったくられること	바가지를 씀	パガジルル ッスム
転売	전매	チョンメ
不正アクセス	부정액세스	プジョンエクセス
ご近所トラブル	이웃 트러블	イウッ トゥロブル
ストーカー	스토커	ストコ
セクハラ	성희롱	ソンヒロン
騒音	소음	ソウム
もめごと	다툼	タトゥム
クレーム	클레임	クルレイム
悪臭	악취	アクチュィ
災害	재해	チェヘ
津波	해일	ヘイル
地震	지진	チジン
余震	여진	ヨジン
放射能	방사능	パンサヌン
避難	피난	ピナン
避難場所	피난장소	ピナンジャンソ

第6章 ◇ トラブル・災害

病名 ①

風邪	감기	カムギ
発熱	발열	パリョル
頭痛	두통	トゥトン
腹痛	복통	ポクトン
吐き気	구토증	クトチュン
下痢	설사	ソルサ
貧血	빈혈	ピンヒョル
便秘	변비	ピョンビ
アレルギー	알레르기	アルレルギ
花粉症	꽃가루 알레르기	コッカル アルレルギ
アトピー	아토피	アトピ
食中毒	식중독	シクチュンドク
インフルエンザ	독감	トクカム
結膜炎	결막염	キョルマンニョム
ものもらい	다래끼	タレッキ

鼻づまり	코막힘	コマキㇺ
中耳炎	중이염	チュンイヨㇺ
めまい	현기증	ヒョンギチュン
耳鳴り	귀울음	クゥイウルㇺ
更年期障害	갱년기장애	ケンニョンギジャンエ
生理痛	생리통	センニトン
仮病	꾀병	クェビョン
虫歯	충치	チュンチ
肺炎	폐렴	ペリョㇺ
高血圧	고혈압	コヒョラㇷ゚
低血圧	저혈압	チョヒョラㇷ゚
糖尿病	당뇨병	タンニョピョン
胃炎	위염	ウィヨㇺ
胃潰瘍	위궤양	ウィグェヤン
十二指腸潰瘍	십이지장궤양	シビジジャングェヤン
盲腸	맹장	メンジャン
心筋梗塞	심근경색	シムグンギョンセク
不整脈	부정맥	プジョンメク

第6章 ◇ 病名 ①

病名②

がん	암	アム
ポリープ	폴립	ポルリプ
ぼうこう炎	방광염	パングァンニョム
自閉症	자폐증	チャペチュン
鬱病	우울증	ウウルチュン
不眠症	불면증	プルミョンチュン
湿疹	습진	スプチン
ぜんそく	천식	チョンシク
外傷	외상	ウェサン
切り傷	베인 상처	ペイン サンチョ
すり傷	찰과상	チャルグァサン
出血	출혈	チュリョル
充血	충혈	チュンヒョル
脱きゅう	탈구	タルグ
骨折	골절	コルチョル

しもやけ	동창	トンチャン
やけど	화상	ファサン
水虫	무좀	ムジョム
痔	치질	チジル
打撲	타박	タバク
捻挫	염좌	ヨムジュア
筋肉痛	근육통	クニュクトン
肩こり	어깨가 뻐근함	オッケガ ッポグナム
腰痛	요통	ヨトン
靴擦れ	구두에 쓸림	クドゥエ スルリム
虫刺され	벌레에 물림	ポルレエ ムルリム
被爆／被曝	피폭	ピポク

第6章 ◇ 病名②

はみだし豆知識

**暑いときこそ
アツアツの韓国料理を**

韓国では「以熱治熱 이열치열（イヨルチヨル）」という言葉があります。これは、暑いときに熱いものを食べるという考え方です。また、発熱時にも熱くして治すと考えられています。サムゲタンは土用のうなぎのように、夏バテしないように食べます。

病気の症状 ①

病

症状	증상	チュンサン
呼吸困難	호흡곤란	ホフプコルラン
咳が出る 原形	기침이 나오다	キチミ ナオダ
咳が出ます ヘヨ	기침이 나와요	キチミ ナワヨ
咳が出ました 過去	기침이 나왔어요	キチミ ナワッソヨ
喉が痛い 原形	목이 아프다	モギ アプダ
喉が痛いです ヘヨ	목이 아파요	モギ アパヨ
喉が痛かったです 過去	목이 아팠어요	モギ アパッソヨ
鼻水が出る 原形	콧물이 나오다	コンムリ ナオダ
鼻水が出ます ヘヨ	콧물이 나와요	コンムリ ナワヨ
鼻水が出ました 過去	콧물이 나왔어요	コンムリ ナワッソヨ
熱がある 原形	열이 있다	ヨリ イッタ
熱があります ヘヨ	열이 있어요	ヨリ イッソヨ
熱がありました 過去	열이 있었어요	ヨリ イソッソヨ

くしゃみが出る 原形	재채기가 나오다	チェチェギガ ナオダ	
くしゃみが出ます ヘヨ	재채기가 나와요	チェチェギガ ナワヨ	
くしゃみが出ました 過去	재채기가 나왔어요	チェチェギガ ナワッソヨ	
寒気がする 原形	한기가 들다	ハンギガ ドゥルダ	第6章 ◇ 病気の症状①
寒気がします ヘヨ	한기가 들어요	ハンギガ ドゥロヨ	
寒気がしました 過去	한기가 들었어요	ハンギガ ドゥロッソヨ	
節々が痛い 原形	마디마디가 아프다	マディマディガ アプダ	
節々が痛みます ヘヨ	마디마디가 아파요	マディマディガ アパヨ	
節々が痛みました 過去	마디마디가 아팠어요	マディマディガ アパッソヨ	
食欲がない 原形	식욕이 없다	シギョギ オプタ	
食欲がありません ヘヨ	식욕이 없어요	シギョギ オプソヨ	
食欲がありませんでした 過去	식욕이 없었어요	シギョギ オプソッソヨ	
吐き気がする 原形	구토증이 나다	クトチュンイ ナダ	
吐き気がします ヘヨ	구토증이 나요	クトチュンイ ナヨ	
吐き気がしました 過去	구토증이 났어요	クトチュンイ ナッソヨ	

病気の症状②

だるい	原形	나른하다	ナルナダ
だるいです	ヘヨ	나른해요	ナルネヨ
だるかったです	過去	나른했어요	ナルネッソヨ
めまいがする	原形	현기증이 나다	ヒョンギチュンイ ナダ
めまいがします	ヘヨ	현기증이 나요	ヒョンギチュンイ ナヨ
めまいがしました	過去	현기증이 났어요	ヒョンギチュンイ ナッソヨ
かゆい	原形	가렵다	カリョプタ
かゆいです	ヘヨ	가려워요	カリョウォヨ
かゆかったです	過去	가려웠어요	カリョウォッソヨ
痛い	原形	아프다	アプダ
痛いです	ヘヨ	아파요	アパヨ
痛かったです	過去	아팠어요	アパッソヨ
しびれる	原形	저리다	チョリダ
しびれます	ヘヨ	저려요	チョリョヨ

しびれました 過去	저렸어요	チョリョッソヨ
ずきずきする 原形	욱신거리다	ウクシンゴリダ
ずきずきします ヘヨ	욱신거려요	ウクシンゴリョヨ
ずきずきしました 過去	욱신거렸어요	ウクシンゴリョッソヨ
くらくらする 原形	어질어질하다	オジロジラダ
くらくらします ヘヨ	어질어질해요	オジロジレヨ
くらくらしました 過去	어질어질했어요	オジロジレッソヨ
顔色が悪い 原形	안색이 나쁘다	アンセギ ナップダ
顔色が悪いです ヘヨ	안색이 나빠요	アンセギ ナッパヨ
顔色が悪かったです 過去	안색이 나빴어요	アンセギ ナッパッソヨ
頭が痛い 原形	머리가 아프다	モリガ アプダ
頭が痛みます ヘヨ	머리가 아파요	モリガ アパヨ
頭が痛みました 過去	머리가 아팠어요	モリガ アパッソヨ
ひりひりする 原形	따끔따끔하다	タックムタックマダ
ひりひりします ヘヨ	따끔따끔해요	タックムタックメヨ
ひりひりしました 過去	따끔따끔했어요	タックムタックメッソヨ

第6章 ◇ 病気の症状②

病院①

病

病院	병원	ビョンウォン
診療所	진료소	チルリョン
大学病院	대학병원	テハクビョンウォン
総合病院	종합병원	チョンハプビョンウォン
内科	내과	ネクァ
外科	외과	ウェクァ
皮膚科	피부과	ピブクァ
眼科	안과	アンクァ
歯科	치과	チクァ
整形外科	정형외과	チョンヒョンウェクァ
耳鼻咽喉科	이비인후과	イビイヌクァ
産婦人科	산부인과	サンブインクァ
泌尿器科	비뇨기과	ピニョギクァ
心療内科	심료내과	シムニョネクァ
精神科	정신과	チョンシンクァ

放射線科	방사선과	パンサソンクァ
小児科	소아과	ソアクァ
脳神経外科	뇌신경외과	ヌェシンギョンウェクァ
呼吸器科	호흡기내과	ホフブキネクァ
消化器科	소화기내과	ソファギネクァ
麻酔科	마취과	マチュイクァ
リハビリテーション科	재활의학과	チェファリハククァ
循環器科	순환기내과	スヌァンギネクァ
形成外科	흉각성형외과	ヒュンガクソンヒョンウェクァ
救命救急センター	응급실	ウングプシル
代謝・内分泌センター	대사 내분비센터	テサ ネブンビセント
終末期医療	종말기의료	チョンマルギイリョ
ペインクリニック	페인클리닉	ペインクルリニク
受付	접수	チョプス
初診	초진	チョジン
再診	재진	チェジン
外来	외래환자	ウェレファンジャ

第6章 ◇ 病院①

病院②

診察	진찰	チンチャル
診察券	진찰권	チンチャルクォン
健康保険証	의료보험증	ウィリョボホムチュン
診断書	진단서	チンダンソ
カルテ	진료기록 카드	チルリョギロク カドゥ
入院	입원	イブォン
退院	퇴원	トェウォン
手術	수술	ススル
医師	의사	ウィサ
看護師	간호사	カノサ
患者	환자	ファンジャ
検査	검사	コムサ
注射	주사	チュサ
点滴	링겔	リンゲル
触診	촉진	チョクチン

待合室	대합실	テハプシル
面会	면회	ミョヌェ
面会謝絶	면회사절	ミョヌェサジョル
集中治療室	중환자실	チュンファンジャシル
輸血	수혈	スヒョル
移植	이식	イシク
受診する 原形	진찰을 받다	チンチャルル パッタ
受診します ヘヨ	진찰을 받아요	チンチャルル パダヨ
受診しました 過去	진찰을 받았어요	チンチャルル パダッソヨ
献血	헌혈	ホニョル
救急車	구급차	クグプチャ
人工呼吸	인공호흡	インゴンホフプ
病院食	병원식	ピョンウォンシク
再検査	재검사	チェゴムサ
重病	중병	チュンビョン
緊急	긴급	キングプ
車椅子	휠체어	フィルチェオ
松葉づえ	목발	モクパル

第6章 ◇ 病院②

病

薬局①

薬局	약국	ヤックク
薬剤師	약사	ヤクサ
脈診	맥진	メクチン
処方箋	처방전	チョバンジョン
薬	약	ヤク
市販薬	시판약	シパンニャク
風邪薬	감기약	カムギヤク
漢方薬	한방약	ハンバンニャク
内服薬	내복약	ネボンニャク
鎮痛剤	진통제	チントンジェ
解熱薬	해열제	ヘヨルチェ
頭痛薬	두통약	トゥトンニャク
抗生物質	항생물질	ハンセンムルチル
下痢止め	지사제	チサジェ
目薬	눈약	ヌンニャク

鼻炎薬	비염약	ピヨムニャク
外用薬	외용약	ウェヨンニャク
軟こう	연고	ヨンゴ
栄養剤	영양제	ヨンヤンジェ
酔い止め	멀미약	モルミヤク
利尿薬	이뇨제	イニョジェ
胃腸薬	위장약	ウィジャンニャク
精神安定剤	정신안정제	チョンシナンジョンジェ
睡眠薬	수면제	スミョンジェ
ステロイド	스테로이드	ステロイドゥ
消毒液	소독액	ソドゲク
ビタミン剤	비타민제	ビタミンジェ
サプリメント	서플러먼트	ソプルロモントゥ
副作用	부작용	プジャギョン
効能	효능	ヒョヌン
生理用ナプキン	생리대	センニデ
タンポン	탐폰	タムポン

第6章 ◇ 薬局①

病

薬局②

服用	복용	ポギョン
食後	식후	シク
食間	식간	シクカン
食前	식전	シクチョン
1日3回	일일 삼회	イリル サムェ
1包	한 봉지	ハン ポンジ
1錠	일 정	イルチョン
1カプセル	한 알	ハナル
粉薬／錠剤	가루약／알약	カルヤク／アルリャク
脱脂綿	탈지면	タルチミョン
テーピング	테이핑	テイピン
ばんそうこう	반창고	パンチャンゴ
ガーゼ	가제	ガジェ
包帯	붕대	プンデ
処方	처방	チョバン

薬を飲む 原形	약을 먹다	ヤグル モクタ
薬を飲みます ヘヨ	약을 먹어요	ヤグル モゴヨ
薬を飲みました 過去	약을 먹었어요	ヤグル モゴッソヨ
薬を塗る 原形	약을 바르다	ヤグル パルダ
薬を塗ります ヘヨ	약을 발라요	ヤグル パルラヨ
薬を塗りました 過去	약을 발랐어요	ヤグル パルラッソヨ
常用する 原形	상용하다	サンヨンハダ
常用します ヘヨ	상용해요	サンヨンヘヨ
常用しました 過去	상용했어요	サンヨンヘッソヨ
煎じる 原形	달이다	タリダ
煎じます ヘヨ	달여요	タリョヨ
煎じました 過去	달였어요	タリョッソヨ

第6章 ◆ 薬局②

はみだし豆知識

■ 韓国の薬局は本格派?!

韓国を旅すると、大きく「약(ヤク)」と書かれた文字をよく目にすることでしょう。これが薬局です。日本のドラッグストアのように化粧品などを扱っているのではなく、薬剤師が常駐し、病院の処方薬はもちろんのこと、症状を伝えると薬の相談にも乗ってくれます。ぜひ一度 中をのぞいてみてくださいね。

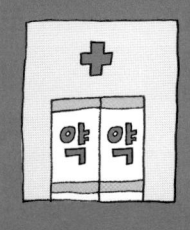

身体

体の部位①

体	몸	モム
胴体	몸통	モムトン
髪	머리카락	モリカラク
頭	머리	モリ
顔	얼굴	オルグル
おでこ	이마	イマ
眉毛	눈썹	ヌンッソプ
目	눈	ヌン
まつ毛	속눈썹	ソンヌンッソプ
まぶた	눈꺼풀	ヌンッコプル
頬	뺨	ピャム
鼻／口	코／입	コ／イプ
歯	이	イ
舌	혀	ヒョ
あご	턱	トク

耳	귀	クィ
耳たぶ	귓밥	クィッパプ
首／喉	목／목구멍	モク／モクグモン
肩	어깨	オッケ
わき	겨드랑이	キョドゥランイ
腕	팔	パル
二の腕	상박부	サンバクプ
ひじ	팔꿈치	パルックムチ
手首	손목	ソンモク
手	손	ソン
指	손가락	ソンカラク
胸	가슴	カスム
腹	배	ペ
へそ	배꼽	ペッコプ
腰	허리	ホリ
尻	엉덩이	オンドンイ
足／脚	발／다리	パル／タリ
ふともも	허벅지	ホボクチ

第6章 ◇ 体の部位①

身体
体の部位②

ふくらはぎ	장딴지	チャンッタンジ
膝	무릎	ムルプ
足首	발목	パルモク
皮膚	피부	ピブ
爪	손톱／발톱	ソントプ／パルトプ
唾液	타액	タエク
血液	혈액	ヒョレク
脳	뇌	ヌェ
骨	뼈	ピョ
心臓	심장	シムジャン
肺	폐	ペ
胃	위	ウィ
腸	장	チャン
腎臓	신장	シンジャン
肝臓	간장	カンジャン

盲腸	맹장	メンジャン
ぼうこう	방광	パングァン
血管	혈관	ヒョルグァン
食道	식도	シクト
大腸	대장	テジャン
小腸	소장	ソジャン
すい臓	췌장	チェジャン
前歯	앞니	アムニ
奥歯	어금니	オグムニ
親しらず	사랑니	サランニ
関節	관절	クァンジョル
肛門(こうもん)	항문	ハンムン
筋肉	근육	クニュク
アキレス腱(けん)	아킬레스건	アキルレスゴン
ペニス	음경	ウムギョン
子宮	자궁	チャグン
神経	신경	シンギョン
リンパ	림프	リムプ

第6章 ◇ 体の部位 ②

ハングル雑学 ⑥
とっさに出る言葉

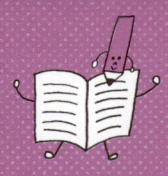

ここで紹介する言葉はドラマやインタビューなどでも聞くことができるでしょう。

あら（女性のみ）	어머／어머나 オモ／オモナ
うわ〜	우와〜 ウワ〜
どうしよう	어떡해 オットッケ
どうしよう	어떡하지 オットカジ
信じられない／なんてことが起きたの	세상에 セサンエ
なんてこと！	맙소사 マプソサ
やったあ／よっしゃあ	아싸 〜! アッサー
あ〜	아이고 アイゴ ※泣く、どっこいしょ、あーあなど
びっくりした	깜짝이야 カムッチャギヤ
まさか	설마 ソルマ
あきれた／マジかよ	기가 막혀 キガ マキョ
すごい！	대단해 テダネ
アッチャー！／しまった！	아차 アチャ
いや！	싫어 シロ

インデックス

Theme

あいうえお さくいん
ハングル さくいん
一二三
四五六

あいうえお さくいん

【英字】
ATM	214
EU	310
KTX	202
UN	310
VIP	310

【あ】
ああ。	44
アーチェリー	239
アートメイク	231
アーユルヴェーダ	235
アイコン	259, 264
愛している	175
アイシャドウ	70
相性	226
愛人	178
アイスクリーム	90
アイスホッケー	239
会いたい	176
アイドル	248
会いに行きますよ	52
愛撫	177
アイライン	70
アイロン	112
アウトレットモール	212
青	72
あおむし	297
赤	72
アカウント	261
赤字	159
あかすり	232
赤ちゃん	137
明るい	166
秋	125
空き巣	322
秋葉系	278
あきらめないで！	47
飽きる	163
アキレス腱	343
悪臭	323
握手会	252
アクション	244
アクセス	262
明け方	127
あご	340
朝	127
あさがお	292
あさって	123
朝日	289
あざらし	291
あさり	97
足	341
脚	341
あじ	96
アジア	280
脚が長い	172
足首	342
あじさい	292
あした	123
味付け	79
足つぼマッサージ	230
足浴	234
あずき氷	90
遊ぶ	133
温める	102
アタック	175
頭	340
頭が痛い	331
あっさり	79
あっち	217
アップロード	261
宛名	266
アトピー	324
アナウンサー	248
あなた	56
あなたのそばで	52
アニメ	279
アニメソング	225
姉さん女房	182
アパート	107
あひる	299
油	98
油絵	271
油っこい味	79
あぶら取り紙	71
あぶら身	95
アフリカ	280
アプリケーション	263, 264
甘い	78
天の川	289
雨	300
アメリカ	281
あやとり	275
謝ってください。	51
あゆ	96
洗い物	112
嵐	301
あり	296
ありがとうございました。	39
ありがとうございます。	39

ありますか？ … 40	イグアナ … 295	1時半 … 127
アリラン … 272	育児 … 186	1錠 … 338
歩く … 132	育児休暇 … 148	一日 … 55
アルバイト … 155	池 … 286	1日3回 … 338
アルバム … 246, 269	生け花 … 277	一番後ろ … 217
アルファベット … 285	イケメン … 279	一番前 … 217
アレルギー … 324	遺骨 … 191	一面 … 304
アロマキャンドル … 234	居酒屋 … 236, 278	一網打尽 … 60
アロマテラピー … 234	遺産 … 190	いちょう … 292
アロワナ … 294	医師 … 146, 334	胃腸薬 … 337
泡立て器 … 104	石橋をたたいて渡る … 59	1階 … 223
あわび … 97	いじめ … 141	1階席 … 253
アンインストール … 262	石焼きビビンバ … 84	一括払い … 221
アンクレット … 71	慰謝料 … 183	一気飲み … 237
安産 … 185	異常気象 … 300	一挙両得 … 60
暗証番号 … 214	移植 … 335	一戸建て … 108
安全地帯（エリア）… 207	医食同源 … 74	一緒に … 53
安全保障 … 311	以心伝心 … 60	一石二鳥 … 61
安置所 … 191	椅子 … 110, 140	いつつ … 120
安定 … 155	イスラム教 … 315	いってきます。… 37
安定期 … 184	急いでいます。… 51	いつですか？ … 41
案内所 … 195, 208, 223	遺族 … 191	いってらっしゃい。… 37
【い】	痛い … 330	1包 … 338
胃 … 342	痛手 … 178	いつまでも … 55
いいです。… 38	炒める … 102	一方通行 … 206
いい人 … 169	イタリア … 281	緯度 … 280
家 … 106	イタリア語 … 284	田舎暮らし … 188
遺影 … 191	イタリア料理 … 77	稲妻 … 301
胃炎 … 325	位置 … 216	犬 … 290
いか … 97	一 … 118	犬肉 … 94
胃潰瘍 … 325	1位 … 241	いのしし … 290
医学書 … 225	1月 … 122	祈り … 314
医学部 … 145	1カプセル … 338	居間 … 106
行かないで … 54	一眼レフ … 268	いますか？ … 40
行かないでください。… 38	いちご … 90	妹 … 136
息が詰まります … 55	1時 … 126	癒される … 235
意気投合 … 61	いちじく … 91	癒し … 234
イギリス … 281	一時停止 … 207	嫌だ … 163

イヤリング 71	ウエストが細い 172	うぶ毛剃り 232
いらいらする 162	ウエディングドレス 181	馬 290
入口 223	上には上がある 59	生まれもった運命 226
いるか 291	WEBサイト 260	海 286
色 72	ウオームビズ 316	海千山千 61
色黒だ 173	ウォルセ 109	梅干し 87
色白だ 172	ウォン 215	裏切り 178
岩 287	うきうき 164	占い 226
いわし 96	うぐいす 298	占いカフェ 227
因果応報 60	受付 333	占い師 227
印鑑 117, 215	受取人 267	占い料 227
インク 116	うさぎ 290	売り上げ 150
いんこ 298	牛 290	売り切れ 220
印刷 305	後ろ 216	売り言葉に買い言葉 59
仁寺洞 283	薄味 79	うれしい 160
飲食禁止 206	薄切りにする 103	うろこ 295
インスタント食品 75	うす曇り 300	浮気 178
インストール 262	薄毛 228	うん。 44
隕石 289	右折 205	運勢 226
インターネット 260	右折禁止 207	運賃 199
インターネットカフェ	うそ 179	運転手 147
213	うそつきだ 167	運転する 205
引退 250	歌 246	運転席 204
インタビュー 251, 305	歌うこと 242	運動 243
〜インチ 119	歌を歌う 247	運動会 143
仁川 283	内回り 217	運動場 139
インテリア雑貨売り場	打ち水 316	運命 174, 226
222	宇宙 288	【え】
インド洋 281	美しい 171	エアコン 111, 201
インフラ 211	訴えます！ 51	映画 244
インフルエンザ 324	鬱病 326	映画館 212
インフレーション 309	器 105	映画鑑賞 242
【う】	腕 341	営業時間 220
医女 319	腕時計 69	営業中 220
ウイルス 262	うどん 86	営業部 153
ウインカー 204	うなぎ 86, 97	営業部員 146
上 216	うに 97	英語 144, 284
ウエイター 76	うぶ着 186	英才教育 187, 311

栄養剤	337	
駅	208	
液晶	258	
エクササイズ	233	
エクステンション	229	
エコノミークラス	199	
エコバッグ	316	
えごま油	98	
エコロジー	316	
餌	295	
エスカレーター	223	
エステ	230	
エステティシャン	147	
えっ!	45	
エッチ	177	
エネルギー	311	
えのきたけ	93	
えび	97	
絵文字	264	
えら	295	
エラー	263	
エレベーター	201, 223	
絵を描くこと	242	
円	215	
宴会	236	
演技	250	
遠距離恋愛	175	
園芸	189	
エンジニア	147	
エンジンをかける	205	
エンスト	204	
演奏する	247	
遠足	143	
エンターキー	259	
円高	309	
延長戦	240	
えんぴつ	116	
えんぴつ削り	116	

【お】

お会いできてうれしいです。	36
オイキムチ	85
追い越し禁止	206
おいしい	78
オイルマッサージ	230
応援	241
王子	248
欧州連合	310
横断禁止	206
横断歩道	209
往復	198
応募	154
おうむ	298
大雨注意報	302
大型車	202
おおかみ	291
大きい	73
大食い	74
オークション	260
大阪	282
大さじ	100
大皿	105
オーストラリア	281
オートバイ	203
大盛り	77
大家	109
オーラ	235
オーロラ	289
丘	286
おかえりなさい。	37
お菓子作り	242
おかず	75
お金	214
お粥	85
小川	287
おかわり	77

沖縄	282
お気に入り	260
お気の毒です。	47
置き引き注意	206
お経	315
起きる	130
お気をつけて。	37
奥	217
億	118
屋上	223
奥歯	343
贈り物	53
送る	267
お元気でいらっしゃいましたか?	36
お元気ですか?	36
怒ってばかりです	54
お好み焼き	87
お酒を飲む	134
お札	214
伯父、叔父、おじ	137
おじいさん	136, 137
押し入れ	106
教えてください。	38, 48
おじさん	57
おしぼり	76
おしるし	184
おすすめ	77
おすすめ品	220
おせち料理	276
汚染	316
オゾン層	302
お互い	55
オタク	279
おたま	104
おたまじゃくし	294
穏やかだ	168
お茶	82

いうえお

お疲れさまです。	37	おもちゃ売り場	222	～がありません。	50
お告げ	227	親子丼	86	～回	119
おっしゃるとおりです。	45	親しらず	343	～階	119
夫	137	おやすみ。	37	貝	97
おつまみ	236	おやすみなさい。	37	開運	226
おつり	221	おやつ	75	開演時間	253
おつりが少ないです。	48	お湯が出ません。	49	絵画	271
おでこ	340	オリオン座	289	海外移住	188
お手玉	275	折り紙	274	海外旅行	189, 196
弟	136	俺	56	外貨投資	158
男湯	230	オレンジ色	72	海岸	286
おとなしい	167	おろす	215	海岸線	287
踊る	247	お笑い	278	会議	149
驚く	163	終わりました	55	開業	156
お兄さん	136	おわん	105	買い食い	75
おにぎり	87	音楽	144	海軍	312
お姉さん	136	音楽鑑賞	242	会計	76
お願いします。	38	音楽を聴く	134, 247	会計が違っています。	48
おば	137	温故知新	60	会計士	146
おばあさん	137	温泉	276	解雇	155
おばさん	57	～御中	267	介護	189
お久しぶりです。	36	オンドル部屋	200	外交	310
おひたし	87	女湯	230	外国為替	158
オペラ	225	オンライン	259	外国為替市場	215
お坊さん	315	**【か】**		外国語	284
おまえ	56	～か	62	外国語学部	145
おまえがいない	54	蚊	297	開催	252
五味子茶	82	～が	62	改札口	199
おみやげ	195	蛾	297	解散	250
おむつ	186	母さん	136	外資系企業	150
オムライス	88	ガーゼ	338	会社員	146, 154
オムレツ	88	カーソル	258	会場	252
重い	80	カーディガン	66	外傷	326
思いが募る	165	ガーデニング	242	開場時間	253
思い出	178	カーテン	110	会食	236
おもしろい	160	カードトラブル	322	外食	74
おもしろいですね。	44	カード払い	221	海水	287
おもちゃ	187	カーネーション	292	海水魚	294

快晴 300	画数 227	肩 341
凱旋公演 250	学生 139	硬い 80
海鮮鍋 83	学生証 140	片思い 174
解像度 265	学生服 140	肩書き 152
階段 106	学生寮 108, 138	かたかな 284
改築 109	拡大 269	肩こり 327
懐中電灯 115	確定申告 159	形 73
会長 152	カクテキ 85	かたつむり 297
書いてください。 38	家具店 219	片道 198
回転寿司 278	学部 145	カチューシャ 71
ガイドブック 195	かくれんぼ 274	課長 152
外務省 310	家計簿 113	がちょう 299
外用薬 337	かけっこ 274	課長代理 153
外来 333	駆け引き 174	花鳥風月 61
海流 287	かげろう(自然) 289	〜月 119
かいろ 115	かげろう(虫) 297	かつお 96
街路樹 287	傘 114	学科 145
買う 133	火災 322	がっかり 164
返してください。 50	かささぎ 299	かっこう 299
かえる 294	風向き 303	学校 138, 209
帰る 133	火山 287	カッターナイフ 117
顔 340	火事だ! 50	勝手口 107
顔色が悪い 331	画質 268	カット 228
顔が小さい 171	加湿器 111	活動 249
顔文字 264	貸し付け 159	活動停止 250
香り 234	カジノ 213	カットソー 66
顔を洗う 130	歌手 246, 248	活発だ 166
画家 271	ガスレンジ 111	カッピング 232
化学 144	風 301	カップル 175
科学書 224	風邪 324	合併 151, 309
鏡 114	風邪薬 336	家庭科 144
係長 153	風邪をひきましたか? 47	家庭菜園 243
牡蠣 97	火葬 190	家庭裁判所 211
鍵が開きません。 49	画像 268	家庭内暴力 183
鍵が閉まりません。 49	家族 136	カトリック 314
家具売り場 222	ガソリンスタンド 209	〜がなくなりました。 50
角質除去 231	ガソリン満タン 204	悲しい 160
学習参考書 225		必ず 52

かに	97	
かね	272	
彼女	56	
彼女（恋人）	175	
彼女の香り	52	
彼女ら	56	
かば	291	
かばん	68	
画びょう	117	
かぶ	92	
カフェ	76, 218	
株価	151, 309	
歌舞伎	277	
株式会社	156	
株式市場	158	
株式投資	158	
かぶとむし	296	
花粉	303	
花粉症	324	
壁紙	259	
壁に耳あり障子に目あり	58	
かぼちゃ	92	
かまきり	296	
髪	340	
紙エプロン	76	
髪が短い	172	
神様	314	
かみそり	115	
髪留め	71	
紙ナプキン	76	
雷	301	
髪を切る	229	
カムジャタン	84	
カムバック	250	
亀	294	
カメラ	268	
カメラマン	147	
カメレオン	295	

鴨	299	
鴨肉	94	
かもめ	299	
カヤグム	272	
かゆい	330	
粥店	219	
通う	133	
火曜日	123	
～から（時間）	62	
～から（場所）	62	
から揚げ	89	
カラー写真	268	
カラーリング	228	
辛い	78	
カラオケ	213, 278	
からす	298	
体	340	
体の具合はいかがですか？	46	
借り入れ	159	
カリスマ	249	
カリフラワー	93	
軽い	80	
カルテ	334	
カルビ	95	
彼	56	
かれい	96	
カレーライス	88	
彼氏	175	
彼ら	56	
川	286	
かわいい	171	
かわいそうだ	162	
かわいそうに。	47	
革ジャケット	66	
為替取引	158	
かわせみ	299	
川沿い	287	

皮むき器	104	
変わらない気持ち	52	
皮をむく	101	
がん	326	
簡易包装	317	
棺桶	190	
眼科	332	
かんかん	303	
環境ホルモン	311	
環境問題	316	
歓迎会	236	
感激する	162	
缶蹴り	275	
観光	194	
官公庁	210	
観光バス	202	
観光名所	197	
韓国	281	
韓国映画	244	
韓国語	284	
韓国高速鉄道	202	
韓国式パッチワーク	273	
韓国ドラマ	244	
韓国の伝統家屋	108	
韓国のり	85	
韓国風茶わん蒸し	85	
韓国文学	270	
韓国料理	83	
看護師	146, 334	
頑固だ	168	
監査	152	
かんざし	273	
漢詩	271	
韓紙	273	
幹事	236	
漢字	284	
患者	334	
感謝します。	39	

カンジャンケジャン	84	
観賞魚	294	
間食	75	
関税	311	
関節	343	
観戦	241	
勧善懲悪	60	
完全無欠	61	
乾燥	302	
肝臓	342	
乾燥肌	231	
歓談	237	
缶詰	75	
韓定食	84	
乾電池	115	
監督	240, 244	
乾杯	237	
がんばってください。	46	
がんばれ！	46	
がんばろう！	46	
韓服	273	
乾物	75	
漢方エステ	230	
漢方薬	336	
光復節	125	
観葉植物	292	
観覧	255	
管理職	153	
寒冷前線	301	

【き】

木	292
妓生	319
聞いてください。	51
キーボード	258
黄色	72
キーロック	265
記憶	53
気温	302
着替え	230
着替える	130
企画	149
機関銃	313
危機一髪	61
起業	156
起業資金	156
戯曲	270
菊	292
危険	206
気功	235
紀行	270
貴公子	248
聞こえますか？	54
既婚者	182
気さくだ	166
刻む	101
きじ	299
記事	304
起死回生	61
記者クラブ	305
気象衛星	302
気象観測	302
議事録	149
キス	174
キスシーン	245
規制緩和	309
奇想天外	61
基礎体温	184
北	216
貴重品入れ	201
几帳面だ	169
喫茶店	218
キッチン	106
キッチンペーパー	105
きつね	291
切符売り場	199

喜怒哀楽	61
起動	258
切手	266
記念館	212
記念切手	266
記念公演	252
記念日	125
きのう	123
きのこ	93
気分が悪い	161
基本コース	230
期末試験	142
期末レポート	142
きみ	56
君がいない	54
君だけ	53
きみたち	56
機密	311
気難しい	168
キムチ	85
キムチチャーハン	85
気もちいい	161
着物	277
鬼門	227
逆転	241
キャッシュカード	214
キャッシュカードが出てきません。	48
キャバクラ	278
キャビンアテンダント	195
キャベツ	92
キャミソール	66
ギャル	278
キャンセル	200
キャンセル（待ち）	196
九	118
休学	139
休刊	304

救急車	203, 335	教壇	140	【く】	
救急車を呼んでください。	51	経典	315	クイズ番組	254
休業	250	京都	282	空気	288
九死一生	61	共同経営	157	空気清浄機	111
九州	282	行列	278	空軍	312
90	121	ギョーザ	84	空港	208
99	121	去年	123	空車	197
旧正月	124	慶州	283	空席	197
給食	141	京城	319	空席照会	195
求人募集	154	嫌いですか？	42	クーポン	221
旧態依然	60	霧	301	クールビズ	316
牛丼	87	切り傷	326	9月	122
牛肉	94	きりぎりす	296	草	293
牛乳	99	キリスト教	314	臭み	79
救命救急センター	333	義理チョコ	278	草むしり	113
給与明細	151	きりん	290	9時	126
きゅうり	92	切る	100	串焼き	86
きゅうりキムチ	85	～キログラム	119	くじゃく	298
きゅうりパック	232	～キロメートル	119	くしゃみが出る	329
ぎゅっと抱きしめる	176	金	289	鯨	291
きょう	123	銀	289	鯨肉	94
教育学部	145	金運	226	薬	336
共演	245	禁煙	206	薬を塗る	339
教科	144	緊急	335	薬を飲む	339
教会	314	金魚	294	くせ毛	228
業界	149	銀行	208, 214	くだもの	90
教科書	140	銀行員	146, 214	百済	318
恐喝	322	禁止	207	口	340
競技場	213	金星	288	口コミ	201
供給	309	緊張する	253	口紅	70
協議離婚	182	筋肉	343	靴	68
競合他社	156	筋肉質	171	靴（韓服用）	273
教師	146	筋肉痛	327	靴下	68
教室	140	金髪	229	靴擦れ	327
教授	139	勤務時間	148	クッパ	85
業種	149	きんもくせい	292	グッピー	294
強制終了	259	金融商品	158	くつろぎ	234
兄弟	136	金曜日	123	くつろぐ	135

ぐにゃぐにゃ 81	クロワッサン 89	経理部 153
首 341	くわがた 296	計量カップ 104
くびれ 233	軍艦 313	ケーキ 90
熊 291	軍人 312	ケーキカット 181
組みひも 273	軍隊 312	ケーキ店 218
くも 297	軍服 312	ゲームセンター 213
供物 315	【け】	外科 332
曇り 300	毛穴 231	毛皮 67
区役所 210	経営 149	劇場 212
悔しい 162	経営企画部 153	下校 140
〜くらい 62	計画 188	消印 266
クライアント 151	景気 308	消しゴム 116
クラウド 260	蛍光ペン 116	下宿 108
クラクション 204	経済 308	化粧水 70
くらくらする 331	経済学部 145	化粧品 70
クラシック 225	経済制裁 309	化粧品店 218
グラタン 89	警察官 146	化粧ポーチ 71
クラブ 237	警察署 208	化粧をする 131
グラフ 151	警察を呼んでください。 50	ゲストハウス 200
〜グラム 119	掲示板 140, 263	下駄 277
くり 99	芸術書 224	げた箱 110
栗色 229	軽食店 219	ケチャップ 98
グリーン車 203	形成外科 333	開天節 124
クリック 258	携帯電話 264	血液 342
クリップ 117	携帯メール 264	結果 151
グループ 246	経度 280	血管 343
車 204	芸能 248	月給 151
車椅子 189, 335	芸能情報 251	結婚 180
くるみ 99	芸能情報誌 251	結婚式 181
くるみまんじゅう 90	芸能人 248	結婚式場 181
グレー 72	芸能ニュース 251	結婚準備 181
グレープフルーツ 91	警備室 208	結婚する 180, 181
クレーム 323	警報 302	結婚指輪 181
クレジットカード 221	契約 108	決算 150
クレンジング 70	契約期間 250	決勝 241
黒 72	契約金 109	月蝕 289
黒字 159	契約社員 155	欠席 140
グロス 70	経絡マッサージ 230	結膜炎 324

月曜日	123	こいのぼり	276	香水	71
解熱薬	336	恋人同士	175	洪水	301
仮病	325	公園	212	降水確率	301
毛虫	297	公演	249	降水量	301
下痢	324	公演時間	253	恒星	288
下痢止め	336	公演日時	253	抗物質	336
元（通貨）	215	公開	245	〜号線	199
元（国）	318	号外	304	高速道路	209
けんか	178	光化学スモッグ	303	高速バス	202
献花	191	降格	148	高速バスターミナル	199
玄関	106	合格	143	後退	205
元気を出してください。	47	工学部	145	皇太子	319
厳禁	207	高気圧	301	高地	286
現金	214	高級ホテル	200	紅茶	82
現金払い	221	公共事業	211	校長室	138
献血	335	公共施設	209	校長先生	139
言語	284	航空会社	198	交通カード	199
健康運	226	航空券	195	交通事故	322
健康保険証	334	航空便	267	交通費	199
原告	307	高句麗	318	皇帝	319
検査	334	高血圧	325	香典	191
検索	261	高原	286	講堂	138
原作	254	広告	305	強盗	307
検事	307	合コン	236	高等学校	138
減少	310	黄砂	303	高等裁判所	211
現代文学	270	口座	214	更年期障害	325
建築家	147	公債	309	効能	337
県庁	210	交差点	209	こうのとり	299
限定品	220	口座番号	214	香ばしい味	79
剣道	239, 277	高山気候	303	交番	208
憲法	308	公式	252	後半戦	240
【こ】		公式サイト	260	鉱物	289
〜個	121	工事中	207	神戸	282
五	118	校舎	138	広報部	153
こい	294	降車ボタン	203	公民館	211
恋しい	164	交渉	149	公務員	146
恋しいです	52	工場	157	肛門	343
恋に落ちる	175	更新	261	紅葉	292

公用語	284
高齢者	188
高齢出産	185
口論	322
コース	194, 230
コーチ	240
コート	67
コーヒー	82
コーラ	82
こおろぎ	296
5階	223
誤解です。	51
小顔	233
語学書	224
小型犬	290
小型車	202
5月	122
ごきぶり	297
顧客	151
古宮	213
呼吸器科	333
呼吸困難	328
ご近所トラブル	323
国語	144
国債	159, 309
国際結婚	182
国際線	198
国際面	305
国際連合	310
国際連盟	311
国内線	198
国内旅行	196
告白	174
黒板	140
告別式	190
極楽浄土	315
焦げ臭いです。	50
焦げる	102

午後	127
ここのつ	120
ここは私の席です。	48
心の中	53
小魚	97
小さじ	100
小皿	105
腰	341
5時	126
個室	237
50分	127
50	121
ご祝儀	182
5周年記念	252
こしょう	98
故障しています。	49
故人	191
誤審	241
個人タクシー	202
コスプレ	279
小銭	214
小銭入れ	114
午前	127
子育て	186
答えてよ	54
こちら側	217
国会	308
国会議事堂	210
国家予算	308
国旗	280
国境	311
国交	318
骨折	326
こっち	217
小包	266
コットン	71
コップ	105
子連れ	183

古典文学	270
孤独死	190
言葉	284
子ども	186
子どもの日	124
子ども服売り場	222
子ども部屋	106
小鳥	298
粉薬	338
この親にしてこの子あり	59
ご飯	75
ご飯茶わん	105
ご飯は食べましたか？	37
コピー	150, 259
ごま	99
ごまの葉	93
困ります。	51
ごみ捨て	113
コミック	224, 269
ごみ箱	115
ごみ分別	316
ごみを捨てる	131
小麦粉	99
ゴム手袋	112
ゴム跳び	274
コメディ	244
コメディアン	248
コメント	263
ごめんなさい。	39
子守唄	187
顧問	152
子役	245
雇用	155
雇用年金	155
雇用保険	155
コラム	305
こりこり	81

五里霧中	61	再婚相手	183	ささみ	95
ゴリラ	291	再婚禁止期間	183	座敷	237
ゴルフ	238	財産分与	183	差出人	267
ゴルフ場	213	再試験	142	刺身	86
これ以上	54	最終回	245	座席番号	197, 253
これをください。	38	再診	333	左折	205
ごろごろ	303	サイズ	73	左折禁止	207
コロッケ	87	再生紙	316	左遷	155
怖い	161	在宅	189	〜冊	121
婚姻届	180	裁判官	307	撮影	269
婚期	226	裁判所	210	撮影禁止	206
言語道断	60	財布	114	撮影所	250
こんこん	303	財布がありません。	51	撮影日	255
コンサート	252	財布を盗まれました。	51	サッカー	238
コンサートホール	212	裁縫	242	サッカー場	213
コンサルタント	157	再放送	254	殺害	306
コンセント	111	裁縫道具	113	雑貨店	218
コンタクトレンズ	114	財務部	153	作曲	246
昆虫	296	採用	155	雑誌	224
コンドーム	177	再利用	317	殺人	306
こんにちは。	36	サイン会	252	雑草	293
コンビニ	218	サウナ	232	去っていきます	54
昆布	97	逆子	185	殺到	250
婚約	180	探して	53	札幌	282
婚約式	180	魚	294	さつまいも	92
婚約者	180	酒屋	219	砂糖	98
婚礼服	181	詐欺	306	茶道	277
【さ】		さくさく	81	里帰り	184
ざあざあ	303	作詞	246	さば	96
サーフィン	243	削除	261	砂漠	287
〜歳	121	作戦	313	砂漠気候	302
再演	249	桜	292	寂しい	161
災害	323	さくらんぼ	91	寂しくないですか？	47
再起動	258	ざくろ	91	サブカルチャー	279
再検査	335	さけ	96	サプリメント	233, 337
最高裁判所	211	酒ぐせ	237	差別	311
最後の	55	さざえ	97	〜さま	56, 267
再婚	183			サミット	311

三一節	124	
サムギョプサル	83	
寒気がする	329	
参鶏湯	84	
サムルノリ	272	
さやえんどう	93	
さようなら。	36	
座浴	232	
皿	105	
ざらざら	81	
サラダ	88	
さらに	63	
猿	291	
ざる	104	
猿も木から落ちる	59	
サワー	83	
〜さん	56	
三	118	
3位	241	
3階	223	
三角	73	
三角関係	178	
3月	122	
三冠達成	249	
三脚	269	
産休	148	
残業	148	
サングラス	69	
尚宮	319	
さんご	295	
産後	186	
さんご礁	287	
3時	126	
30	120	
30分	126	
30秒	127	
算数	144	
サンダル	68	
サンチュ	93	
サンドイッチ	88	
山道	287	
サンナクチ	83	
残念でしたね。	45	
3泊4日	194	
讃美歌	315	
三伏	124	
産婦人科	332	
散歩	243	
さんま	96	
三面記事	304	
賛否両論	60	
産卵	295	
三輪車	203	
【し】		
詩	270	
〜時	121	
痔	327	
試合	240	
指圧	230	
幸せ	174	
G8サミット	310	
CO_2削減	317	
自意識	187	
シーソー	275	
しいたけ	93	
シーツ	201	
シーツを替えてください。	49	
CDショップ	218, 225	
シートパック	70	
シートベルト	204	
子音	285	
寺院	209	
ジーンズ	67	
侍医	319	
自営業	146, 156	
自衛隊	312	
ジェット機	203	
ジェルネイル	71, 232	
支援	156	
塩	98	
鹿	291	
歯科	332	
司会	182	
紫外線	302	
四角	73	
しかし	63	
自画自賛	61	
自画像	271	
仕方ないですよ。	47	
4月	122	
自家発電	317	
時間	127	
時間が流れて	55	
子宮	343	
自給自足	188	
始業式	139	
試供品	220	
資金	158	
資金調達	157	
死刑	307	
試験	142	
資源	316	
事件	306	
事件現場	306	
事故	306	
試行錯誤	61	
四国	282	
地獄	315	
時刻表	199	
仕事運	226	
仕事をする	132	
自己PR	154	
自殺	306	

資産運用 158	失業率 309	しまうま 291
資産家 159	実験 143	字幕 245
支社 150	執行猶予 307	始末書 150
ししゅう 273	湿疹 326	しみ 231
自習 143	知っています。 44	事務処理 149
四十九日 190	嫉妬 164	事務用品 117
思春期 187	湿度 302	じめじめ 303
辞書 140, 225	しっとり 81	紙面 304
市場 219	10分 126	しもやけ 327
自叙伝 270	10分後 127	ジャージ 66
地震 323	10分前 127	ジャージャー麺 85
自制心 164	実用書 224	シャープペンシル 116
史跡 213	失恋 178	社会 144
自然 286	指定席 203	社会学部 145
自然分娩 185	自転車 203	社会面 305
自然保護 316	児童館 211	じゃがいも 92
下 216	自動車教習所 211	釈迦誕生日 124
舌 340	児童書 225	しゃきしゃき 81
死体 307	シニア海外ボランティア 189	市役所 210
時代劇 244	シニア料金 188	ジャケット 66
下着 69	死装束 191	車庫 107
親しい年上女性 57	辞任 155	謝罪 251
親しい年上男性 57	偲ぶ 191	写真 243, 268, 304
親しい年下 56	始発 199	写真集 224
下敷き 117	芝生 293	ジャズ 225
7月 122	市販薬 336	社説 305
7時 126	耳鼻咽喉科 332	社宅 108
七面鳥 94, 299	辞表 155	社長 152
試着室 220	しびれる 330	シャツ 66
シチュー 89	渋み 79	借金 156
四柱推命 227	自分撮り 269	シャッター 268
市庁 210	自閉症 326	しゃぶしゃぶ 86
視聴者 255	死亡診断書 191	しゃぼん玉 275
視聴制限 255	志望動機 154	ジャム 98
視聴率 255	資本金 156	写メール 264
実技試験 142	島 287	しゃもじ 104
失業 155	姉妹 136	シャワー 107, 111
実業家 157		ジャングルジム 275

じゃんけん	274	修道院	314	主将	240
ジャンパー	66	柔軟剤	112	首相	308
シャンプー	114	12	120	受信	265
シャンプー台	229	12月	122	主人公	244
銃	312	12時	126	受診する	335
十	118	十二指腸潰瘍	325	数珠	315
11	120	〜周年	119	受精(卵)	184
11月	122	修能試験	311	主題歌	245
11時	126	宗派	314	受注	150
終演時間	253	周波数	255	出演	245
縦横無尽	61	10秒	127	出演する	251
修学旅行	143	重病	335	出棺	190
10月	122	終末期医療	333	出金	215
〜週間	119	修理	317	出勤する	131
週休2日制	148	収録	254	出血	326
宗教	314	主演	244	出国	196
従業員	201	儒教	315	出産	185
宗教画	271	授業	141	出社	148
終業式	139	授業が終わる	141	出生日時	227
充血	326	授業参観	143	出席	140
集合時間	197	授業を始める	141	出張	148
集合場所	197	祝日	125	出入国管理局	210
10時	126	縮小	269	出発	196
ジューシー	81	宿題	142	出発する	197
十字架	314	祝電	181	出発ロビー	198
住所	266	熟年離婚	188	出品	260
住職	315	宿泊料	200	授乳	186
就職活動	154	祝福	53	主任	153
ジュース	82	宿命	174	首脳会談	310
修正液	116	受験	143	主婦	147
自由席	198	受験(生)	139	趣味	188, 242
修繕工事	109	受験戦争	311	需要	309
住宅	108	受験勉強	311	手りゅう弾	313
住宅地	211	酒豪	237	シュレッダー	150
集中治療室	335	受講	143	手話	310
終電	199	取材	251, 304	循環器科	333
充電	265	シュシュ	71	準決勝	241
柔道	239, 277	手術	334	上映時間	245

省エネ	316
しょうが	93
紹介	174
消化器科	333
商学部	145
しょうが茶	82
正月	124, 276
小学校	138
定規	117
証券	158
証券取引所	158
錠剤	338
正直	53
正直だ	167
症状	328
小食	74
傷心	178
昇進	148
小説	224, 270
肖像画	271
冗談でしょ？	44
焼酎	83
小腸	343
消毒液	337
小児科	333
情熱	174
乗馬	239
消費	309
常備菜	75
消費税	221
商品	220
商品開発部	153
上品だ	173
消防士	146
情報システム部	153
消防車	203
消防署	208
情報処理	260
常務	152
証明写真	154
条約	311
しょうゆ	98
乗用車	202
常用する	339
女王蜂	296
ショーツ	69
ショートカット	228
ショートカット(キー)	259
ショートパンツ	67
ショール	69
初期化	259
ジョギング	243
職員室	138
職業	146
職業安定所	155
食後	338
食事	74
食事制限	233
食事はされましたか？	37
植樹	317
食事をする	134
触診	334
食前	338
食洗器	111
食中毒	324
食道	343
食パン	88
植物	292
植物園	213
食欲	74
食欲がない	329
食料品売り場	222
除光液	71
書斎	106
助手席	204
処女	177
初診	333
初心者	159, 204
初心忘るべからず	58
助成金	156
女性専用	230
所属事務所	250
除隊	312
初体験	177
所長	152
食感	80
食間	338
食器洗い	112
食器棚	110
ショッピング	220, 242
ショッピングモール	212
書店	218, 224
書道	242
所得	309
初任給	151
書評	271
処方	338
処方箋	336
初夜	182
女優	245
書類	149
ショルダーバッグ	68
白髪	228
新羅	318
しらふ	237
尻	341
じりじり(気もち)	164
じりじり(天候)	303
自立	187
知りませんでした。	44
資料	150
司令官	312
城	276
白	72

しわ	231
清	318
新刊	224
新幹線	203, 276
新規参入	157
新規事業	157
新曲	225, 246
心筋梗塞	325
シングル	200, 246
神経	343
親権	183
信仰	315
信号	209
人工呼吸	335
人工乳	186
新婚	180
新婚生活	182
新婚旅行	180
診察	334
診察券	334
紳士靴	68
紳士スーツ	67
寝室	106
人事部	153
紳士服売り場	222
神社	209, 315
新書	224
新商品	157
新人	249
人生	226
新生児	186
親切だ	167
心臓	342
腎臓	342
新卒	154
進退両難	61
診断書	334
新築	108
新陳代謝	233
陣痛	185
進入禁止	206
新入社員	153
新入生	139
新年会	236
審判	240
新婦	181
神父	314
新聞	304
新聞記者	304
新聞配達	305
深夜	127
心理学部	145
侵略	318
診療所	332
心療内科	332
森林	286
森林浴	234
新郎	181
【す】	
酢	98
隋	318
水泳	238
すいか	91
水彩画	271
水星	288
水槽	295
すい臓	343
水族館	212
水道局	210
すいとん	83
炊飯器	111
随筆	270
水平線	287
睡眠薬	337
水曜日	123
数学	144
スーツケース	194
スーパーマーケット	218
スープ	89
末っ子	137, 248
スカート	67
スカーフ	69
好き	164
杉	292
スキー	238
スキー場	213
ずきずきする	331
好きだ	163
好きですか？	42
すきやき	86
スキャナー	259
スキャンダル	251
スクランブルエッグ	89
スケート	238
スケジュール	151, 194, 251
スケッチブック	117
すけとうだら	96
すごい！	45
少しだけ	55
すし	86
水正果	82
すずむし	296
すずめ	298
すずらん	292
すずり	116
スターティングメンバー	241
スタイルがいい	172
頭痛	324
頭痛薬	336
ズッキーニ	93
すっきりする	161
すっぱい	79

すっぴん	231	
ステーキ	89	
ステロイド	337	
ストーカー	323	
ストッキング	69	
ストライプ	72	
ストレートヘア	228	
砂	287	
砂肝	95	
砂浜	287	
スニーカー	68	
スノーボード	239	
スパゲティ	89	
スピーチ	181, 285	
スピード	204	
スピリチュアル	235	
スプーン	75, 105	
酢豚	89	
すべて	53	
滑り台	275	
スポーツ	238	
スポーツ観戦	243	
スポーツ面	305	
ズボン	67	
スポンサー	156	
スポンジ	112	
スマートフォン	264	
隅	217	
相撲	239, 277	
水刺間	319	
すり	322	
スリーサイズ	233	
すり傷	326	
スリッパ	68	
スリップ注意	207	
すると	63	
スレッド	263	
スンデ	85	

【せ】
性格の不一致	183
税関	198
世紀	319
請求書	150
税金	309
整形	231
整形外科	332
性行為	177
西高東低	303
星座	288
正座	277
政策	308
制作発表	252
生産	149
政治	308
政治面	305
聖書	314
精神安定剤	337
精神科	332
成人の日	124
成績（表）	142
政党	308
聖堂	314
生徒会	143
生肉	94
生物	144
静物画	271
歳暮	277
税務署	210
姓名判断	227
精油	234
西洋	281
生理痛	325
生理用ナプキン	337
西暦	319
政論	308
セーター	66

セール	220
世界遺産	213, 276
世界史	144
世界大会	241
世界地図	280
世界ツアー	252
背が高い	170
背が低い	170
咳が出る	328
赤道	280
赤飯	86
セキュリティ	262
セキュリティチェック	198
席料	237
セクシーだ	173
セクハラ	323
世子	319
せっかちだ	168
積極的だ	169
セックス	177
せっけん	115
石膏パック	233
節水	317
接着剤	117
設定	261
節電	317
窃盗	322
切ない	164
節約	316
せみ	296
セミロング	228
台詞	245
セルフサービス	77
セルフタイマー	268
ゼロ	118
セロハンテープ	117
千	118

洗顔フォーム	70	
選挙	308	
鮮魚	96	
千切りにする	103	
先月	123	
専攻	145	
先行予約	246	
洗剤	112	
選手	240	
先週	123	
先取点	241	
戦場	313	
煎じる	339	
先生	139	
先生の日	125	
戦争	318	
ぜんそく	326	
仙台	282	
選択科目	143	
洗濯機	111	
洗濯をする	131	
〜センチメートル	119	
潜入取材	310	
栓抜き	104	
前半戦	240	
扇風機	111	
せんまい	95	
専務	152	
洗面所	107	
洗面台	111	
専門学校	138	
川柳	271	
洗礼	315	
【そ】		
僧	315	
象	291	
騒音	323	
増加	310	
葬儀場	190	
ぞうきん	112	
送迎	201	
倉庫	107	
総合病院	332	
早産	185	
掃除	112	
葬式	190	
掃除機	110	
そうしながら	63	
草食系	278	
掃除をする	131	
送信	265	
そうそう。	44	
早退	140	
そうだったんですね。	44	
早朝	127	
そうですね。	45	
そうではありません。	45	
騒動	306	
そうなの？	44	
そうなんだ。	44	
送別会	236	
総務部	153	
そうめん	86	
創立	157	
創立記念日	139	
ソウル	283	
ソース	98	
ソーセージ	95	
速達	267	
速度制限	207	
束縛	176	
続編	245	
速報	306	
そして	63	
訴訟	307	
卒業式	139	
卒業生	139	
卒業論文	142	
そっち	217	
外回り	217	
ソニオンヌンナル	109	
その後、どうなりましたか？	45	
そのとおりです。	45	
そば	86	
そばにいてほしい	52	
ソファ	110	
ソフトウエア	263	
ソフトボール	239	
空	288	
ソルギ	90	
ソルロンタン	83	
それで	63	
それで？	44	
それでこそ	63	
それでは	63	
それでも	63	
それはいいですね。	45	
それゆえに	63	
ソロアーティスト	246	
ソロ活動	249	
成均館	319	
【た】		
田	286	
ダーツバー	213	
ダーリン	56	
たい	96	
〜台	121	
体育	144	
体育館	138, 210	
体育祭	143	
第一印象	174	
第1話	245	
第1回	245	

退院 334	タイトル 244	立見席 253
ダイエット 233	代表 152	タッカルビ 83
ダイエット食品 233	ダイビング 239	タッカンマリ 84
体温計 114	タイプ 174	卓球 238
退学 139	台風 301	脱きゅう 326
大学 138	逮捕 307	抱っこ 187
大学院 138	タイムオーバー 240	脱脂綿 338
大学祭 143	タイムカード 151	タッチパネル 265
大学病院 332	たい焼き 90	竜巻 301
大企業 151	ダイヤモンド 289	脱毛 231
太極旗 280	太陽 288	縦書き 285
退屈だ 163	太陽光発電 317	たとえば 63
太鼓 272	台湾 281	たなばた 276
大根 92	ダウンロード 261	谷 287
大根キムチ 85	唾液 342	だに 297
滞在する 196	タオル 114	たぬき 291
胎児 184	たか 299	楽しい 160
大使館 209	打楽器 272	たばこ屋 219
体脂肪率 233	だから 63	たばこを吸ってもいい
退社 148	宝塚 279	ですか? 42
代謝・内分泌センター	だからですよ。 45	足袋 273
333	滝 286	ダブルバーガー 88
退社する 132	タキシード 67	タブレット 260
体重 233	たくあん 87	食べ歩き 242
大丈夫! 46	タクシー 202	食べすぎ 74
大丈夫です。 38	タクシー乗り場 199	打撲 327
大丈夫ですか? 46	〜だけ 62	卵 99
退職金 151, 188	たこ 96	だまされました。 51
大豆 99	たこあげ 275	だまされる 179
大好き 164	たこ炒め 83	たまねぎ 92
大西洋 281	たこ焼き 87	だめなの? 54
体操 239	他殺 306	たら 96
大胆だ 167	助けて! 50	だるい 330
大腸 343	ただいま。 37	だるまさんがころんだ 274
タイツ 69	畳 277	たるみ 231
胎動 184	立ち入り禁止 206	誰か! 50
大統領選挙 310	立ち直る 179	誰ですか? 41
台所 106		タレント 248

タロット占い	227	
タン	95
短歌	271
団塊の世代	189
弾丸旅行	194
単語	285
ダンサー	248
誕生日	125
ダンス	239, 246
淡水魚	294
男性の韓服	273
暖冬	303
単刀直入	61
担保	158
たんぽぽ	293
タンポン	337
【ち】	
地域社会	189
チーク	70
小さい	73
チーズ	99
チーズバーガー	88
チーム	240
済州島	283
チェックアウト	200
チェックイン	200
チェックインカウンター	
	198
チェック柄	73
制憲節	124
地下	223
地下鉄	202
地下鉄路線図	199
地下道	209
痴漢	322
地球	288
地球温暖化	316
地球儀	280
筑前煮	87
チケット	194
チケット売り場	194
チケット予約	253
遅刻	140
地図	195
父	136
チヂミ	85
地中海	281
秩序	278
乳飲み子	186
地平線	287
地方裁判所	211
地方紙	305
チマチョゴリ	273
チムジルバン	232
チャーハン	84
チャイム	106
茶色	72
着信（あり）	265
着払い	267
チャット	263
ちゃぶ台	278
チャルトク	90
チャンネル	254
チュー	174
注意	206
中央日報	305
中型車	202
中学校	138
中間	217
中間試験	142
中国	281
中国語	284
中国料理	77
中耳炎	325
注射	334
駐車	205
駐車禁止	206
駐車場	209, 223
中傷	251
中小企業	151
昼食	74
中絶	185
中東	280
駐屯地	312
中火	100
注文したものがきません。	48
注文したものと違います。	48
チューリップ	293
秋夕	124
春川	283
ちょう	296
腸	342
超音波検査	185
朝刊	304
長期滞在	194
彫刻	271
長女	137
朝食	74
朝鮮日報	304
長男	137
徴兵検査	312
徴兵制度	312
調味料	98
調理法	100
朝礼	149
チョーク	140
貯金	215
直進	205
チョコレート	90
全州	283
チョンセ	109
ちりとり	112

賃貸	108
鎮痛剤	336
チンパンジー	291

【つ】

ツアー	194, 252
1日	122
ツイッター	262
ついてこないで。	51
ツイン	200
〜通	121
通行禁止	207
通帳	214
ツーピース	67
通訳	310
捕まえろ！	50
疲れ	234
ツキ	226
月	288
付き合う	175
机	140
作る	100
伝えたい	176
土	287
つづり	285
津波	323
つばめ	298
妻	137
つまようじ	75
つまらない	161
つまり	63
積み木	274
つむじ風	301
爪	342
爪切り	115
通夜	190
梅雨	302
強火	100
つらい	162
つらそうですね。	46
釣り	243
鶴	298
つるつる	81
連れていってください。	49
つわり	184
ツンドラ気候	302

【て】

手	341
〜で（手段）	62
〜で（場所）	62
出会い	174
手洗い	112
Tシャツ	66
DVDプレーヤー	111
帝王切開	185
定価	221
停学	139
定休日	220
テイクアウト	77
低血圧	325
デイサービス	189
泥酔	237
ティッシュペーパー	114
定年	155, 188
定年退職	188
デート	174
テーピング	338
テーブル	110
テーマパーク	212
テール	95
出かける	132
手紙	266
手紙が届く	267
手紙を書く	267
できません。	38
出口	223
テクノ	246
手首	341
デコメール	264
テコンドー	239
デザート	90
デザイナー	147
デジカメ	268
デジタルカメラ	268
手数料	214
デスク	305
デスクトップ	258
テスト	142
手相	227
鉄	289
哲学館	227
手付金	109
手伝ってください。	38, 51
手続き	157
鉄道マニア	279
鉄板焼き	87
てっぺん	217
鉄棒	275
徹夜	127
テニス	238
手荷物預かり所	222
手荷物預け所	198
手荷物受取所	198
てぬぐい	277
デパート	219, 222
手羽先	95
デビュー	249
デビュー前	249
手袋	69
デフレーション	309
手ぶれ防止	269
手前	217
出前	74

寺	209, 315	
テレビ	110, 254	
テレビゲーム	274	
テレビ欄	305	
テレビを見る	135	
テロ	311	
大王大妃	319	
手をつなぐ	176	
店員	220	
殿下	319	
転禍為福	60	
天気	300	
転機	226	
伝記	270	
電気がつきません。	49	
天気図	300	
電器店	219	
天気予報	300	
転勤	148	
電源	265	
天国	315	
天災地変	61	
天使	53	
電子決済	260	
電子マネー	215	
電車	202	
電車に乗る	133	
天井	107	
添乗員	195	
転職	154	
電子レンジ	111	
点数	142	
電卓	117	
点滴	334	
伝統芸能	272	
伝統工芸	272	
伝統茶カフェ	219	
てんとうむし	296	

天然パーマ	228	
転売	323	
伝票	76	
添付	261	
天ぷら	86	
展望台	212	
天文台	211	
電話局	210	
電話番号	264	
電話をする	135	
【と】		
〜と	62	
ドア	106	
ドアノブ	107	
ドイツ	281	
ドイツ語	284	
トイレ	107	
トイレットペーパー	114	
〜頭	121	
唐	318	
銅	289	
東亜日報	304	
動画	261	
頭角を現す	59	
どうかされましたか？	47	
唐辛子	99	
唐辛子みそ	98	
動機	307	
東京	282	
洞窟	287	
同苦同楽	60	
登校	140	
東西南北	216	
どうされましたか？	42	
父さん	136	
倒産	309	
投資（家）	159	
陶磁器	273	

投資信託	158	
どうしたらいいですか？	51	
搭乗口	198	
投書欄	305	
胴体	340	
灯台もと暗し	58	
到着	196	
到着ロビー	198	
道庁	210	
童貞	177	
どうですか？	41	
同点	241	
道徳	144	
盗難	322	
東南アジア	280	
豆乳	99	
豆乳ククス	85	
糖尿病	325	
豆腐	99	
同封	266	
豆腐チゲ	84	
動物	290	
動物園	213	
東北	282	
とうもろこし	93	
とうもろこし茶	82	
東洋	281	
童謡	274	
道路	209	
登録	261	
討論	143	
とお	120	
10日	123	
遠くにいても	52	
トースター	111	
トースト	88	
ドーナツ	90	

トーナメント 241	土曜日 123	とんぼ 297
とかげ 294	虎 291	**【な】**
とき 299	どら 272	内科 332
どきどき 164	トライアスロン 239	内閣 308
時は金なり 59	ドライブ 243	内診 185
ときめきます 53	ドライヤー 111	ナイフ 75, 105
読書 242	トラック 203	内服薬 336
得点 241	ドラッグ 258	長い 73
独立 156	トラックバック 263	長崎 283
時計回り 217	トラブル 322	長袖 67
どこか具合が悪いのですか？ 46	ドラマ 244	長鼓 272
どこですか？ 40, 41	ドラマを見ること 242	泣かないでください。 46
ところで 63	トランク 204	流れ星 289
登山 243	トランプ 274	泣き顔 179
歳の差結婚 182	鳥 298	なぐさめ 55
どしゃぶりの雨 300	ドリア 89	殴られました。 51
どじょう 97	取り消し 261	なごむ 235
図書館 210	取締役 152	名古屋 282
土星 288	とり肉 94	梨 91
特急列車 203	取引先 149	なす 92
嫁ぐ 180	ドル 215	なぜですか？ 43
ドッジボール 275	トルコ 281	夏 125
トップ記事 304	トレーニング服 66	なつかしいです 55
トップページ 260	ドレス 67	名づけ 186
トッポッキ 85	ドレッシング 88	納豆 87
とても感謝しています。 39	とろとろ 81	なつめ 99
届け出 157	どろ沼 179	夏休み 139
土鍋 104	泥パック 233	七 118
隣 216	泥棒 322	7階 223
隣がうるさいです。 49	泥棒だ！ 50	70 121
となりの芝生は青い 59	とんカツ 86	ななつ 120
どのくらいの時間がかかりますか？ 43	どんぐり 99	斜め 217
とび 298	どんぐりの背比べ 58	何が心配なのですか？ 47
トマト 92	豚汁 87	何かにおいます。 50
止まれ 206	豚足 83	鍋 104
	東大門 283	鍋つかみ 105
	トンネル 208	鍋料理 87
	どんぶり 105	生意気だ 168

なまず	294	肉じゃが	87	入場制限	253
生ビール	83	肉体関係	177	ニュース	306
生放送	254	逃げろ！	50	入隊	312
なまり	285	西	216	入道雲	300
波	286	2時	126	入浴剤	115
涙	178	虹	288	入浴する	135
涙が出ます	54	二次会	236	にら	93
ナムル	85	20分	126	煮る	101
なめくじ	297	20	120	庭	107
なめらか	81	二重あご	231	にわか雨	300
悩み	226	二世帯住宅	108	庭掃除	112
悩みます	55	〜日	119	鶏	298
なるほど。	45	日曜日	123	〜人	121
縄跳び	275	日記	270	人気	253
南極	280	日照時間	302	認証	261
軟こう	337	日蝕	289	妊娠	184
軟骨	95	二の腕	341	にんじん	92
南高北低	303	2泊3日	194	妊娠高血圧症	185
何時ですか？	41	日本	281	妊娠5か月	184
何ですか？	40	日本語	284	妊娠中	184
何と言いましたか？	45	日本語ガイド	195	人参風呂	232
何度も	52	日本酒	83	人相	227
何人ですか？	43	日本進出	250	にんにく	93
何年たっても	52	日本人スタッフ	201	妊婦	184
ナンパ	176	日本文学	270	〜人分	119
南米	281	日本料理	86	**【ぬ】**	
難民	310	荷物が出てきません。	48	縫う	113
【に】		入院	334	ぬるぬる	81
〜に	62	乳液	70	**【ね】**	
二	118	入学式	139	根	293
2位	241	入学試験	142	ネイティブ	285
2階	223	入棺	190	ネイル	232
苦い	78	入金	215	ネイルアート	232
2階席	253	入国	196	ネイルサロン	219
2月	122	入国審査	198	ねぎ	93
にきび	231	入札	260	ネクタイ	69
肉	94	乳児	186	猫	290
憎い	165	入場	181, 253	ねずみ	290

熱愛	251
熱がある	328
ネックレス	71
熱帯雨林気候	302
熱帯魚	294
ネットトラブル	263
値札	220
寝耳に水	58
寝る	135
年賀状	276
年金生活	188
捻挫	327
年始	125
年中無休	220
年末	125

【の】

脳	342
農楽	272
農学部	145
農業	189
濃厚な味	79
脳神経外科	333
ノウハウ	156
農民	147
ノーカット版	245
ノースリーブ	67
ノート	116
ノートパソコン	258
喉	341
喉が痛い	328
のみ	297
飲みすぎ	237
飲み物	82
海苔	99
のり	117
乗り換え	197
ノリゲ	273
乗り継ぎ	197

乗り場	197
のり巻	84
乗り物	202
ノルティギ	274
のんびりしている	169
ノンフィクション	270

【は】

～は	62
歯	340
葉	293
バー	76, 237
パーカー	66
バージョンアップ	259
ハート	73
ハードウエア	263
ハーブ	235
ハーフサイズ	77
ハーフタイム	240
バーベキュー	89
パーマ	228
パーマをかける	229
～杯	121
肺	342
はい。	44
灰色	72
肺炎	325
俳句	271
バイク	203
敗者復活	240
買収	151
配送無料	221
売店	218
パイナップル	91
バイバイ。	37
ハイヒール	68
バイブレーション	265
俳優	244
排卵日	184

はえ	297
パエリア	89
墓	190
はがき	266
ばかみたい	55
はかり	105
吐き気	324
吐き気がする	329
破局	251
白菜	92
～泊	119
爆弾酒	236
白鳥	299
博物館	209, 212
薄利多売	60
派遣社員	154
歯ごたえ	80
ばさばさ	81
はさみ	117
橋	209
箸	75, 105
端っこ	217
はじめて	52
はじめまして。	36
パジャマ	69
派出所	208
走る	132
バス	202
破水	185
恥ずかしい	165
バスケットボール	238
バスタイム	234
バス停	208
パステル画	271
バス乗り場	199
パスポート	194
パスポート紛失	322
パスポートをなくし	

ました。 48	バナナ 91	〜番 121
パズル 274	花火 276	版画 271
パスワード 261	花冷え 302	ハンガー 115
パソコン 258	花見 276	ハンカチ 69
バター 99	鼻水が出る 328	パンク 204
畑 286	花屋 219	番組表 254
働く 149	ハニー 56	ハングル 285
八 118	馬肉 94	ハングルの日 124
蜂 296	羽 297	反抗期 187
8月 122	母 136	ハンサム 171
8時 126	パパ 136	汗蒸幕 232
80 121	パフォーマンス 249	半身浴 234
バツイチ 183	歯ブラシ 114	反戦 313
発音 285	歯磨き粉 114	ばんそうこう 338
発覚 251	ハム 95	半袖 67
発汗作用 233	早く！ 50	パンソリ 272
白金 289	早くお休みください。 47	パンダ 291
パック 228	ハヤシライス 89	パンツ 67
バック 205	はやぶさ 299	ハンドクリーム 115
バックアップ 259	腹 341	ハンドバッグ 68
発見 307	ばら 293	ハンドボール 238
初恋 174	バラード 225	ハンドル 204
初公演 252	バラエティ番組 254	ハンドル名 262
ばった 296	はらはら 164	犯人 306
発注 150	波瀾万丈 61	ハンバーガー 88
バッティングセンター 213	貼り付け 259	ハンバーグ 89
発熱 324	春 125	販売 149
発売日 246, 253	春一番 303	販売員 146, 220
初詣で 276	春雨 99	販売部 153
はと 298	春雨炒め 84	パンプス 68
パトカー 203	春巻き 89	パンフレット 195, 253
バドミントン 238	晴れ 300	パン屋 218
花 292	バレーボール 238	韓流 279
鼻 340	バレッタ 71	韓流四天王 249
バナー 262	晴れときどき曇り 300	【ひ】
花柄 72	バレンタインデー 124	ピアス 71
花束 293	パワースポット 235	ヒアリング 285
鼻づまり 325	歯を磨く 130	ピーナッツ 99

BBクリーム	70	
ピーマン	92	
ビール	83	
鼻炎薬	337	
日傘	114	
東	216	
〜匹	121	
被疑者	307	
引き出し	110	
引き出物	181	
ひき肉	94	
美脚	233	
引き分け	241	
飛行機	203	
飛行機雲	300	
被告	307	
膝	342	
ピザ	89	
ひじ	341	
ひじき	97	
ビジネス書	224	
ビジネスプラン	157	
ビジュアル系	278	
美術	145	
美術館	212	
秘書	153	
非常口	201, 223	
非常食	75	
美人	171	
ビタミン剤	337	
左	216	
美男子	248	
筆記試験	142	
筆記用具	116	
びっくり	164	
引っ越し	108	
引っ越し祝い	109	
引っ越し業者	109	
羊	290	
ひつじ雲	300	
必須科目	142	
ひったくり	322	
ヒット数	262	
ヒップホップ	225	
ひとつ	120	
人見知り	167	
一目ぼれ	174	
ひとりで	55	
ひなまつり	276	
避難	323	
避難場所	323	
泌尿器科	332	
避妊	177	
日の出	289	
火のないところに煙は立たぬ	59	
非売品	220	
被爆	327	
被曝	327	
美白	173, 231	
ひばり	299	
備品	201	
ビビンバ	85	
皮膚	342	
皮膚科	332	
ひまわり	53, 293	
干物	97	
百	118	
100日休暇	313	
日焼け止め	71	
冷やす	102	
百貨店	222	
日雇い	155	
冷ややっこ	87	
びゅうびゅう	303	
ビュッフェ	76	
ひょう	301	
〜秒	119	
病院	208, 332	
美容院	228	
病院食	335	
表札	106	
美容師	147	
標識	206	
標準語	285	
漂白剤	112	
ひよこ	298	
ひらがな	284	
ひらめ	96	
ひりひりする	331	
ビリヤード	213	
昼	127	
ビル	208	
昼休み	148	
ひれ	295	
ひれ肉	94	
披露宴	182	
広島	283	
ピンク	72	
貧血	324	
貧困	310	
ヒンズー教	315	
便箋	266	
瓶詰	75	
【ふ】		
ファーストクラス	199	
無愛想だ	169	
ファイト！	46	
ファイリング	149	
ファイル(文房具)	117	
ファイル(パソコン)	258	
ファストフード	77	
ファミリーレストラン	76	
ファン	250	

不安 55	服用 338	筆 116
ファンクラブ 252	ふくらはぎ 342	部隊チゲ 83
不安定 155	ふくろう 299	不撤昼夜 60
ファンデーション 70	不潔だ 173	筆箱 117
ファンド 158	老けている 171	ぶどう 91
ファンミーティング 252	不幸 55	不動産 108
フィクション 270	不合格 143	不動産投資 159
ブーイング 241	負債 159	太っている 170
ブーケ 182	不採用 155	ふともも 341
風景 269	釜山 283	布団 110
風景画 271	父子家庭 183	不仲 183
ブーケトス 182	富士山 276	ふにゃふにゃ 81
風刺画 305	節々が痛い 329	赴任 148
風水 227	武術 239	不妊治療 185
ブーツ 68	婦人服売り場 222	船 203
封筒 266	不正アクセス 323	吹雪 301
フードコート 222	不整脈 325	訃報 191
夫婦 137	豚 290	不法滞在 306
夫婦げんかは犬も食わぬ 58	舞台 252	不眠症 326
笛 272	豚しょうが焼き 87	増やす 159
フェアプレー 241	ふたつ 120	冬 125
フェイシャル 231	豚肉 94	冬休み 139
フェイスブック 262	豚の頭 95	舞踊 272
フォーク 75, 105	豚ばら肉 95	ぷよぷよ 81
フォルダ 258	二股 178	フライ返し 104
フォロー 263	負担 179	フライト 198
フォロワー 263	部長 152	フライドチキン 88
吹き替え 245	普通郵便 267	フライドポテト 88
拭き掃除 112	2日 122	フライパン 104
不況 308	物価 199	プライベート 251
ふきん 105	二日酔い 237	ブラウザ 259
福岡 282	仏教 315	ブラウス 66
副作用 337	ブックマーク 260	ブラジャー 69
福祉施設 189	ふっくら 81	プラチナ 289
副社長 152	仏像 315	フラッシュ 268
復習 143	沸騰する 103	プラネタリウム 212
腹痛 324	物理 144	ふられる 179
	物流部 153	プランクトン 295

ぶらんこ	275	文法	285	部屋を替えてください。49
フランス	281	文房具	116	部屋を掃除してくださ
フランス語	284	ブンムル	272	い。 49
フランス料理	77	分裂	250	ベランダ 107
振り込み	151, 215	**【へ】**		ベルト 69
振り込め詐欺	306	ヘアスプレー	71	勉強 243
振り付け	246	ヘアブラシ	114	勉強をする 134
ぶりぶり	81	塀	107	ペンギン 299
不良債権	309	兵役	312	変更 200
不倫	178	兵役免除	312	弁護士 146, 307
プリンター	258	兵器	312	偏差値 143
ブルース	225	平地	286	編集者 147
震えます	54	平野	286	返信 267
古着	67	平和	313	ベンチャー企業 156
プルコギ	83	ペインクリニック	333	弁当 74
ブレーキをかける	205	ベーコン	95	便秘 324
ブレスレット	71	ペースト	259	返品 221
プレゼンテーション	149	ベジタリアン	74	**【ほ】**
ブローチ	71	ベスト	66	保育園 138
ブログ	262	へそ	341	母音 285
ブロッコリー	93	へその緒	185	貿易 311
プロテスタント	314	べたべた	81	望遠レンズ 268
風呂場	107	別館	223	法学部 145
プロフィール	262	別荘	108	放課後 141
プロポーション	233	ベッド	110, 201	ほうき 112
プロポーズ	180	ベッドイン	177	方言 285
フロント	201	ベッドシーン	245	方向 216
ふわふわ	80	ヘッドハンティング	154	ぼうこう 343
ふん	297	べとべと	81	ぼうこう炎 326
〜分	119	ペニス	343	報告書 150
文化会館	211	蛇	295	帽子 68
文学	270	ベビーカー	187	放射線科 333
文学部	145	ベビー休憩室	223	放射能 323
分割払い	221	ベビーベッド	186	宝飾品売り場 222
文具店	219	ベビーマッサージ	187	帽子をかぶる 130
文系	145	部屋の鍵	201	坊主 228
文庫	224	部屋の鍵をなくしました。		放送延期 255
紛争	313		49	放送局 254

放送禁止	255	
放送権	255	
放送時間	254	
放送中止	255	
放送日	254	
包帯	338	
防虫剤	115	
包丁	104	
報道	306	
報道番組	254	
忘年会	236	
法律	308	
ボウリング	213, 239	
ボウル	104	
ほうれんそう	93	
頬	340	
ボーカル	246	
ポーズ	269	
ポーチ	68	
ポートフォリオ	159	
ボーナス	151	
ホーム	199, 265	
ホームページ	259	
ホームページアドレス	260	
ボールペン	116	
ほかほか	81	
ぽかぽか	303	
僕	56	
僕のせいで	54	
牧師	314	
ボクシング	239	
福チュモニ	273	
北斗七星	289	
北米	280	
ほくほく	81	
保険	188	
保健所	210	
歩行者優先	207	
母国語	284
星	288
星占い	227
母子家庭	183
星空	288
保湿クリーム	70
保証人	159
干す	113
保存	259
保存食	75
ポタージュ	89
ほたて貝	97
蛍	297
ボタン	69
ホチキス	117
北海道	282
北極	280
ぼったくられること	323
ホットク	90
ホットドッグ	88
ポップス	225
ボディ	231
ホテル	200
歩道	209
歩道橋	209
捕盗庁	319
ポニーテール	229
母乳	186
哺乳瓶	186
骨	342
骨付きカルビ	95
ボブ	228
ホラー	244
ポリープ	326
ホルモン	95
〜本	121
本館	223
本社	150
本州	282
本棚	110
盆地	286
ほんと？	44
本当？	44
本当ですか？	40
本音と建前	277
本を読む	135
【ま】	
マーケティング部	153
マーボー豆腐	89
〜枚	121
迷子	323
埋葬	190
マウス	258
前	216
前売り券	245
前髪	228
前歯	343
マグカップ	105
枕	110, 201
マクロ	269
まぐろ	96
マクロビオティック	74
まくわうり	91
孫	137, 189
マジ？	44
まずい	78
麻酔科	333
マスカラ	70
マスク	115
マスコミ	251
混ぜる	101
また	63
まだ	63
また会いましょう。	37
または	63
待合室	197, 335

待ち受け	265	
待ちながら	52	
町役場	210	
まつ毛	340	
まつ毛エクステンション	232	
まつ毛パーマ	231	
マッコリ	82	
マッサージ	230	
マッシュルーム	93	
まっすぐ	217	
まつたけ	93	
マッチ	115	
抹茶	277	
待ってあげるわ	52	
待ってください。	38	
末年休暇	313	
松葉づえ	335	
祭り	276	
〜まで	62	
窓	106	
窓口	214	
間取り	109	
マナーモード	265	
まな板	104	
マニキュア	71	
まぶた	340	
マフラー	69	
魔法	53	
ママ	136	
ままごと	274	
豆もやしクッパ	85	
守ってくれるよね	52	
眉毛	340	
マヨネーズ	98	
マラソン	238	
丸	73	
まろやか	79	

万	118	
満員電車	278	
漫画	224, 279	
漫画喫茶	279	
マンション	107	
満点	142	
真ん中	216	
万年筆	116	
万引き	322	
【み】		
見合い	180	
見合い結婚	180	
みかん	91	
右	216	
巫女の踊り	227	
短い	73	
未熟児	185	
水	76, 82	
水あめ	98	
湖	286	
水が止まりません。	49	
水炊き	87	
水玉	72	
水虫	327	
水割り	83	
店	218	
見せてください。	38	
見せてよ	54	
みそ	98	
みそ汁	87	
みそ鍋	84	
みぞれ	301	
見出し	305	
道に迷いました。	48	
3日	122	
密会	178	
密葬	190	
密着	251	

みっつ	120	
見つめる	175	
見積書	150	
見てもいいですか？	43	
緑	72	
看取ること	191	
みなさん	56	
港	208	
南	216	
醜い	173	
ミニスカート	67	
ミニホームページ	262	
耳	341	
耳かき	115	
みみず	297	
耳たぶ	341	
耳鳴り	325	
耳元	53	
脈診	336	
みやげもの店	219	
ミュージカルスター	248	
ミュージックプレーヤー	111	
明洞	283	
未来	318	
〜ミリメートル	119	
ミルク	186	
明	318	
民宿	200	
民謡	277	
【む】		
巫堂	227	
迎え酒	237	
むかで	297	
麦茶	82	
むくげ	292	
むくみ	231	
向こう側	217	

無罪 307	めだか 294	もっちり 81
虫 296	目と鼻の先 58	モデム 259
無地 72	メニュー 76	モテる 176
虫刺され 327	目の中へ入れても痛くない 59	元彼女 179
虫歯 325	めまい 325	元彼 178
無宗教 315	めまいがする 330	戻ってきて 54
無人島 287	メモ帳 116	モニター 259
蒸す 101	メロン 91	モノクロ写真 269
息子 137	面会 335	物干しざお 113
娘 137	面会謝絶 335	ものもらい 324
無線LAN 259	免許証 204	モノレール 203
むっつ 120	免税店 219	模範タクシー 202
むっとする 163	面接 154	喪服 191
胸 341	明太子 97	もみじ 292
むね肉 94	綿棒 115	もめごと 323
胸の内 53	【も】	桃 91
村役場 210	～も 62	桃色 72
無理しないでください。 47	猛暑 303	もも肉 94
無料 261	申し訳ありません。 39	もや 301
【め】	申し訳ありませんでした。 39	もやし 93
目 340		森 286
～名 121	盲腸 325, 343	門 107
銘柄 158	モーニングコール 201	【や】
銘柄株 159	模擬試験 142	やあ。 37
名刺 150	目撃しました。 51	八百屋 219
瞑想 234	木星 288	野外撮影 250
メイド喫茶 279	目的地 208	野外で飲むこと 236
迷惑メール 264	目標達成 151	やかん 104
～メートル 119	木曜日 123	やぎ 290
メール 264	もぐら 290	焼き肉店 219
メールアドレス 264	もしかして 55	やきもち 164
メールをする 134	文字化け 258	野球 238
目が大きい 171	喪主 191	野球場 213
眼鏡 69	喪章 191	夜勤 148
眼鏡店 218	持ち込み禁止 206	焼く 102
眼鏡をかける 131	もちもち 81	役員 152
女神 53	もちろんです。 45	薬学部 145
目薬 336		薬剤師 146, 336

役者	248	
役職	152	
薬草風呂	232	
夜景	269	
やけど	327	
夜行バス	202	
野菜	92	
優しい	166	
夜食	74	
休み時間	140	
安らぎ	234	
痩せている	170	
屋台	76, 219, 236	
家賃	108	
薬局	336	
薬菓	91	
やっつ	120	
やっぱり！	45	
野党	308	
屋根	106	
屋根裏部屋	106	
やはり	63	
山	286	
やめてください。	38, 50	
軟らかい	80	
両班	319	
良民	319	

【ゆ】

遺言	190
遊園地	212
誘拐	307
夕刊	304
有機栽培	317
有給休暇	148
勇気を出して！	47
有限会社	156
友好	318
有罪	307
優勝	241
夕食	74
優先席	189
Uターン禁止	207
夕日	289
郵便局	208, 266
郵便配達	266
郵便番号	266
郵便ポスト	266
郵便料金	266
有名人	248
有料	261
ユーロ	215
床	107
浴衣	277
夕方	127
床暖房	107
雪	301
油菓	91
輸血	335
輸出	309
ゆず茶	82
ゆっくり話してください。	38
ユッケ	85
ユッケジャン	84
ゆでる	101
輸入	309
指	341
指輪	71
夢を描きます	53
夢を見ます	53
ゆり	293
ユンノリ	274

【よ】

酔い止め	337
養育費	183
洋画	244
洋楽	225
容疑者	307
幼児	186
養子縁組	183
洋書	224
要人	310
幼稚園	138
腰痛	327
羊肉	94
洋品店	218
洋服だんす	110
ヨーグルト	99
ヨーロッパ	280
ヨガ	234
余興	237
預金	215
浴室	230
浴槽	111
よく眠れましたか？	47
横	216
横書き	285
横浜	282
予算	151
4時	126
予習	143
余震	323
予選	240
よだれかけ	187
よっつ	120
ヨット	203
酔っ払い	237
予定日	184
与党	308
夜泣き	187
呼び鈴	106
嫁入り道具	182
よもぎパック	233
よもぎ蒸し	232

予約 194, 200	陸軍 312	両親の日 124
予約していました。 49	陸上競技 239	領土問題 311
予約する 196	リクルートスーツ 154	両面テープ 117
〜より 62	理系 145	良薬口に苦し 58
夜 127	離婚 182	料理 242
喜ぶ 160	離婚調停 183	料理人 147
世論 308	離婚届 182	料理をする 100, 133
弱火 100	離婚歴 183	旅館 200
四 118	リサイクル 316	緑茶 82
4階 223	利子 215	旅行 194, 242
40 120	りす 290	旅行会社 196
40分 127	リストラ 155	旅行ガイド 224
【ら】	理想 174	旅行かばん 194
ラーメン 88	利息 215	旅行客 195
雷雨 301	リタイア 188	リラックス 234
ライオン 291	〜リットル 119	履歴書 154
来月 123	離乳食 186	リンク 262
来週 123	利尿薬 337	臨月 184
ライター 115	リバウンド 233	りんご 90
ライティング 285	リハビリテーション 189	リンス 115
来年 123	リハビリテーション科 333	林道 287
礼拝 314		リンパ 343
落札 260	リビング 106	【る】
らくだ 291	リフォーム 109	ルームサービス 201
ラグビー 238	リボン 69	ルームナンバー 201
ラジオ 110, 255	リメイク 254	ルール 241
ラッキーアイテム 227	理由 179	留守番電話 264
ラップ（フィルム） 105	流産 185	【れ】
ラップ（音楽） 225, 246	竜頭蛇尾 60	零 118
ラブストーリー 244	留年 139	冷夏 303
ラブラブ 175	リュックサック 68	霊柩車 191
らん 293	両替 215	冷蔵庫 111
ランチタイム 77	両替所 195	冷凍食品 75
ランドセル 140	料金 196	冷凍する 103
【り】	料金メーター 199	礼拝 314
リーダー 249	漁師 147	冷麺 84
リーディング 285	領収書 221	冷麺店 219
利益 159	両親 136	レインコート 114

歴史	144, 318	
レギンス	67	
レゲエ	225	
レコーディング	246	
レジ	76	
レジデンス	200	
レジ袋	317	
レジャー施設	212	
レストラン	76, 218	
レスリング	239	
レタス	92	
レトルト食品	75	
レバー	95	
レバ刺し	85	
恋愛運	226	
恋愛感情	164	
恋愛結婚	180	
連休	125	
連写	268	
レンズ	268	
レンタカー	204	

【ろ】

廊下	107
老化	231
老後	188
老人ホーム	189
ろうそく	115
老若男女	60
浪人（生）	139
老廃物	231
ロース	95
六	118
ログアウト	261
ログイン	261
録画	255
6月	122
6時	126
60	121

ロケ地	254
ロスタイム	240
ロッカー	230
6階	223
ロック	225
ロハス	317
ロビー	201
路面電車	203
ロングスカート	67
ロングヘア	228

【わ】

～羽	121
ワイシャツ	66
ワイン	83
和歌	271
若い	170
和菓子	277
わかった。	44
わかっていない	54
わがままだ	166
わかめ	97
わかめスープ	84
わかりました。	38
わかりますか？	40
別れ	178
別れよう	55
わき	341
脇役	245
惑星	289
わくわく	164
倭国	318
輪ゴム	117
わし	299
和室	277
和食	86
ワシントン条約	311
忘れない	179
私（謙譲語）	56

私	56
私たち	56
私の心の中	55
私のせいで	54
私の願い	52
私もそう思っていたの。	45
渡り鳥	298
ワッフル	90
わに	295
わりかん	237
割引き	220
悪い人	169
腕章	190
ワンピース	67
ワンルーム	108

【を】

～を	62
～を集めること	243

この単語集はハングルからも引けるんです！
ハングルさくいんの使い方

本書は 385 ページから、ハングルから引けるさくいんを設けています。このさくいんは子音の順番（カナタラ順）に並べているので、最初はどう引けばよいのか迷うかもしれません。そこですぐに引けるさくいんの使い方をここでご紹介します。

❶ 最初の子音を見つけ出す！

意味を知りたいハングルを見つけたら、まずは最初のハングルの子音を探し出しましょう。
たとえばこの看板なら고깃집。

これが子音。ㄱですね。

❷ さくいん早引き一覧をチェック！

子音がわかったら、次のページのさくいん早引き一覧から該当する子音を探し、さくいんページをめくりましょう。
たとえば上の고깃집ならㄱが子音なので、さくいん早引き一覧を見ると 385 ページに掲載されていることがわかりますね。

❸ 並び順は母音順！

それぞれの子音のさくいんの中は、ㅏ ㅐ ㅑ ㅒ ㅓ ㅔ ㅕ ㅖ ㅗ ㅘ ㅙ ㅚ ㅛ ㅜ ㅝ ㅞ ㅟ ㅠ ㅡ ㅢ ㅣ の順番で並んでいます。

※ハングルさくいんのページのすべてに、母音と子音の順が上下に表示されています。

すぐに使える さくいん早引き一覧

まずは子音を見つけ出そう！

ハングル例	子音	さくいんページ	ハングル例	子音	さくいんページ
カ コ **가, 고**	ㄱ	385ページ	ッサ ッン **싸, 쏘**	ㅆ	418ページ
ッカ ッコ **까, 꼬**	ㄲ	393ページ	ア オ **아, 오**	ㅇ	418ページ
ナ ノ **나, 노**	ㄴ	393ページ	チャ チョ **자, 조**	ㅈ	430ページ
タ ト **다, 도**	ㄷ	395ページ	ッチャ ッチョ **짜, 쪼**	ㅉ	436ページ
ッタ ット **따, 또**	ㄸ	399ページ	チャ チョ **차, 초**	ㅊ	436ページ
ラ ロ **라, 로**	ㄹ	399ページ	カ コ **카, 코**	ㅋ	439ページ
マ モ **마, 모**	ㅁ	400ページ	タ ト **타, 토**	ㅌ	440ページ
パ ポ **바, 보**	ㅂ	404ページ	パ ポ **파, 포**	ㅍ	442ページ
ッパ ッポ **빠, 뽀**	ㅃ	409ページ	ハ ホ **하, 호**	ㅎ	444ページ
サ ソ **사, 소**	ㅅ	409ページ			

384

| 子音 | ㄱ k·g | ㄲ kk | ㄴ n | ㄷ t·d | ㄸ tt | ㄹ r | ㅁ m | ㅂ p·b | ㅃ pp | ㅅ s |

ハングル さくいん

【英字】
- BB크림 ビビクリム ……… 70
- DVD플레이어 ディブィディプルレイオ ……… 111
- G8서밋 ジエイトゥソミッ ……… 310
- PC방 ピシバン ……… 213

【ㄱ】
- ~가 ~ガ ……… 62
- ~가 없어요. ~ガ オプソヨ ……… 50
- 가게 カゲ ……… 218
- 가격표 カギョクピョ ……… 220
- 가계부 カゲブ ……… 113
- 가구 판매장 カグ パンメジャン ……… 222
- 가구점 カグジョム ……… 219
- 가는 말이 고와야 오는 말이 곱다
  カヌン マリ コワヤ オヌン マリ コプタ ……… 59
- 가다랑어 カダランオ ……… 96
- 가디건 カディゴン ……… 66
- 가렵다 カリョプタ ……… 330
- 가로수 カロス ……… 287
- 가로쓰기 カロッスギ ……… 285
- 가루약 カルヤク ……… 338
- 가르쳐 주세요. カルチョ ジュセヨ ……… 38, 48
- 가리비 カリビ ……… 97
- 가방 カバン ……… 68
- 가볍다 カビョプタ ……… 80
- 가수 カス ……… 248
- 가스렌지 ガスレンジ ……… 111
- 가슴 カスム ……… 341
- 가슴살 カスムサル ……… 94
- 가슴 속 カスム ソク ……… 53
- 가슴이 설레요 カスミ ソルレヨ ……… 53
- 가습기 カスプキ ……… 111
- 가야금 カヤグム ……… 272
- 가운데 カウンデ ……… 216
- 가위 カウィ ……… 117
- 가위 바위 보 カウィ パウィ ポ ……… 274
- 가을 カウル ……… 125
- 가이드북 カイドゥブク ……… 195
- 자자미 カジャミ ……… 96
- 가정과 カジョンクァ ……… 144
- 가정내 폭력 カジョンネ ポンニョク ……… 183
- 가정법원 カジョンボブォン ……… 211
- 가정 채원 カジョン チェウォン ……… 243
- 가제 ガジェ ……… 338
- 가족 カジョク ……… 136
- 가죽 재킷 カジュク ジェキッ ……… 66
- 가지 カジ ……… 92
- 가지 마 カジ マ ……… 54
- 가지 마세요. カジ マセヨ ……… 38
- 각자부담 カクチャブダム ……… 237
- 각질제거 カクチルジェゴ ……… 231
- 간 カン ……… 95
- 간맞추기 カンマッチュギ ……… 79
- 간사 カンサ ……… 236
- 간식 カンシク ……… 75
- 간이포장 カニポジャン ……… 317
- 간장 (しょうゆ) カンジャン ……… 98
- 간장 (肝臓) カンジャン ……… 342
- 간장게장 カンジャンケジャン ……… 84

| 母音 | ㅏ a | ㅐ e | ㅑ ya | ㅒ ye | ㅓ o | ㅔ e | ㅕ yo | ㅖ ye | ㅗ o | ㅘ wa |

子音	ㄱ k·g	ㄲ kk	ㄴ n	ㄷ t·d	ㄸ tt	ㄹ r	ㅁ m	ㅂ p·b	ㅃ pp	ㅅ s

간호사 カノサ……146, 334
갈매기 カルメギ……299
갈비 カルビ……95
갈아입다 カライプタ……130
갈아입음 カライブム……230
감격하다 カムギョカダ……162
감기 カムギ……324
감기약 カムギヤク……336
감기에 걸렸어요?
　カムギエ ゴルリョッソヨ……47
감독 カムドク……240, 244
감사 カムサ……152
감사합니다. カムサハムニダ……39
감소 カムソ……310
감자 カムジャ……92
감자칼 カムジャカル……104
감자탕 カムジャタン……84
강 カン……286
강격 カンギョク……148
강당 カンダン……138
강도 カンド……307
강변 カンビョン……287
강수 확률 カンス ファンニュル……301
강수량 カンスリャン……301
강아지 カンアジ……290
강제수료 カンジェスリョ……259
강한 남풍 カンハン ナムプン……303
같이 カチ……53
~개 (個) ~ケ……121
개 (犬) ケ……290
개고기 ケゴギ……94
개구리 ケグリ……294

개구리 올챙이 적 생각 못 한다
　ケグリ オルチェンイ ジョク センガン
　モタンダ……58
개똥벌레 ケットンボルレ……297
개미 ケミ……296
개선공연 ケソンゴンヨン……250
개업 ケオブ……156
개연시간 ケヨンシガン……253
개운 ケウン……226
개운해요 ケウネヨ……79
개인택시 ケインテクシ……202
개장시간 ケジャンシガン……253
개찰구 ケチャルグ……199
개천절 ケチョンジョル……124
개최 ケチェ……252
개축 ケチュク……109
개학식 ケハクシク……139
객실 ケクシル……237
갱년기장애 ケンニョンギジャンエ……325
갱신 ケンシン……261
갸루 キャル……278
거기 コギ……217
거래처 コレチョ……149
거미 コミ……297
거북 コブク……294
거스름돈 コスルムトン……221
거스름돈이 적어요.
　コスルムトニ ジョゴヨ……48
거실 コシル……106
거울 コウル……114
거위 コウィ……299
거짓말 コジンマル……179
거짓말쟁이다
　コジンマルジェンイダ……167

母音	ㅏ a	ㅐ e	ㅑ ya	ㅒ ye	ㅓ o	ㅔ e	ㅕ yo	ㅖ ye	ㅗ o	ㅘ wa

ss	無音·ng	ch·j	cch	ch	k	t	p	h
ㅆ	ㅇ	ㅈ	ㅉ	ㅊ	ㅋ	ㅌ	ㅍ	ㅎ

거품기 コプムギ … 104
커피 コピ … 294
건강운 コンガンウン … 226
건방지다 コンバンジダ … 168
건배 コンベ … 237
건어물 コノムル … 75, 97
건전지 コンジョンジ … 115
건조 コンジョ … 302
건조피부 コンジョピブ … 231
건축가 コンチュクカ … 147
걷다 コッタ … 132
걸레 コルレ … 112
걸레질 コルレジル … 112
검도 コムド … 239, 277
검사 (検事) コムサ … 307
검사 (検査) コムサ … 334
검색 コムセク … 261
게 ケ … 97
게다 ゲダ … 277
게스트하우스 ゲストゥハウス … 200
게시판 ケシパン … 140, 263
게임방 ゲイムバン … 213
겨드랑이 キョドゥランイ … 341
겨울 キョウル … 125
겨울방학 キョウルバンハク … 139
견본품 キョンボンプム … 220
견적서 キョンジョクソ … 150
결과 キョルグァ … 151
결막염 キョルマンニョム … 324
결산 キョルサン … 150
결석 キョルソク … 140
결승 キョルスン … 241
결혼 キョロン … 180
결혼반지 キョロンバンジ … 181

결혼식 キョロンシク … 181
결혼식장 キョロンシクチャン … 181
결혼준비 キョロンジュンビ … 181
결혼하다 キョロナダ … 180
경기 キョンギ … 308
경기장 キョンギジャン … 213
경도 キョンド … 280
경락마사지 キョンナクマサジ … 230
경로석 キョンノソク … 189
경리부 キョンニブ … 153
경보 キョンボ … 302
경비실 キョンビシル … 208
경성 キョンソン … 319
경야 キョンヤ … 190
경영 キョンヨン … 149
경영기획부 キョンヨンギフェクブ … 153
경쟁타사 キョンジェンタサ … 156
경제 キョンジェ … 308
경제 제재 キョンジェ チェジェ … 309
경제학부 キョンジェハクブ … 145
경주 キョンジュ … 283
경찰관 キョンチャルグァン … 146
경찰서 キョンチャルソ … 208
경찰을 불러 주세요.
 キョンチャルル ブルロ ジュセヨ … 50
경찰차 キョンチャルチャ … 203
경축일 キョンチュギル … 125
곁에 있어 주세요
 キョテ イッソ ジュセヨ … 52
계단 ケダン … 106
계란 ケラン … 99
계란찜 ケランチム … 85
계량컵 ケリャンコプ … 104
계산 ケサン … 76

we	we	yo	u	wo	we	wi	yu	—	wi	i
ㅙ	ㅚ	ㅛ	ㅜ	ㅝ	ㅞ	ㅟ	ㅠ	ㅡ	ㅢ	ㅣ

子音	k･g	kk	n	t･d	tt	r	m	p･b	pp	s
	ㄱ	ㄲ	ㄴ	ㄷ	ㄸ	ㄹ	ㅁ	ㅂ	ㅃ	ㅅ

계산기 ケサンギ ･･････････････ 117
계산대 ケサンデ ････････････････ 76
계산이 틀려요.
　ケサニ トゥルリョヨ ･･･････ 48
계시 ケシ ････････････････････ 227
계약 ケヤク ･････････････････ 108
계약금 ケヤックム ･････････････ 109
계약기간 ケヤックギガン ･･･････ 250
계약사원 ケヤクサウォン ･･･････ 155
계장 ケジャン ･･････････････････ 153
계절 ケジョル ････････････････ 125
계좌 ケジュア ････････････････ 214
계좌번호 ケジュアボノ ･･･････ 214
계측기 ケチュクギ ･･････････ 105
계획 ケフェク ･････････････････ 188
고객 コゲク ････････････････････ 151
고구려 コグリョ ･･････････････ 318
고구마 コグマ ･･････････････････ 92
고궁 コグン ･･･････････････････ 213
고급호텔 コグブホテル ･･･････ 200
고기 コギ ･･････････････････････ 94
고기감자조림
　コギガムジャジョリム ･･･････ 87
고기압 コギアプ ･････････････ 301
고깃집 コギッチプ ･･････････ 219
고독사 コドクサ ････････････････ 190
고등법원 コドゥンボプォン ･･････ 211
고등어 コドゥンオ ･････････････ 96
고등학교 コドゥンハクキョ ･･････ 138
고래 コレ ･････････････････････ 291
고래고기 コレゴギ ･････････････ 94
고령자 コリョンジャ ･･･････････ 188
고령출산 コリョンチュルサン ･･･ 185
고릴라 ゴリルラ ････････････････ 291

고마워요. コマウォヨ ･････････ 39
고마웠습니다. コマウォッスムニダ ･･ 39
고마웠어요. コマウォッソヨ ･････ 39
고맙습니다. コマプスムニダ ･････ 39
고모 コモ ･･････････････････････ 137
고무밴드 コムベンドゥ ･･･････ 117
고무신 コムシン ････････････････ 273
고무장갑 コムジャンガプ ･･････ 112
고무줄넘기 コムジュルロムキ ･･ 274
고문 コムン ･････････････････ 152
고민 コミン ･････････････････ 226
고민해요 コミネヨ ･･･････････ 55
고백 コベク ･････････････････ 174
고베 コベ ･･･････････････････ 282
고별식 コビョルシク ･････････ 190
고산기후 コサンギフ ･････････ 303
고상하다 コサンハダ ･････････ 173
고소하겠어요! コソハゲッソヨ ･･ 51
고속도로 コソクトロ ･････････ 209
고속버스 コソクボス ･････････ 202
고속버스 터미널
　コソクボス トミノル ･･････ 199
고양이 コヤンイ ･･････････････ 290
고용 コヨン ･･･････････････････ 155
고용보험 コヨンボホム ･･･････ 155
고용연금 コヨンニョングム ･････ 155
고원 コウォン ･･････････････ 286
고이노보리 コイノボリ ･････････ 276
고인 コイン ･････････････････ 191
고장났어요. コジャンナッソヨ ･･ 49
고전문학 コジョンムナク ･････ 270
고지 コジ ･･･････････････････ 286
고추 コチュ ････････････････････ 99
고추장 コチュジャン ･･･････････ 98

母音	a	e	ya	ye	o	e	yo	ye	o	wa
	ㅏ	ㅐ	ㅑ	ㅒ	ㅓ	ㅔ	ㅕ	ㅖ	ㅗ	ㅘ

ss	無音·ng	ch·j	cch	ch	k	t	p	h
ㅆ	ㅇ	ㅈ	ㅉ	ㅊ	ㅋ	ㅌ	ㅍ	ㅎ

고통스럽다	コトンスロプタ	162
고혈압	コヒョラプ	325
곤란해요.	コルラネヨ	51
곤충	コンチュン	296
곧장	コッチャン	217
골절	コルチョル	326
골짜기	コルチャギ	287
골프	ゴルプ	238
골프장	ゴルプジャン	213
곰	コム	291
곱빼기	コプベギ	77
곱슬머리	コプスルモリ	228
곱창 밴드	コプチャン ベンドゥ	71
공	コン	118
공갈	コンガル	322
공개	コンゲ	245
공공사업	コンゴンサオプ	211
공군	コングン	312
공급	コングプ	309
공기 (おわん)	コンギ	105
공기 (お手玉)	コンギ	275
공기 (空気)	コンギ	288
공기청정기	コンギチョンジョンギ	111
공동경영	コンドンギョンヨン	157
공무원	コンムウォン	146
공물	コンムル	315
공부	コンブ	243
공부를 하다	コンブルル ハダ	134
공사중	コンサジュン	207
공식	コンシク	252
공식사이트	コンシクサイトゥ	260
공연 (共演)	コンヨン	245
공연 (公演)	コンヨン	249
공연시간	コンヨンシガン	253
공연일시	コンヨニルシ	253
공용시설	コンヨンシソル	209
공용어	コンヨンオ	284
공원	コンウォン	212
공작	コンジャク	298
공장	コンジャン	157
공채	コンチェ	309
공책	コンチェク	116
공포영화	コンポヨンファ	244
공학부	コンハクブ	145
공항	コンハン	208
과식	クァシク	74
과음	クァウム	237
과일	クァイル	90
과자 만들기	クァジャ マンドゥルギ	242
과장	クァジャン	152
과장대리	クァジャンデリ	153
과즙이 많음	クァジュビ マヌム	81
과학도서	クァハクトソ	224
관	クァン	190
관공청	クァンゴンチョン	210
관광	クァングァン	194
관광명소	クァングァンミョンソ	197
관광버스	クァングァンポス	202
관람	クァルラム	255
관리직	クァルリジク	153
관상	クァンサン	227
관상어	クァンサンオ	294
관세	クァンセ	311
관엽식물	クァニョプシンムル	292
관전	クァンジョン	241
관절	クァンジョル	343
광고	クァンゴ	305

we	we	yo	u	wo	we	wi	yu	wi	i
ㅙ	ㅚ	ㅛ	ㅜ	ㅝ	ㅞ	ㅟ	ㅠ	ㅡ	ㅣ

子音	ㄱ k·g	ㄲ kk	ㄴ n	ㄷ t·d	ㄸ tt	ㄹ r	ㅁ m	ㅂ p·b	ㅃ pp	ㅅ s

광물 クァンムル ··· 289
광복절 クァンボクチョル ··· 125
광어 クァンオ ··· 96
광화학스모그
　クァンファハクスモグ ··· 303
괜찮습니까?
　クェンチャンスムニッカ ··· 46
괜찮습니다. クェンチャンスムニダ ··· 38
괜찮아! クェンチャナ ··· 46
괜찮아요? クェンチャナヨ ··· 46
괴롭힘 クェロビム ··· 141
교과 キョクァ ··· 144
교과서 キョクァソ ··· 140
교단 キョダン ··· 140
교복 キョボク ··· 140
교사 キョサ ··· 146
교섭 キョソプ ··· 149
교수 キョス ··· 139
교실 キョシル ··· 140
교육학부 キョユカクブ ··· 145
교장선생님
　キョジャンソンセンニム ··· 139
교장실 キョジャンシル ··· 138
교차로 キョチャロ ··· 209
교통비 キョトンビ ··· 199
교통사고 キョトンサゴ ··· 322
교통카드 キョトンカドゥ ··· 199
교회 キョフェ ··· 314
구 ク ··· 118
구급차 クグプチャ ··· 203, 335
구급차를 불러 주세요.
　クグプチャルル ブロ ジュセヨ ··· 51
구두에 쓸림 クドゥエ スルリム ··· 327
구름조금 クルムチョグム ··· 300

구사일생 クサイルセン ··· 61
구석 クソク ··· 217
구수한 맛 クスハン マッ ··· 79
구 월 クウォル ··· 122
구인모집 クインモジプ ··· 154
구정 クジョン ··· 124
구청 クチョン ··· 210
구태의연 クテイヨン ··· 60
구토증 クトチュン ··· 324
구토증이 나다 クトチュンイ ナダ ··· 329
국가예산 ククカイェサン ··· 308
국경 ククキョン ··· 311
국교 ククキョ ··· 318
국기 ククキ ··· 280
국내선 クンネソン ··· 198
국내여행 クンネヨヘン ··· 196
국밥 ククパプ ··· 85
국수 ククス ··· 86
국어 クゴ ··· 144
국자 ククチャ ··· 104
국제결혼 ククチェギョロン ··· 182
국제면 ククチェミョン ··· 305
국제선 ククチェソン ··· 198
국제연맹 ククチェヨンメン ··· 311
국제연합 ククチェヨナプ ··· 310
국채 ククチェ ··· 159, 309
국화 ククァ ··· 292
국회 ククェ ··· 308
국회의사당 ククェウィサダン ··· 210
군것질 クンゴッチル ··· 75
군대 クンデ ··· 312
군복 クンボク ··· 312
군인 クニン ··· 312
군함 クナム ··· 313

母音	ㅏ a	ㅐ e	ㅑ ya	ㅒ ye	ㅓ o	ㅔ e	ㅕ yo	ㅖ ye	ㅗ o	ㅘ wa

굴 クル	97	
굽다 クプタ	102	
궁합 クンハプ	226	
~권 ~クォン	121	
권선장악 クォンソンジャンアク	60	
귀 クィ	341	
귀걸이 クィゴリ	71	
귀공자 クィゴンジャ	248	
귀뚜라미 クィットゥラミ	296	
귀문 クィムン	227	
귀엽다 クィヨプタ	171	
귀울음 クゥィウルム	325	
귀이개 クィイゲ	115	
~귀중 ~クィジュン	267	
귀중품 보관함 クィジュンプム ポグナムハム	201	
귓밥 クィッパプ	341	
귓전 クィッチョン	53	
규슈 キュシュ	282	
규제 완화 キュジェ ワヌァ	309	
귤 キュル	91	
그 ク	56	
그 뒤 어떻게 됐어요? ク ドゥィ オットッケ デェッソヨ	45	
그 아버지에 그 아들 ク アボジエ ク アドゥル	59	
그거 좋군요. クゴ チョクンニョ	45	
그네 クネ	275	
그녀 クニョ	56	
그녀들 クニョドゥル	56	
그녀의 향기 クニョエ ヒャンギ	52	
그들 クドゥル	56	
그라탱 グラテン	89	
그래? クレ	44	
그래그래. クレクレ	44	
그래도 クレド	63	
그래서 クレソ	63	
그래서? クレソ	44	
그래야 クレヤ	63	
그래프 クレプ	151	
~그램 ~グレム	119	
그랬구나. クレックナ	44	
그러니까 クロニッカ	63	
그러니까요. クロニッカヨ	45	
그러면 クロミョン	63	
그러면서 クロミョンソ	63	
그러므로 クロムロ	63	
그러자 クロジャ	63	
그런 게 아니에요. クロン ゲ アニエヨ	45	
그런데 クロンデ	63	
그럴구나. クロクナ	44	
그렇군. クロクン	45	
그렇군요. コロクンニョ	45	
그렇지만 クロチマン	63	
그레이프프루츠 グレイプブルチュ	91	
그룹 グルプ	246	
그릇 クルッ	105	
그리고 クリゴ	63	
그리다 クリダ	191	
그리워요 クリウォヨ	52, 55	
그림 그리기 クリム グリギ	242	
그립다 クリプタ	164	
그만 하세요. クマ ナセヨ	38	
극락정토 クンナクチョント	315	
극장 ククチャン	212	
근무 시간 クンム シガン	148	
근육 クニュク	343	

| 子音 | ㄱ k·g | ㄲ kk | ㄴ n | ㄷ t·d | ㄸ tt | ㄹ r | ㅁ m | ㅂ p·b | ㅃ pp | ㅅ s |

근육질 クニュクチル	171
근육통 クニュクトン	327
글로스 グルロス	70
글자 깨짐 クルチャ ッケジム	258
금 クム	289
금목서 クムモクソ	292
금발머리 クムバルモリ	229
금붕어 クムブンオ	294
금성 クムソン	288
금연 クミョン	206
금요일 クミョイル	123
금융상품 クムニュンサンプム	158
금전운 クムジョヌン	226
금지 クムジ	207
급식 クプシク	141
급여명세 クビョミョンセ	151
급해요. クペヨ	51
기간사업 キガンサオプ	211
기공 キゴン	235
기관총 キグァンチョン	313
(기념)우표 (キニョム)ウピョ	266
기념공연 キニョムゴンヨン	252
기념관 キニョムグァン	212
기념일 キニョミル	125
기는 놈 위에 나는 놈이 있다 キヌン ノム ウィエ ナヌン ノミ イッタ	59
기다려 주세요. キダリョ ジュセヨ	38
기다려 줄게요 キダリョ ジュルケヨ	52
기다리면서 キダリミョンソ	52
기도 キド	314
기독교 キドゥクキョ	314
기동 キドン	258

기름 キルム	98
기름살 キルムサル	95
기름종이 キルムジョンイ	71
기린 キリン	290
기말고사 キマルゴサ	142
기말리포트 キマルリポトゥ	142
기미 キミ	231
기밀 キミル	311
기본코스 キボンコス	230
기분이 나쁘다 キブニ ナップダ	161
기분이 좋다 キブニ チョッタ	161
기뻐하다 キッポハダ	160
기쁘다 キップダ	160
기사 キサ	304
기사회생 キサフェセン	61
기상관측 キサングァンチュク	302
기상위성 キサンウィソン	302
기상천외 キサンチョヌェ	61
기생 キーセン	319
기술자 キスルチャ	147
기억 キオク	53
기업 キオプ	156
기업자금 キオプチャグム	156
기온 キオン	302
기운 キウン	235
기자클럽 キジャクロプ	305
기저귀 キジョグィ	186
기초체온 キチョチェオン	184
기침이 나오다 キチミ ナオダ	328
기행 キヘン	270
기혼자 キホンジャ	182
기획 キフェク	149
긴급 キングプ	335
긴단발 キンタンバル	228

| 母音 | ㅏ a | ㅐ e | ㅑ ya | ㅒ ye | ㅓ o | ㅔ e | ㅕ yo | ㅖ ye | ㅗ o | ㅘ wa |

긴머리 キンモリ	228
긴 소매 キン ソメ	67
긴장하다 キンジャンハダ	253
길다 キルダ	73
길을 잃었어요. キルル イロッソヨ	48
김 キム	99
김밥 キムパプ	84
김치 キムチ	85
김치볶음밥 キムチポックムパプ	85
깁다 キプタ	113
까다롭다 カダロプタ	168
까마귀 カマグィ	298
까만색 カマンセク	72
~까지 ~カジ	62
까치 カチ	299
까칠까칠 カチルッカチル	81
깍두기 カクトゥギ	85
깜짝 놀람 カムチャク ノルラム	164
깡통차기 カントンチャギ	275
깻잎 ケンニプ	93
껍질을 벗기다 コプチルル ポッキダ	101
꼬리 コリ	95
꼬시기 コシギ	176
꼬치구이 コチグイ	86
꼬투리 완두 コトゥリ ワンドゥ	93
꼭 コク	52
꼭 껴안다 コク キョアンタ	176
꼭대기 コクテギ	217
꼼꼼하다 コムッコマダ	169
꽁치 コンチ	96
꽃 コッ	292
꽃가루 コッカル	303
꽃가루 알레르기 コッカル アルレルギ	324
꽃구경 コックギョン	276
꽃꽂이 コッコジ	277
꽃다발 コッタバル	293
꽃무늬 コンムニ	72
꽃미남 コンミナム	248
꽃샘 추위 コッセム チュウィ	302
꽃집 コッチプ	219
꽹과리 クェングァリ	272
꾀병 クェビョン	325
꿈을 그려요 クムル グリョヨ	53
꿈을 꿔요 クムル ックォヨ	53
꿩 クォン	299
끈적끈적 クンジョックンジョク	81
끌기 クルギ	258
끓어오르다 クロオルダ	103
끝났어요 クンナッソヨ	55

【ㄴ】

나 ナ	56
나가다 ナガダ	132
나가사키 ナガサキ	283
나고야 ナゴヤ	282
나도 그렇게 생각하고 있었어. ナド クロケ センガカゴ イッソッソ	45
나 때문에 ナッテムネ	54
나른하다 ナルナダ	330
나무 ナム	292
나물 ナムル	85
나물무침 ナムルムチム	87
나방 ナバン	297
나비 ナビ	296
나쁜 사람 ナップン サラム	169
나이차 결혼 ナイチャ ギョロン	182
나이프 ナイプ	75, 105

| 子音 | ㄱ k·g | ㄲ kk | ㄴ n | ㄷ t·d | ㄸ tt | ㄹ r | ㅁ m | ㅂ p·b | ㅃ pp | ㅅ s |

나팔꽃 ナパルコッ	292
낙지 ナクチ	96
낙지볶음 ナクチボックム	83
낙찰 ナクチャル	260
낙타 ナクタ	291
낚시 ナクシ	243
난동 ナンドン	303
난민 ナンミン	310
난초 ナンチョ	293
날개 ナルゲ	297
날개고기 ナルゲゴギ	95
날씨 ナルッシ	300
날치기 ナルチギ	322
날품팔이 ナルプムパリ	155
남고북저 ナムゴブクチョ	303
남극 ナムグク	280
남녀노소 ナムニョノソ	60
남동생 ナムドンセン	136
남미 ナムミ	281
남성패션 판매장 ナムソンペション パンメジャン	222
남의 밥에 든 콩이 굵어 보인다 ナメ パベ ドゥン コンイ クルゴ ボインダ	59
남자친구 ナムジャチング	175
남자 한복 ナムジャ ハンボク	273
남쪽 ナムッチョク	216
남탕 ナムタン	230
남편 ナムピョン	137
낫또 ナット	87
낮말은 새가 듣고 밤말은 쥐가 듣는다 ナンマルン セガ ドゥッコ パムマルン ジュィガ ドゥンヌンダ	58
낯가림 ナッカリム	167

내각 ネガク	308
내과 ネクァ	332
내년 ネニョン	123
내 마음 속 ネ マウム ソク	55
내복약 ネボンニャク	336
내 소망 ネ ソマン	52
내신 ネシン	185
내일 ネイル	123
냄비 ネムビ	104
냄비 잡이 ネムビ ジャビ	105
냄비요리 ネムビヨリ	87
냉동식품 ネンドンシクプム	75
냉동하다 ネンドンハダ	103
냉두부 ネンドブ	87
냉면 ネンミョン	84
냉면가게 ネンミョンガゲ	219
냉장고 ネンジャンゴ	111
냉하 ネンハ	303
너 ノ	56
너구리 ノグリ	291
너뿐 ノップン	53
너만 ノマン	53
너희 ノヒィ	56
널다 ノルダ	113
널뛰기 ノルットゥィギ	274
네 시 ネ シ	126
네. ネ	44
네일 ネイル	232
네일싸롱 ネイルッサロン	219
네일아트 ネイルアトゥ	232
넥타이 ネクタイ	69
넷 ネッ	120
노 컷판 ノ コッパン	245
노란색 ノランセク	72

| 母音 | ㅏ a | ㅐ e | ㅑ ya | ㅒ ye | ㅓ o | ㅔ e | ㅕ yo | ㅖ ye | ㅗ o | ㅘ wa |

노래 ノレ	246	
노래 부르기 ノレ ブルギ	242	
노래를 부르다 ノレルル ブルダ	247	
노래방 ノレバン	213, 278	
노리개 ノリゲ	273	
노면전차 ノミョンジョンチャ	203	
노인복지시설센터 ノインポクチシソルセント	189	
노트북 ノトゥブク	258	
노폐물 ノペムル	231	
노하우 ノハウ	156	
노화 ノファ	231	
노후 ノフ	188	
녹차 ノクチャ	82	
녹화 ノクァ	255	
논 ノン	286	
논픽션 ノンピクション	270	
놀다 ノルダ	133	
놀라다 ノルラダ	163	
농구 ノング	238	
농담이지? ノンダミジ	44	
농부 ノンブ	147	
농악 ノンアク	272	
농업 ノンオプ	189	
농학부 ノンハクプ	145	
뇌 ヌェ	342	
뇌신경외과 ヌェシンギョンウェクァ	333	
뇌우 ヌェウ	301	
누구세요? ヌグセヨ	41	
누구십니까? ヌグシムニッカ	41	
누군가! ヌグンガ	50	
누나 ヌナ	57, 136	
눅눅 ヌンヌク	303	
눅진눅진 ヌクチンヌクチン	81	

눈(雪) ヌン	301	
눈(目) ヌン	340	
눈꺼풀 ヌンッコプル	340	
눈물 ヌンムル	178	
눈물이 나요 ヌンムリ ナヨ	54	
눈보라 ヌンボラ	301	
눈썹 ヌンッソプ	340	
눈썹파마 ヌンッソプパマ	231	
눈약 ヌニャク	336	
눈에 넣어도 아프지 않다 ヌネ ノオド アプジ アンタ	59	
눈이 크다 ヌニ クダ	171	
뉴스 ニュス	306	
느끼한 맛 ヌッキハン マッ	79	
늑대 ヌクテ	291	
~는 ~ヌン	62	
늘리다 ヌルリダ	159	
늙다 ヌクタ	171	
니가 없어 ニガ オプソ	54	
~님 ~ニム	56, 267	

【ㄷ】

다 タ	53	
다녀 오겠습니다. タニョ オゲッスムニダ	37	
다녀 오세요. タニョ オセヨ	37	
다녀 오셨습니까? タニョ オショッスムニッカ	37	
다녀 올게요. タニョ オルケヨ	37	
다녀 왔습니다. タニョ ワッスムニダ	37	
다녀 왔어요? タニョ ワッソヨ	37	
다니다 タニダ	133	
다도 タド	277	
다락방 タラクパン	106	

子音	ㄱ k·g	ㄲ kk	ㄴ n	ㄷ t·d	ㄸ tt	ㄹ r	ㅁ m	ㅂ p·b	ㅃ pp	ㅅ s

다람쥐 タラムジュイ	290	단호박 タノバク	92
다랑어 タランオ	96	달 タル	288
다래끼 タレッキ	324	달걀 タルギャル	99
다리 (橋) タリ	209	달다 タルダ	78
다리 (脚) タリ	341	달러 タルロ	215
다리가 길다 タリガ キルダ	172	달리기 경주 タルリギ ギョンジュ	274
다리미 タリミ	112	달이다 タリダ	339
다방 タバン	218	달팽이 タルペンイ	297
다섯 タソッ	120	닭 タク	298
다섯 시 タソッ シ	126	닭갈비 タクカルビ	83
다시 タシ	63	닭고기 タクコギ	94
다시마 タシマ	97	닭고기 계란 덮밥	
~다 썼어요. ~タ ソッソヨ	50	タクコギ ゲラン トプパプ	86
다운로드 ダウンロドゥ	261	닭똥집 タクトンチプ	95
다음 달 タウム タル	123	닭 야채찜 タク ヤチェッチム	87
다음 주 タウム チュ	123	닭한마리 タクカンマリ	84
다이빙 ダイビン	239	담배를 피워도 돼요?	
다이아몬드 ダイアモンドゥ	289	タムベルル ピウォド ドェヨ	42
다이어트 ダイオトゥ	233	담배를 피워도 됩니까?	
다이어트식품 ダイオトゥシクプム	233	タムベルル ピウォド ドェムニッカ	42
다카라즈카 タカラズカ	279	담백한 맛 タムベカン マッ	79
다툼 タトゥム	323	담뱃가게 タムベッカゲ	219
다트바 ダトゥバ	213	담보 タムボ	158
단가 タンガ	271	답례품 タムネプム	181
단괴세대 タングェセデ	189	답장 タプチャン	267
단도직입 タンドジギプ	61	당근 タングン	92
단독 주택 タンドク チュテク	108	당나라 タンナラ	318
단무지 タンムジ	87	당뇨병 タンニョビョン	325
단어 タノ	285	당면 タンミョン	99
단진 고기 タンジン コギ	94	당신 タンシン	56
단추 タンチュ	69	당신 곁에서 タンシン ギョテソ	52
단축버튼(키)		~대 ~テ	121
タンチュクポトゥン (キ)	259	대각선 テガクソン	217
단풍 タンプン	292	대구 テグ	96

母音	ㅏ a	ㅐ e	ㅑ ya	ㅒ ye	ㅓ o	ㅔ e	ㅕ yo	ㅖ ye	ㅗ o	ㅘ wa

ss	無音·ng	ch·j	cch	ch	k	t	p	h
ㅆ	ㅇ	ㅈ	ㅉ	ㅊ	ㅋ	ㅌ	ㅍ	ㅎ

대기업 テギオプ	151	데님 デニム	67
대단해! テダネ	45	데리고 가 주세요.	
대단히 감사합니다.		テリゴ ガ ジュセヨ	49
テダニ カムサハムニダ	39	데뷔 デビィ	249
대담하다 テダマダ	167	데뷔전 デビィジョン	249
대답해 テダペ	54	데스크톱컴퓨터	
대두 テドゥ	99	デスクトプコムピュト	258
대만 テマン	281	데우다 テウダ	102
대머리 テモリ	228	데이트 デイトゥ	174
대법원 テボブォン	211	데코레이션 문자	
대부 テブ	159	デコレイション ムンチャ	264
대사 テサ	245	~도 ~ト	62
대사 내분비센터		도난 トナン	322
テサ ネブンビセント	333	도너츠 トノチュ	90
대사관 テサグァン	209	도덕 トドク	144
대서양 テソヤン	281	도둑 トドゥク	322
대식가 テシカ	74	도둑이다! トドゥギダ	50
대왕대비 テワンテビ	319	도둑질 トドゥクチル	322
대장 テジャン	343	도로 トロ	209
대추 テチュ	99	도리아 ドリア	89
대통령선거 テトンニョンソンゴ	310	도마 トマ	104
대표 テピョ	152	도마뱀 トマベム	294
대학교 テハクキョ	138	도망 가! トマン ガ	50
대학병원 テハクピョンウォン	332	도미 トミ	96
대학원 テハグォン	138	도산 トサン	309
대학축제 テハクチュクチェ	143	도서관 トソグァン	210
대합실 テハプシル	197, 335	도시락 トシラク	74
대형차 テヒョンチャ	202	도와 주세요. トワ ジュセヨ	38, 51
댄서 デンソ	248	도와 줘! トワ ジュオ	50
댄스 デンス	239, 246	도자기 トジャギ	273
더 먹음 トモグム	77	도장 トジャン	117, 215
더블버거 ドブルボゴ	88	도착 トチャク	196
더빙 ドビン	245	도착로비 トチャンノビ	198
더욱 トウク	63	도청 トチョン	210

we	we	yo	u	wo	we	wi	yu		wi	i
ㅙ	ㅚ	ㅛ	ㅜ	ㅝ	ㅞ	ㅟ	ㅠ	ㅡ	ㅢ	ㅣ

子音	ㄱ k·g	ㄲ kk	ㄴ n	ㄷ t·d	ㄸ tt	ㄹ r	ㅁ m	ㅂ p·b	ㅃ pp	ㅅ s

도쿄 トキョ … 282
도토리 トトリ … 99
도토리 키 재기 トトリ キ ジェギ … 58
독감 トクカム … 324
독립 トンニプ … 156
독서 トクソ … 242
독수리 トクスリ … 299
독실 トクシル … 237
독일 トギル … 281
독일어 トギロ … 284
돈 トン … 214
돈까스 トンカス … 86
돈을 찾다 トヌル チャッタ … 215
돌고래 トルゴレ … 291
돌다리도 두드려 보고 건너라
　トルダリド ドゥドゥリョ ボゴ ゴンノラ … 59
돌려 주세요. トルリョ ジュセヨ … 50
돌솥비빔밥 トルソッピビムパプ … 84
돌아가다 トラガダ … 133
돌아와 トラワ … 54
돗쟎요 トッチムニョ … 277
동 トン … 289
동고동락 トンゴドンナク … 60
동굴 トングル … 287
동그라미 トングラミ … 73
동기 トンギ … 307
동남아시아 トンナマシア … 280
동대문 トンデムン … 283
동물 トンムル … 290
동물원 トンムルォン … 213
동봉 トンボン … 266
동북 トンブク … 282
동사무소 トンサムソ … 210

동생 トンセン … 56
동서남북 トンソナムブク … 216
동아일보 トンアイルボ … 304
동양 トンヤン … 281
동영상 トンヨンサン … 261
동요 トンヨ … 274
동전 トンジョン … 214
동점 トンジョム … 241
동정 トンジョン … 177
동쪽 トンッチョク … 216
동창 トンチャン … 327
돼지 テジ … 290
돼지고기 テジゴギ … 94
돼지고기 생강구이
　テジゴギ センガングイ … 87
돼지고기국 テジゴギクク … 87
돼지머리 テジモリ … 95
된장 テンジャン … 98
된장국 テンジャンクク … 87
된장찌개 テンジャンチゲ … 84
두각을 나타내다
　トゥガグル ナタネダ … 59
두근두근 トゥグンドゥグン … 164
두더지 トゥドジ … 290
두루미 トゥルミ … 298
두부 トゥブ … 99
두부찌개 トゥブッチゲ … 84
두 시 トゥシ … 126
두유 トゥユ … 99
두통 トゥトン … 324
두통약 トゥトンニャク … 336
둘 トゥル … 120
뒤 トゥィ … 216
뒤집개 トゥィジプケ … 104

母音	ㅏ a	ㅐ e	ㅑ ya	ㅒ ye	ㅓ o	ㅔ e	ㅕ yo	ㅖ ye	ㅗ o	ㅘ wa

ss	無音·ng	ch·j	cch	ch	k	t	p	h
ㅆ	ㅇ	ㅈ	ㅉ	ㅊ	ㅋ	ㅌ	ㅍ	ㅎ

뒷문 トゥィンムン	107
드라마 トゥラマ	244
드라마 보기 トゥラマ ポギ	242
드라이브 トゥライブ	243
드라이어 ドゥライオ	111
드레스 ドゥレス	67
드레싱 トゥレシン	88
득점 トゥクチョム	241
듣기 トゥッキ	285
들려요? トゥルリョヨ	54
들어 주세요. トゥロ ジュセヨ	51
들치기 주의 トゥルチギ ジュイ	206
등교 トゥンギォ	140
등록 トゥンノク	261
등산 トゥンサン	243
등심 トゥンシム	95
등잔 밑이 어둡다 トゥンジャン ミチ オドゥプタ	58
디자이너 ディジャイノ	147
디저트 ティジョトゥ	90
디지털카메라 ディジトルカメラ	268
디카 ディカ	268
디플레이션 ディブルレイション	309
따끈따끈 タックンッタックン	81
따끔따끔하다 タックムタックムハダ	331
따라오지 마. タラオジ マ	51
따오기 タオギ	299
딱딱하다 タクタカダ	80
딸 タル	137
딸기 タルギ	90
땀구멍 タムクモン	231
땅콩 タンコン	99
때밀이 テミリ	232
떠나가요 トナガヨ	54
떡볶이 トゥポッキ	85
떨려요 トゥルリョヨ	54
떫은 맛 トルブン マッ	79
또 ト	63
또는 トヌン	63
또 만나요. ト マンナヨ	37
똥 トン	297
뚱뚱하다 トゥントゥンハダ	170
뛰다 トゥィダ	132
뜨거운 물이 안 나와요. トゥゴウン ムリ アン ナワヨ	49
뜰 トゥル	107
【ㄹ】	
라디오 ラディオ	110, 255
라면 ラミョン	88
라이터 ライト	115
락 ラク	225
랩 レプ	105, 225, 246
러브러브 ロブロブ	175
러브스토리 ロブストリ	244
럭비 ロッピ	238
런치타임 ロンチタイム	77
레게 レゲ	225
레깅스 レギンス	67
레슬링 レスリン	239
레스토랑 レストラン	76, 218
레인코트 レインコトゥ	114
레저시설 レジョシソル	212
레지던스 レジドンス	200
레코드점 レコドゥジョム	218, 225
레토르트식품 レトルトゥシクプム	75
렌즈 レンズ	268
렌트카 レントゥカ	204
로그아웃 ログアウッ	261

we	we	yo	u	wo	we	wi	yu	u	wi	i
ㅙ	ㅚ	ㅛ	ㅜ	ㅝ	ㅞ	ㅟ	ㅠ	ㅡ	ㅢ	ㅣ

子音	ㄱ k·g	ㄲ kk	ㄴ n	ㄷ t·d	ㄸ tt	ㄹ r	ㅁ m	ㅂ p·b	ㅃ pp	ㅅ s

로그인 ログイン ……………… 261
로비 ロビ ……………………… 201
로션 ロション ………………… 70
로스타임 ロスタイム ………… 240
로하스 ロハス ………………… 317
롱스커트 ロンスコトゥ ……… 67
룰 ルル ………………………… 241
룸서비스 ルムソビス ………… 201
~를 ~ルル ……………………… 62
리더 リド ……………………… 249
리메이크 リメイク …………… 254
리무버 リムボ ………………… 71
리바운드 リバウンドゥ ……… 233
리본 リボン …………………… 69
리스트라 リストゥラ ………… 155
리코딩 リコディン …………… 246
리쿠르트 슈트
　リクルトゥ シュトゥ ……… 154
리타이어 リタイオ …………… 188
~리터 ~リト …………………… 119
리폼 リポム …………………… 109
리필 リピル …………………… 77
리허빌리테이션
　リホビルリテイション …… 189
린스 リンス …………………… 115
릴랙스 リルレクス …………… 234
림프 リムプ …………………… 343
립스틱 リプスティク ………… 70
링겔 リンゲル ………………… 334
링크 リンク …………………… 262

【ㅁ】

마늘 マヌル ……………………… 93
마당 マダン …………………… 107
마당 청소 マダン チョンソ … 112
마디마디가 아프다
　マディマディガ アプダ …… 329
마라톤 マラトン ……………… 238
마르다 マルダ ………………… 170
~마리 ~マリ …………………… 121
마법 マボプ …………………… 53
마사지 マサジ ………………… 230
마스카라 マスカラ …………… 70
마스크 マスク ………………… 115
마스크팩 マスクペク ………… 70
마요네즈 マヨネズ …………… 98
마우스 マウス ………………… 258
마음 속 マウム ソク ………… 53
마음이 들뜸 マウミ トゥルトゥム …… 164
마지막의 マジマゲ …………… 55
마지막 회 マジマ クェ ……… 245
마취과 マチュイクァ ………… 333
마케팅부 マケティンブ ……… 153
마파두부 マパドゥブ ………… 89
마흔 マフン …………………… 120
막걸리 マクコルリ …………… 82
막내 マンネ ……………… 137, 248
막차 マクチャ ………………… 199
~만 ~マン ……………………… 62
만 マン ………………………… 118
만나러 갈게요 マンナロ ガルケヨ … 52
만나서 반갑습니다.
　マンナソ パンガプスムニダ … 36
만남 マンナム ………………… 174
만담 マンダム ………………… 278
만두 マンドゥ ………………… 84
만들다 マンドゥルダ ………… 100
만연필 マンニョンビル ……… 116
만인전철 マニンジョンチョル …… 278

母音	ㅏ a	ㅐ e	ㅑ ya	ㅒ ye	ㅓ o	ㅔ e	ㅕ yo	ㅖ ye	ㅗ o	ㅘ wa

ss	無音·ng	ch·j	cch	ch	k	t	p	h
쌍	ㅇ	ㅈ	ㅉ	ㅊ	ㅋ	ㅌ	ㅍ	ㅎ

만점 マンチョム	142	매스컴 メスコム	251
만취 マンチュィ	237	매장 メジャン	190
만화 マヌァ	279	매점 メジョム	218
만화주제곡 マヌァジュジェゴク	225	매크로 メクロ	269
만화카페 マヌァカペ	279	매표소 メピョソ	194, 199
말 (言葉) マル	284	맥주 メクチュ	83
말 (馬) マル	290	맥진 メクチン	336
말고기 マルゴギ	94	맨뒤 メンドゥィ	217
말년휴가 マルリョニュガ	313	맨션 メンション	107
말씀하신 대로입니다.		맨앞 メナプ	217
マルスマシン デロイムニダ	45	맨위로 メヌィロ	260
말짱한 정신		맵다 メプタ	78
マルチャンハン ジョンシン	237	맹장 メンジャン	325, 343
말차 マルチャ	277	머그컵 モグコプ	105
말하기 マラギ	285	머드팩 モドゥペク	233
맑음 マルグム	300	머리 モリ	340
맑음 가끔 흐림		머리가 아프다 モリガ アプダ	331
マルグム ガックム フリム	300	머리가 짧다 モリガ チャルタ	172
맛김 マッキム	85	머리띠 モリッティ	71
맛없다 マドプタ	78	머리를 자르다 モリルル チャルダ	229
맛있다 マシッタ	78	머리카락 モリカラク	340
맛집 찾아 다니기		머리핀 モリピン	71
マッチプ チャジャ タニギ	242	머플러 モプルロ	69
망년회 マンニョヌェ	236	먹이 モギ	295
망원렌즈 マンウォンレンズ	268	멀리 있어도 モルリ イッソド	52
맞아요. マジャヨ	45	멀미약 モルミヤク	337
맞았어요. マジャッソヨ	51	메기 メギ	294
매 メ	299	메뉴 メニュ	76
매끈매끈함 メックンメックナム	81	메니큐어 メニキュオ	71
매너모드 メノモドゥ	265	메뚜기 メットゥギ	296
매듭 メドゥプ	273	메론 メロン	91
매미 メミ	296	메모장 メモジャン	116
매상 メサン	150	메이도카페 メイドカペ	279
매수 メス	151	메일 メイル	264

we	we	yo	u	wo	we	wi	yu	u	wi	i
괘	ㅚ	ㅛ	ㅜ	ㅝ	ㅞ	ㅟ	ㅠ	ㅡ	ㅢ	ㅣ

401

子音	ㄱ k·g	ㄲ kk	ㄴ n	ㄷ t·d	ㄸ tt	ㄹ r	ㅁ m	ㅂ p·b	ㅃ pp	ㅅ s

메일을 하다 メイルル ハダ 134
메일주소 メイルジュソ 264
멧돼지 メットェジ 290
면도칼 ミョンドカル 115
면봉 ミョンボン 115
면세점 ミョンセジョム 219
면접 ミョンジョプ 154
면접용 정장
　ミョンジョムニョン チョンジャン ... 154
면허증 ミョノチュン 204
면회 ミョヌェ 335
면회사절 ミョヌェサジョル 335
~명 ~ミョン 121
명나라 ミョンナラ 318
명동 ミョンドン 283
명란젓 ミョンナンジョッ 97
명상 ミョンサン 234
명절 음식 ミョンジョルムシク ... 276
명태 ミョンテ 96
명함 ミョンハム 150
몇 년이 지나도
　ミョン ニョニ ジナド 52
몇 명이에요? ミョン ミョンイエヨ ... 43
몇 명입니까?
　ミョン ミョンイムニッカ 43
몇 번이나 ミョッ ポニナ 52
몇 시예요? ミョッ シエヨ 41
몇 시입니까? ミョッ シイムニッカ ... 41
모국어 モグゴ 284
모기 モギ 297
모노레일 モノレイル 203
모니터 モニト 259
모닝콜 モニンコル 201
모뎀 モデム 259

모래 モレ 287
모래 사장 モレ サジャン 287
모레 モレ 123
모범택시 モボムテクシ 202
모시조개 モシジョゲ 97
모유 モユ 186
~모으기 ~モウギ 243
모음 モウム 285
모의시험 モイシホム 142
모자 モジャ 68
모자가정 モジャガジョン 183
모자를 쓰다 モジャルル ッスダ ... 130
모충 モチュン 297
모퉁이 モトゥンイ 217
모피 モピ 67
목 モク 341
목걸이 モクコリ 71
목격했어요. モクキョケッソヨ ... 51
목구멍 モックモン 341
목발 モクパル 335
목사 モクサ 314
목성 モクソン 288
목요일 モギョイル 123
목욕을 하다 モギョグル ハダ ... 135
목욕타임 モギョクタイム 234
목욕탕 モギョクタン 107
목이 아프다 モギ アプダ 328
목적지 モクチョクチ 208
목표달성 モクピョタルソン 151
몰라 モルラ 54
몰랐어요. モルラッソヨ 44
몸 モム 340
몸은 어떠세요?
　モムン オットセヨ 46

母音	ㅏ a	ㅐ ae	ㅑ ya	ㅒ yae	ㅓ eo	ㅔ e	ㅕ yeo	ㅖ ye	ㅗ o	ㅘ wa

몸통 モムトン	340
못 잊다 モン ニッタ	179
못합니다. モタムニダ	38
몽실몽실 モンシルモンシル	81
무 ム	92
무겁다 ムゴプタ	80
무교 ムギョ	315
무궁화 ムグンファ	292
무궁화 꽃이 피었습니다 ムグンファ ッコチ ピオッスムニダ	274
무당 ムダン	227
무당벌레 ムダンボルレ	296
무당춤 ムダンチュム	227
무대 ムデ	252
무덤 ムドム	190
뚝뚝하다 ムットゥクトゥカダ	169
무료 ムリョ	261
무릎 ムルプ	342
무리하지 마세요. ムリハジ マセヨ	47
무선인터넷 ムソニントネッ	259
무섭다 ムソプタ	161
무술 ムスル	239
무슨 걱정 있으세요? ムスン コクチョン イッスセヨ	47
무슨 냄새가 나요. ムスン ネムセガ ナヨ	50
무슨 일 있으세요? ムスン ニル イッスセヨ	47
무승부 ムスンブ	241
무엇입니까? ムオシムニッカ	40
무역 ムヨク	311
무용 ムヨン	272
무인도 ムインド	287
무좀 ムジョム	327
무죄 ムジェ	307
무지 ムジ	72
무지개 ムジゲ	288
무화과 ムファグァ	91
문 (ドア) ムン	106
문 (門) ムン	107
문고 ムンゴ	224
문과 ムンクァ	145
문구점 ムングジョム	219
문방구 ムンバング	116
문법 ムンボブ	285
문서 절단기 ムンソ チョルタンギ	150
문의 손잡이 ムネ ソンジャビ	107
문이 안 열려요. ムニ アン ヨルリョヨ	49
문이 안 잠겨요. ムニ アン ジャムギョヨ	49
문자메시지 ムンチャメシジ	264
문패 ムンペ	106
문학 ムナク	270
문학부 ムナクブ	145
문화 회관 ムヌァ フェグァン	211
물 ムル	76, 82
물가 ムルカ	199
물고기 ムルコギ	294
물렁뼈 ムロンピョ	95
물론이에요. ムルロニエヨ	45
물류부 ムルリュブ	153
물리 ムルリ	144
물방울 ムルパンウル	72
물수건 ムルスゴン	76
물엿 ムルリョッ	98
물을 뿌림 ムルル プリム	316

子音	ㄱ k·g	ㄲ kk	ㄴ n	ㄷ t·d	ㄸ tt	ㄹ r	ㅁ m	ㅂ p·b	ㅃ pp	ㅅ s

물을 탐 ムルル タム ······ 83
물이 안 멈춰요. ムリ アン モムチュオヨ ······ 49
물총새 ムルチョンセ ······ 299
뭐! ムォ ······ 45
뭐라고 말했어요? ムォラゴ マレッソヨ ······ 45
뭐예요? ムォエヨ ······ 40
뮤지컬스타 ミュジコルスタ ······ 248
미각 ミガク ······ 233
미국 ミグク ······ 281
미꾸라지 ミックラジ ······ 97
미끄럼 주의 ミックロム ジュイ ······ 207
미끄럼대 ミックロムテ ······ 275
미끈미끈 ミックンミックン ······ 81
미남 ミナム ······ 279
미니 홈페이지 ミニ ホムペイジ ······ 262
미니스커트 ミニスコトゥ ······ 67
미래 ミレ ······ 318
미백 ミベク ······ 173, 231
미숙아 ミスガ ······ 185
미술 ミスル ······ 145
미술관 ミスルグァン ······ 212
미아 ミア ······ 323
미안합니다. ミアナムニダ ······ 39
미안해요. ミアネヨ ······ 39
미역 ミヨク ······ 97
미역국 ミヨククク ······ 84
미용사 ミヨンサ ······ 147
미용실 ミヨンシル ······ 228
미인 ミイン ······ 171
~미터 ~ミト ······ 119
미팅 ミティン ······ 236
민달팽이 ミンダルペンイ ······ 297

민들레 ミンドゥルレ ······ 293
민물고기 ミンムルコギ ······ 294
민소매 ミンソメ ······ 67
민숙 ミンスク ······ 200
민요 ミンヨ ······ 277
밀가루 ミルカル ······ 99
밀고 당김 ミルゴ ダンギム ······ 174
~밀리미터 ~ミルリミト ······ 119
밀장 ミルチャン ······ 190
밀착 ミルチャク ······ 251
밀회 ミルェ ······ 178
밉다 ミプタ ······ 165
밀 ミッ ······ 216
밀반찬 ミッパンチャン ······ 75

【ㅂ】

바 バ ······ 76, 237
바가지를 씀 パガジルル ッスム ······ 323
바깥쪽으로 돎 パッカッチョグロドム ······ 217
바나나 バナナ ······ 91
바다 パダ ······ 286
바다표범 パダピョボム ······ 291
바닥 パダク ······ 107
바닷물고기 パダンムルコギ ······ 294
바라보다 パラボダ ······ 175
바람 パラム ······ 301
바람을 피움 パラムル ピウム ······ 178
바베큐 バベキュ ······ 89
바보 같아 パボ ガタ ······ 55
바위 パウィ ······ 287
바이러스 パイロス ······ 262
바지 パジ ······ 67
바퀴벌레 パクィボルレ ······ 297
박 パク ······ 119
박쥐다매 パンニダメ ······ 60

母音	ㅏ a	ㅐ e	ㅑ ya	ㅒ ye	ㅓ eo	ㅔ e	ㅕ yeo	ㅖ ye	ㅗ o	ㅘ wa

박물관 パンムルグァン	209, 212	밥 パブ	75
반들반들 パンドゥルパンドゥル	81	밥 먹었어요? パム モゴッソヨ	37
반디 パンディ	297	밥그릇 パブクルッ	105
반 사이즈 パン サイズ	77	밥상 パブサン	278
반소매 パンソメ	67	방과후 パングァフ	141
반신욕 パンシニョク	234	방광 パングァン	343
반전 パンジョン	313	방광염 パングァンニョム	326
반지 パンジ	71	방 번호 パン ボノ	201
반찬 パンチャン	75	방사능 パンサヌン	323
반창고 パンチャンゴ	338	방사선과 パンサソンクァ	333
반품 パンプム	221	방송국 パンソングク	254
반항기 パナンギ	187	방송권 パンソンクォン	255
받는 사람 パンヌン サラム	266	방송금지 パンソングムジ	255
발 パル	341	방송시간 パンソンシガン	254
발각 パルガク	251	방송연기 パンソンヨンギ	255
발간작용 パルガンジャギョン	233	방송일 パンソンイル	254
발견 パルギョン	307	방송중지 パンソンジュンジ	255
발라드 パルラドゥ	225	방언 パンオン	285
발렌타인데이 パルレンタインデイ	124	방 열쇠 パン ニョルスェ	201
발마사지 パルマサジ	230	방 열쇠를 잃어버렸어요.	
발매일 パルメイル	246, 253	パン ニョルスェルル イロボリョッソヨ	49
발목 パルモク	342	방울벌레 パンウルボルレ	296
발송인 パルソンイン	267	방을 바꿔 주세요.	
발열 パリョル	324	パンウル バックォ ジュセヨ	49
발음 パルム	285	방을 청소해 주세요.	
발주 パルチュ	150	パンウル チョンソヘ ジュセヨ	49
발찌 パルッチ	71	방의 배치 パンエ ベチ	109
발톱 パルトプ	342	방충제 パンチュンジェ	115
밝다 パクタ	166	방향 パンヒャン	216
밤 (くり) パム	99	방향지시등 パンヒャンジシドゥン	204
밤 (夜) パム	127	밭 パッ	286
밤색 (茶色) パムセク	72	배 (船) ペ	203
밤색 (栗色) パムセク	229	배 (腹) ペ	341
밤에 욺 パメ ウム	187	배 (梨) ペ	91

| 子音 | k・g ㄱ | kk ㄲ | n ㄴ | t・d ㄷ | tt ㄸ | r ㄹ | m ㅁ | p・b ㅂ | pp ㅃ | s ㅅ |

배경화면	ペギョンファミョン	259, 265
배구	ペグ	238
배꼽	ペッコプ	341
배낭	ペナン	68
배내옷	ペネオッ	186
배너	ペノ	262
배달	ペダル	74
배드민턴	ペドゥミントン	238
배드신	ペドゥシン	245
배드인	ペドゥイン	177
배란일	ペラニル	184
배송무료	ペソンムリョ	221
배신	ペシン	178
배우	ペウ	244, 248
배추	ペチュ	92
배추벌레	ペチュボルレ	297
배팅센터	ペティンセント	213
백	ペク	118
백	ペク	205
백금	ペックム	289
백업	ペゴプ	259
백일휴가	ペギルヒュガ	313
백제	ペクチェ	318
백조	ペクチョ	299
백합	ペカプ	293
백화점	ペクァジョム	219, 222
뱀	ペム	295
뱀장어	ペムジャンオ	97
버라이티프로그램	ボライティプログレム	254
버선	ポソン	273
버섯	ポソッ	93
버스	ボス	202
버스정류장	ボスジョンニュジャン	199, 208
버전업	ボジョノプ	259
버찌	ポッチ	91
버터	ポト	99
~번	~ポン	121
번개	ポンゲ	301
벌	ポル	296
벌레	ポルレ	296
벌레에 물림	ポルレエ ムルリム	327
범인	ポミン	306
법률	ポムニュル	308
법원	ポブォン	210
법학부	ポパクブ	145
벚꽃	ポッコッ	292
베개	ベゲ	110, 201
베란다	ベランダ	107
베스트	ベストゥ	66
베이컨	ベイコン	95
베인 상처	ペイン サンチョ	326
베짱이	ペッチャンイ	296
벤처기업	ペンチョキオプ	156
벨트	ベルトゥ	69
벼루	ピョル	116
벼룩	ピョルク	297
벽	ビョク	107
변경	ピョンギョン	200
변비	ピョンビ	324
변함없는 마음	ピョナモムヌン マウム	52
변호사	ピョノサ	146, 307
별	ピョル	288
별관	ピョルグァン	223
별똥별	ピョルットンビョル	289

| 母音 | a ㅏ | e ㅐ | ya ㅑ | ye ㅒ | o ㅓ | e ㅔ | yo ㅕ | ye ㅖ | o ㅗ | wa ㅘ |

ss	無音·ng	ch·j	cch	ch	k	t	p	h
ㅆ	ㅇ	ㅈ	ㅉ	ㅊ	ㅋ	ㅌ	ㅍ	ㅎ

별이 많은 밤하늘
ピョリ マヌン パマヌル ……………… 288
- 별자리 ピョルジャリ ……………………… 288
- 별자리운세 ピョルチャリウンセ ………… 227
- 별장 ピョルチャン ………………………… 108
- ~병 ~ピョン ………………………………… 121
- 병간호 ピョンガノ ………………………… 189
- 병구완 ピョングワン ……………………… 191
- 병기 ピョンギ ……………………………… 312
- 병따개 ピョンタゲ ………………………… 104
- 병아리 ピョンアリ ………………………… 298
- 병역 ピョンニョク ………………………… 312
- 병역면제 ピョンニョンミョンジェ ……… 312
- 병원 ピョンウォン …………………… 208, 332
- 병원식 ピョンウォンシク ………………… 335
- 병조림 ピョンジョリム …………………… 75
- 보건소 ポゴンソ …………………………… 210
- 보고 싶다 ポゴ シプタ …………………… 176
- 보고서 ポゴソ ……………………………… 150
- 보내다 ポネダ ……………………………… 267
- 보너스 ポノス ……………………………… 151
- ~보다 ~ポダ ……………………………… 62
- 보도 ポド ……………………………… 209, 306
- 보도프로그램 ポドプログレム …………… 254
- 보디 ボディ ………………………………… 231
- 보리차 ポリチャ …………………………… 82
- 보브단발 ボブタンバル …………………… 228
- 보석 판매장 ポソク パンメジャン ……… 222
- 보안검사 ポアンゴムサ …………………… 198
- 보여 주세요. ポヨ ジュセヨ ……………… 38
- 보여 줘 ポヨ ジュオ ……………………… 54
- 보육원 ポユグォン ………………………… 138
- 보자기 ポジャギ …………………………… 273
- 보존식 ポジョンシク ……………………… 75
- 보증인 ポジュンイン ……………………… 159
- 보컬 ボコル ………………………………… 246
- 보통석 ポトンソク ………………………… 199
- 보통우편 ポトンウピョン ………………… 267
- 보행자우선 ポヘンジャウソン …………… 207
- 보험 ポホム ………………………………… 188
- 복도 ポクト ………………………………… 107
- 복사 ポクサ …………………………… 150, 259
- 복사기 ポクサギ …………………………… 258
- 복숭아 ポクスンア ………………………… 91
- 복습 ポクスプ ……………………………… 143
- 복싱 ポクシン ……………………………… 239
- 복용 ポギョン ……………………………… 338
- 복주머니 ポクチュモニ …………………… 273
- 복지시설 ポクチシソル …………………… 189
- 복채 ポクチェ ……………………………… 227
- 복통 ポクトン ……………………………… 324
- 볶다 ポクタ ………………………………… 102
- 볶음밥 ポックムパプ ……………………… 84
- 본관 ポングァン …………………………… 223
- 본사 ポンサ ………………………………… 150
- 본심과 명분
ポンシムグァ ミョンブン ……………… 277
- 본주 ポンジュ ……………………………… 282
- 볼 ポル ……………………………………… 104
- 볼링 ポルリン ………………………… 213, 239
- 볼펜 ボルペン ……………………………… 116
- 봄 ポム ……………………………………… 125
- 봐도 돼요? プァド ドェヨ ………………… 43
- 봐도 됩니까? プァド ドェムニッカ ……… 43
- 부고 プゴ …………………………………… 191
- 부끄럽다 ブックロプタ …………………… 165
- 부담 プダム ………………………………… 179
- 부대찌개 プデッチゲ ……………………… 83

we	we	yo	u	wo	we	wi	yu	wi	i
ㅙ	ㅚ	ㅛ	ㅜ	ㅝ	ㅞ	ㅟ	ㅠ	ㅡ	ㅢ	ㅣ

子音	ㄱ k·g	ㄲ kk	ㄴ n	ㄷ t·d	ㄸ tt	ㄹ r	ㅁ m	ㅂ p·b	ㅃ pp	ㅅ s

부동산	プドンサン	108
부동산투자	プドンサントゥジャ	159
부드럽다	プドゥロプタ	80
부모님	プモニム	136
부부	ププ	137
부사장	プサジャン	152
부산	プサン	283
부엌	プオク	106
부의	プイ	191
부임	プイム	148
부잉	プイン	241
부자가정	プジャガジョン	183
부작용	プジャギョン	337
부장	プジャン	152
부정맥	プジョンメク	325
부정액세스	プジョンエクセス	323
부증	プジュン	231
부채	プチェ	159
부추	プチュ	93
부츠	プチュ	68
부케	プケ	182
부케던지기	プケドンジギ	182
부탁합니다.	プタカムニダ	38
~부터	~プト	62
부황	プファン	232
북	プク	272
북극	プククク	280
북두칠성	プクトゥチルソン	289
북미	プンミ	280
북쪽	プクッチョク	216
북해도	プケド	282
~분	~プン	119
분식점	プンシクチョム	219
분열	プニョル	250
분유	プニュ	186
분쟁	プンジェン	313
분지	プンジ	286
분필	プンピル	140
분홍색	プノンセク	72
불결하다	プルギョラダ	173
불경	プルギョン	315
불고기	プルゴギ	83
불교	プルギョ	315
불꽃놀이	プルコンノリ	276
불량채권	プルリャンチェクォン	309
불륜	プルリュン	178
불면증	プルミョンチュン	326
불법체재	プルポプチェジェ	306
불상	プルサン	315
불쌍하네요.	プルサンハネヨ	47
불쌍하다	プルサンハダ	162
불안	プラン	55
불안정	プランジョン	155
불이 안 켜져요.	プリ アン キョジョヨ	49
불이야!	プリヤ	50
불임치료	プリムチリョ	185
불채용	プルチェヨン	155
불철주야	プルチョルジュヤ	60
불퉁하다	プルトゥンハダ	163
불합격	プラプキョク	143
불행	プレン	55
불화	プルァ	183
불황	プルァン	308
붓	プッ	116
붕대	プンデ	338
붕어빵	プンオッパン	90
붙박이장	プッパギジャン	106

母音	ㅏ a	ㅐ e	ㅑ ya	ㅒ ye	ㅓ o	ㅔ e	ㅕ yo	ㅖ ye	ㅗ o	ㅘ wa

붙이기 ブチギ	259
붙임머리 ブチムモリ	229
뷔페 ブィペ	76
브라우저 ブラウジョ	259
브래지어 ブレジオ	69
브레이크를 걸다	
ブレイクルル コルダ	205
브로치 ブロチ	71
브로콜리 ブロコルリ	93
블라우스 ブルラウス	66
블로그 ブルログ	262
블루스 ブルルス	225
비 ピ	300
비녀 ピニョ	273
비뇨기과 ピニョギクァ	332
비누 ピヌ	115
비누방울 ピヌバンウル	275
비늘 ピヌル	295
비닐봉투 ピニルボントゥ	317
비둘기 ピドゥルギ	298
비매품 ピメプム	220
비밀번호 ピミルボノ	214
비비다 ピビダ	101
비빔밥 ピビムパプ	85
비상구 ピサング	201, 223
비상식량 ピサンシンニャン	75
비서 ピソ	153
비염약 ピヨムニャク	337
비주얼계 ピジュオルゲ	278
비지니스서 ビジニスソ	224
비타민제 ピタミンジェ	337
비품 ピプム	201
비행 ピヘン	198
비행기 ピヘンギ	203
비행운 ピヘンウン	300
빈곤 ピンゴン	310
빈자리 ピンジャリ	197
빈자리 조회 ピンジャリ チョフェ	195
빈집털이 ピンジプトリ	322
빈차 ピンチャ	197
빈티지 ピンティジ	67
빈혈 ピンヒョル	324
빌딩 ビルディン	208
빗자루 ピッチャル	112
빚 ピッ	156
빛 ピッ	235
빠에야 パエヤ	89
빨간색 パルガンセク	72
빨랫감 パルレッカム	112
빨랫대 パルレッテ	113
빨리! パルリ	50
빵집 パンチプ	218
뺨 ピャム	340
뻐꾸기 ポックギ	299
뼈 ピョ	342
뼈갈비 ピョガルビ	95
뽀뽀 ポッポ	174
뿌리 プリ	293
【ㅅ】	
사 サ	118
사각 サガク	73
사각사각 サガクサガク	81
사건 サコン	306
사건현장 サコニョンジャン	306
사고 サゴ	306
사과 サグァ	90
사과하세요. サグァハセヨ	51
사국 サグク	282

子音	ㄱ k·g	ㄲ kk	ㄴ n	ㄷ t·d	ㄸ tt	ㄹ r	ㅁ m	ㅂ p·b	ㅃ pp	ㅅ s

사귀다 サグィダ … 175
사극 サグク … 244
사기 サギ … 306
사다 サダ … 133
사랑니 サランニ … 343
사랑에 빠지다 サランエ ッパジダ … 175
사랑하다 サランハダ … 175
사령관 サリョングァン … 312
사마귀 サマグィ … 296
사막 サマク … 287
사막기후 サマクキフ … 302
사망진단서 サマンジンダンソ … 191
사무용품 サムヨンプム … 117
사무 처리 サム チョリ … 149
사물놀이 サムルロリ … 272
사물함 サムラム … 230
사발 サバル … 105
사생활 サセンファル … 251
사설 サソル … 305
사슴 サスム … 291
사슴벌레 サスムボルレ … 296
사십구일 サシプクイル … 190
사십 분 サシプ プン … 127
사업계획 サオプケフェク … 157
사우나 サウナ … 232
사워 サウォ … 83
사원 サウォン … 209
사 월 サ ウォル … 122
사이즈 サイズ … 73
사인회 サイヌェ … 252
사임 サイム … 155
사자 サジャ … 291
사장 サジャン … 152
사적 サジョク … 213

사전 サジョン … 140, 225
사죄 サジェ … 251
사주추명 サジュチュミョン … 227
사주카페 サジュカペ … 227
사진 サジン … 243, 268, 304
사진가 サジンガ … 147
사진메일 サジンメイル … 264
사진집 サジンジプ … 224
사춘기 サチュンギ … 187
사 층 サ チュン … 223
사택 サテク … 108
사투리 サトゥリ … 285
사표 サピョ … 155
사형 サヒョン … 307
사회 (社會) サフェ … 144
사회 (司會) サフェ … 182
사회면 サフェミョン … 305
사회학부 サフェハクプ … 145
삭제 サクチェ … 261
산 サン … 286
산길 サンキル … 287
산낙지 サンナクチ … 83
산달 サンタル … 184
산란 サルラン … 295
산부인과 サンブインクァ … 332
산수 サンス … 144
산전수전 サンジョンスジョン … 61
산책 サンチェク … 243
산호 サノ … 295
산호초 サノチョ … 287
산후 サヌ … 186
~살 〜サル … 121
살인 サリン … 306
살해 サレ … 306

母音	ㅏ a	ㅐ e	ㅑ ya	ㅒ ye	ㅓ o	ㅔ e	ㅕ yo	ㅖ ye	ㅗ o	ㅘ wa

ss	無音·ng	ch·j	cch	ch	k	t	p	h
ㅆ	ㅇ	ㅈ	ㅉ	ㅊ	ㅋ	ㅌ	ㅍ	ㅎ

삶다 サムタ … 101	상장 サンジャン … 191
삼 サム … 118	상주 サンジュ … 191
삼각 サムガク … 73	상추 サンチュ … 93
삼각관계 サムガックァンゲ … 178	상쾌하다 サンクェハダ … 161
삼각김밥 サムガクキムパプ … 87	상품 サンプム … 220
삼각대 サムガクテ … 269	상품개발부 サンプムケバルブ … 153
삼겹살 サムギョプサル … 83, 95	상학부 サンハクブ … 145
삼계탕 サムゲタン … 84	새 セ … 298
삼관 달성 サムグァン ダルソン … 249	새벽 セビョク … 127
삼나무 サムナム … 292	새우 セウ … 97
삼륜차 サムニュンチャ … 203	새해 참배 セヘ チャムベ … 276
삼림 サムニム … 286	색깔 セクカル … 72
삼림욕 サムニムニョク … 234	샌드위치 センドゥウィチ … 88
삼면기사 サムミョンギサ … 304	샌들 センドゥル … 68
삼박 사일 サムバク サイル … 194	샐러드 セルロドゥ … 88
삼복 サムボク … 124	생간 センガン … 85
삼십 분 サムシプ プン … 126	생강 センガン … 93
삼십 초 サムシプ チョ … 127	생강차 センガンチャ … 82
삼위 サムィ … 241	생고기 センゴギ … 94
삼 월 サムオル … 122	생리대 センニデ … 337
삼 일 サミル … 122	생리통 センニトン … 325
삼일절 サミルチョル … 124	생맥주 センメクチュ … 83
삼종 경기 サムジョン ギョンギ … 239	생물 センムル … 144
삼촌 サムチョン … 137	생방송 センバンソン … 254
삼 층 サム チュン … 223	생산 センサン … 149
삿포로 サッポロ … 282	생선 センソン … 96
상궁 サングン … 319	생선회 センソヌェ … 86
상냥하다 サンニャンハダ … 166	생얼 センオル … 231
상무 サンム … 152	생일 センイル … 125
상박부 サンバクブ … 341	생태학 センテハク … 316
상복 サンボク … 191	샤브샤브 シャブシャブ … 86
상심 サンシム … 178	샤워 シャウォ … 107, 111
상영시간 サンヨンシガン … 245	샤프펜슬 シャプペンスル … 116
상용하다 サンヨンハダ … 339	샴푸 シャムプ … 114

we	we	yo	u	wo	we	wi	yu	u	wi	i
ㅙ	ㅚ	ㅛ	ㅜ	ㅝ	ㅞ	ㅟ	ㅠ	ㅡ	ㅢ	ㅣ

子音	k·g ㄱ	kk ㄲ	n ㄴ	t·d ㄷ	tt ㄸ	r ㄹ	m ㅁ	p·b ㅂ	pp ㅃ	s ㅅ

샴푸의자 シャムプウィジャ ····· 229
서고동저 ソゴドンジョ ····· 303
서기 ソギ ····· 319
서랍 ソラプ ····· 110
서로 ソロ ····· 55
서류 ソリュ ····· 149
서류철 ソリュチョル ····· 149
서른 ソルン ····· 120
서밋 ソミッ ····· 311
서부컬쳐 ソブコルチョ ····· 279
서양 ソヤン ····· 281
서양영화 ソヤンニョンファ ····· 244
서양음악 ソヤンウマク ····· 225
서예 ソエ ····· 242
서울 ソウル ····· 283
서재 ソジェ ····· 106
서점 ソジョム ····· 218, 224
서쪽 ソッチョク ····· 216
서평 ソピョン ····· 271
서플러먼트 ソプルロモントゥ ····· 337
서핑 ソピン ····· 243
석가탄신일 ソクカタンシニル ····· 124
석간 ソクカン ····· 304
석고팩 ソクコペク ····· 233
석류 ソンニュ ····· 91
석양 ソギャン ····· 289
섞다 ソクタ ····· 101
선거 ソンゴ ····· 308
선글라스 ソングルラス ····· 69
선물 ソンムル ····· 53, 195
선물가게 ソンムルカゲ ····· 219
선생님 ソンセンニム ····· 139
선수 ソンス ····· 240
선술집 ソンスルチブ ····· 236, 278

선취점 ソンチュィチョム ····· 241
선크림 ソンクリム ····· 71
선택과목 ソンテククァモク ····· 143
선풍기 ソンプンギ ····· 111
선행예약 ソネンイェヤク ····· 246
설 ソル ····· 124
설거지 ソルゴジ ····· 112
설기 ソルギ ····· 90
설렁탕 ソルロンタン ····· 83
설사 ソルサ ····· 324
설정 ソルチョン ····· 261
설탕 ソルタン ····· 98
섬 ソム ····· 287
성 ソン ····· 276
성게 ソンゲ ····· 97
성격이 급하다 ソンキョギ グパダ ····· 168
성격 차이 ソンキョク チャイ ····· 183
성교 ソンギョ ····· 177
성균관 ソンギュングァン ····· 319
성냥 ソンニャン ····· 115
성년의 날 ソンニョネ ナル ····· 124
성당 ソンダン ····· 314
성명판단 ソンミョンパンダン ····· 227
성서 ソンソ ····· 314
성적(표) ソンジョク(ピョ) ····· 142
성행위 ソンヘンウィ ····· 177
성형 ソンヒョン ····· 231
성희롱 ソンヒロン ····· 323
세 시 セ シ ····· 126
세계대회 セゲデフェ ····· 241
세계사 セゲサ ····· 144
세계유산 セゲユサン ····· 213, 276
세계지도 セゲジド ····· 280
세계투어 セゲトゥオ ····· 252

母音	a ㅏ	e ㅐ	ya ㅑ	ye ㅒ	o ㅓ	e ㅔ	yo ㅕ	ye ㅖ	o ㅗ	wa ㅘ

ss	無音·ng	ch·j	cch	ch	k	t	p	h
ㅆ	ㅇ	ㅈ	ㅉ	ㅊ	ㅋ	ㅌ	ㅍ	ㅎ

세관 セグァン 198
세금 セグム 309
세기 セギ 319
세례 セレ 315
세로쓰기 セロッスギ 285
세면대 セミョンデ 111
세면장 セミョンジャン 107
세무소 セムソ 210
세보 セボ 277
세일 セイル 220
세자 セジャ 319
세제 セジェ 112
세탁기 セタクキ 111
세탁을 하다 セタグル ハダ 131
섹스 セクス 177
섹시하다 セクシハダ 173
센다이 センダイ 282
센불 センブル 100
~센치미터 ~センチミト 119
셀카 セルカ 269
셀프서비스 セルプソビス 77
셀프타이머 セルプタイモ 268
셋 セッ 120
셔츠 ショチュ 66
셔트 ショトゥ 268
소 ソ 290
소개 ソゲ 174
소금 ソグム 98
소꿉놀이 ソックムノリ 274
소나기 ソナギ 300
소독액 ソドゲク 337
소동 ソドン 306
소득 ソドゥク 309
소라 ソラ 97

소리개 ソリゲ 298
소매치기 ソメチギ 322
소방관 ソバングァン 146
소방서 ソバンソ 208
소방차 ソバンチャ 203
소비 ソビ 309
소비제 ソビジェ 221
소설 ソソル 224, 270
소속사무실 ソソクサムシル 250
소송 ソソン 307
소스 ソス 98
소시지 ソシジ 95
소식가 ソシクカ 74
소아과 ソアクァ 333
소음 ソウム 323
소인 ソイン 266
소장 ソジャン 152, 343
소주 ソジュ 83
소쿠리 ソクリ 104
소파 ソパ 110
소포 ソポ 266
소풍 ソプン 143
소프트볼 ソプトゥボル 239
소프트웨어 ソプトゥウェオ 263
소형차 ソヒョンチャ 202
소화기내과 ソファギネクァ 333
속눈썹 ソンヌンッソプ 340
속눈썹 연장술
　　ソンヌンッソプ ヨンジャンスル 232
속다 ソクタ 179
속달 ソクタル 267
속도제한 ソクトジェハン 207
속박 ソクパク 176
속보 ソクポ 306

we	we	yo	u	wo	we	wi	yu	wi	i
ㅙ	ㅚ	ㅛ	ㅜ	ㅝ	ㅞ	ㅟ	ㅠ	ㅡ	ㅢ	ㅣ

子音	ㄱ	ㄲ	ㄴ	ㄷ	ㄸ	ㄹ	ㅁ	ㅂ	ㅃ	ㅅ
	k·g	kk	n	t·d	tt	r	m	p·b	pp	s

속았어요. ソガッソヨ	51	수건 スゴン	277
속옷 ソゴッ	69	수고 하세요. スゴ ハセヨ	37
속편 ソクピョン	245	수나라 スナラ	318
손 ソン	341	수뇌회담 スノェフェダム	310
손가락 ソンカラク	341	수능시험 スヌンシホム	311
손금 ソンクム	227	수도국 スドグク	210
손떨림 방지 ソンットルリム バンジ	269	수도원 スドウォン	314
손목 ソンモク	341	수라간 スラカン	319
손목시계 ソンモクシゲ	69	수렁 スロン	179
손빨래 ソンパルレ	112	수록 スロク	254
손수건 ソンスゴン	69	수류탄 スリュタン	313
손을 잡다 ソヌル チャプタ	176	수리 スリ	317
손이 없는 날 ソニ オムヌン ナル	109	수면제 スミョンジェ	337
손자 ソンジャ	137, 189	수박 スバク	91
손녀 ソンニョ	137, 189	수상 スサン	308
손전등 ソンチョンドゥン	115	수선공사 ススォンゴンサ	109
손톱 ソントプ	342	수성 スソン	288
손톱깎이 ソントプッカクキ	115	수속 スソク	157
솔개 ソルゲ	298	수수료 ススリョ	214
솔로아티스트 ソルロアティストゥ	246	수술 ススル	334
솔로활동 ソルロファルトン	249	수신 スシン	265
송별회 ソンビョルェ	236	수업 スオプ	141
송사리 ソンサリ	294	수업을 시작하다	
송신 ソンシン	265	スオプル シジャカダ	141
송이 ソンイ	93	수업이 끝나다 スオビ クンナダ	141
쇄도 スェド	250	수영 スヨン	238
쇠고기 スェゴギ	94	수요 スヨ	309
쇠고기덮밥 スェゴギトプパプ	87	수요일 スヨイル	123
쇼핑 ショピン	220, 242	수유 スユ	186
쇼핑몰 ショピンモル	212	수의 スイ	191
숄 ショル	69	수입 スイプ	309
숄더백 ショルドベク	68	수정(란) スジョン (ナン)	184
숏커트 ショッコトゥ	228	수정과 スジョングァ	82
수강 スガン	143	수정액 スジョンエク	116

母音	ㅏ	ㅐ	ㅑ	ㅒ	ㅓ	ㅔ	ㅕ	ㅖ	ㅗ	ㅘ
	a	e	ya	ye	o	e	yo	ye	o	wa

	ss	無音·ng	ch·j	cch	ch	k	t	p	h
	ㅆ	ㅇ	ㅈ	ㅉ	ㅊ	ㅋ	ㅌ	ㅍ	ㅎ

수제비 スジェビ	83	술을 마시다 スルル マシダ	134
수조 スジョ	295	숨바꼭질 スムバッコクチル	274
수족관 スジョックァン	212	숨이 막혀요 スミ マキョヨ	55
수주 スジュ	150	숲 スプ	286
수채화 スチェファ	271	숲길 スプキル	287
수출 スチュル	309	쉬는 시간 シュィヌン シガン	140
수취인 スチュイイン	267	쉰 シュィン	121
수평선 スピョンソン	287	슈퍼마켓 シュポマケッ	218
수필 スピル	270	스넥코너 スネクコノ	222
수하물보관소 スハムルボグァンソ	222	스노보드 スノボドゥ	239
수하물 수취소 スハムル スチュィソ	198	스니커즈 スニコズ	68
수하물 위탁소 スハムル ウィタクソ	198	스님 スニム	315
수학 スハク	144	스마트폰 スマトゥポン	264
수학여행 スハンニョヘン	143	스물 スムル	120
수험 スホム	143	스승의날 ススンエナル	125
수험 (생) スホム (セン)	139	스웨터 スウェト	66
수험공부 スホムゴンブ	311	스카프 スカプ	69
수험전쟁 スホムジョンジェン	311	스캐너 スケノ	259
수혈 スヒョル	335	스캔들 スケンドゥル	251
수화 スファ	310	스케이트 スケイトゥ	238
숙명 スンミョン	174	스케줄 スケジュル	151, 194, 251
숙박료 スクパンニョ	200	스케치북 スケチブク	117
숙제 スクチェ	142	스크램블 에그 スクレムブル エグ	89
숙취 スクチュィ	237	스키 スキ	238
순대 スンデ	85	스키야키 スキヤキ	86
순무 スンム	92	스키장 スキジャン	213
순산 スンサン	185	스킨 スキン	70
순한 맛 スナン マッ	79	스타일이 좋다 スタイリ チョッタ	172
순환기내과 スヌァンギネクァ	333	스타킹 スタキン	69
숟가락 スッカラク	75, 105	스타팅 멤버 スタティン メムボ	241
술고래 スルゴレ	237	스테로이드 ステロイドゥ	337
술버릇 スルボルッ	237	스테이크 ステイク	89
		스테플러 ステプルロ	117
		스토커 ストコ	323

we	we	yo	u	wo	we	wi	yu	u	wi	i
ㅙ	ㅚ	ㅛ	ㅜ	ㅝ	ㅞ	ㅟ	ㅠ	ㅡ	ㅢ	ㅣ

子音	ㄱ k·g	ㄲ kk	ㄴ n	ㄷ t·d	ㄸ tt	ㄹ r	ㅁ m	ㅂ p·b	ㅃ pp	ㅅ s

스튜 ステュ … 89
스트라이프 ストゥライプ … 72
스트레이트머리 ストゥレイトゥモリ … 228
스파게티 スパゲティ … 89
스팸메일 スペムメイル … 264
스포츠 スポチュ … 238
스포츠 관전 スポチュ クァンジョン … 243
스포츠머리 スポチュモリ … 228
스포츠면 スポチュミョン … 305
스폰서 スポンソ … 156
스폰지 スポンジ … 112
스프 スプ … 89
스피드 スピドゥ … 204
스피치 スピチ … 181
슬리퍼 スルリポ … 68
슬프다 スルプダ … 160
습도 スプト … 302
습진 スプチン … 326
승마 スンマ … 239
승무원 スンムウォン … 195
승용차 スンヨンチャ … 202
승진 スンジン … 148
〜시 (時) 〜シ … 121
시 (詩) シ … 270
시각표 シガクピョ … 199
시간 シガン … 127
시간은 돈이다 シガヌン ドニダ … 59
시간이 얼마나 걸려요? シガニ オルマナ ゴルリョヨ … 43
시간이 얼마나 걸립니까? シガニ オルマナ ゴルリムニッカ … 43
시간이 흘러 シガニ フルロ … 55

시계방향으로 돎 シゲバンヒャンウロ ドム … 217
시골생활 シゴルセンファル … 188
시금치 シグムチ … 93
시기 シギ … 164
시내 シネ … 287
시다 シダ … 79
시말서 シマルソ … 150
시소 シソ … 275
시원해요 シウォネヨ … 79
시 월 シ ウォル … 122
시의 シウィ … 319
시장 シジャン … 219
시집가다 シジプカダ … 180
시청 シチョン … 210
시청률 シチョンニュル … 255
시청자 シチョンジャ … 255
시청제한 シチョンジェハン … 255
시체 シチェ … 307
시트 シトゥ … 201
시트를 바꿔 주세요. シトゥルル バックォ ジュセヨ … 49
시판약 シパンニャク … 336
시합 シハプ … 240
시행착오 シヘンチャゴ … 61
시험 シホム … 142
식간 シクカン … 338
식감 シクカム … 80
식기세척기 シクキセチョクキ … 111
식도 シクト … 343
식물 シンムル … 292
식물원 シンムルォン … 213
식빵 シクパン … 88
식사 シクサ … 74

母音	ㅏ a	ㅐ ae	ㅑ ya	ㅒ yae	ㅓ o	ㅔ e	ㅕ yo	ㅖ ye	ㅗ o	ㅘ wa

식사 하셨어요? シクサ ハショッソヨ 37	신서 シンソ 224
식사를 하다 シクサルル ハダ 134	신앙 シナン 315
식사제한 シクサジェハン 233	신용카드 シニョンカドゥ 221
식수 シクス 317	신인 シニン 249
식욕 シギョク 74	신입사원 シニプサウォン 153
식욕이 없다 シギョギ オプタ 329	신입생 シニプセン 139
식전 シクチョン 338	신장 シンジャン 342
식중독 シクチュンドク 324	신졸 シンジョル 154
식초 シクチョ 98	신진대사 シンジンデサ 233
식칼 シクカル 104	신축 シンチュク 108
식품 판매장 シクプム パンメジャン 222	신칸센 シンカンセン 203, 276
식후 シク 338	신호등 シノドゥン 209
식히다 シキダ 102	신혼 シノン 180
신간 シンガン 224	신혼생활 シノンセンファル 182
신경 シンギョン 343	신혼여행 シノンニョヘン 180
신고 シンゴ 157	실기시험 シルギシホム 142
신곡 シンゴク 225, 246	실뜨기 シルトゥギ 275
신규사업 シンギュサオプ 157	실망함 シルマンハム 164
신규참가 シンギュチャムガ 157	실업 シロプ 155
신년회 シンニョヌェ 236	실업가 シロプカ 157
신라 シルラ 318	실업률 シロムニュル 309
신랑 シルラン 181	실연 シリョン 178
신문 シンムン 304	실용서적 シリョンソジョク 224
신문기자 シンムンギジャ 304	실험 シロム 143
신문배달 シンムンベダル 305	싫다 シルタ 163
신발 シンバル 68	싫어합니까? シロハムニッカ 42
신발장 シンバルチャン 110	싫어해요? シロヘヨ 42
신부 (新婦) シンブ 181	싫증나다 シルチュンナダ 163
신부 (神父) シンブ 314	심근경색 シムグンギョンセク 325
신사 シンサ 209, 315	심료내과 シムニョネクァ 332
신사 양복 シンサ ヤンボク 67	심리학부 シムニハグブ 145
신사화 シンサファ 68	심야 シミャ 127
신상품 シンサンプム 157	심야버스 シミャボス 202
신생아 シンセンア 186	심장 シムジャン 342

子音	ㄱ k·g	ㄲ kk	ㄴ n	ㄷ t·d	ㄸ tt	ㄹ r	ㅁ m	ㅂ p·b	ㅃ pp	ㅅ s

심판 シムパン … 240
십 シプ … 118
십 분 シプ ブン … 126
십 분 전 シプ ブン ジョン … 127
십 분 후 シプ ブ ヌ … 127
십 일 シビル … 123
십이 월 シビ ウォル … 122
십이지장궤양 シビジジャングェヤン … 325
십일 월 シビル オル … 122
십자가 シプチャガ … 314
십 초 シプ チョ … 127
싱글 シングル … 200, 246
싸움 サウム … 178
싹싹하다 サクサカダ … 166
쌘비구름 センビグルム … 300
써 주세요. ソ ジュセヨ … 38
쑥찜 スクチム … 232
쑥팩 スクペク … 233
쓰기 スギ … 285
쓰다 スダ … 78
쓰레기 버리기 スレギ ポリギ … 113
쓰레기를 버리다 スレギルル ポリダ … 131
쓰레기 분리수거 スレギ プルリスゴ … 316
쓰레기통 スレギトン … 115
쓰레드 スレドゥ … 263
쓰레받기 スレバッキ … 112
쓰리사이즈 スリサイズ … 233
~씨 ~シ … 56
씨름 シルム … 239
씹는 맛 シムヌン マッ … 80
씽씽 シンシン … 303

【ㅇ】
아. ア … 44
아가 アガ … 137
아가미 アガミ … 295
아기 마사지 アギ マサジ … 187
아기침대 アギチムデ … 186
아기 키우기 アギ キウギ … 186
아나운서 アナウンソ … 248
아내 アネ … 137
아니 땐 굴뚝에 연기 날까 アニ ッテン グルトゥゲ ヨンギ ナルッカ … 59
아닌 밤중에 홍두깨 アニン パムチュンエ ホンドゥッケ … 58
아동관 アドングァン … 211
아동복 판매장 アドンボク パンメジャン … 222
아동서적 アドンソジョク … 225
아들 アドゥル … 137
아래 アレ … 216
아로마캔들 アロマケンドゥル … 234
아로마테라피 アロマテラピ … 234
아로와나 アロワナ … 294
아르바이트 アルバイトゥ … 155
아름답다 アルムダプタ … 171
아리랑 アリラン … 272
아버지 アボジ … 136
아빠 アッパ … 136
아삭아삭 アサガサク … 81
아쉽네요. アシュィムネヨ … 45
아시아 アシア … 280
아역 アヨク … 245
아울렛 アウルレッ … 212
아유르베딕 アユルベディク … 235

母音	ㅏ a	ㅐ e	ㅑ ya	ㅒ ye	ㅓ o	ㅔ e	ㅕ yo	ㅖ ye	ㅗ o	ㅘ wa

한국어	일본어 발음	페이지
아이가 딸려있음 アイガ タルリョイッスム		183
아이돌 アイドル		248
아이라인 アイライン		70
아이방 アイバン		106
아이섀도 アイセド		70
아이스크림 アイスクリム		90
아이스하키 アイスハキ		239
아이콘 アイコン		259, 264
아저씨 アジョッシ		57
아주머니 アジュモニ		57
아주 좋아함 アジュ チョアハム		164
아지랑이 アジランイ		289, 297
아직 アジク		63
아침 アチム		127
아침 식사 アチム シクサ		74
아침 해 アチ メ		289
아키하바라계 アキハバラゲ		278
아킬레스건 アキルレスゴン		343
아토피 アトピ		324
아트메이크 アトゥメイク		231
아파트 アパトゥ		107
아프다 アプダ		330
아프리카 アプリカ		280
아홉 アホプ		120
아홉 시 アホプ シ		126
아흔 アフン		121
아흔아홉 アフナホプ		121
악수회 アクスフェ		252
악어 アゴ		295
악취 アクチュィ		323
안개 アンゲ		301
안경 アンギョン		69
안경을 쓰다 アンギョンウル ッスダ		131
안경점 アンギョンジョム		218
안과 アンクァ		332
안내소 アンネソ		195, 208, 223
안녕. アンニョン		37
안녕하세요? アンニョンハセヨ		36
안녕히 가세요. アンニョンヒ ガセヨ		36
안녕히 계세요. アンニョンヒ ゲセヨ		36
안녕히 주무세요. アンニョンヒ ジュムセヨ		37
안녕히 주무셨어요? アンニョンヒ ジュムショッソヨ		47
안돼니? アンドェニ		54
안됐군요. アンドェックンニョ		47
안무 アンム		246
안색이 나쁘다 アンセギ ナップダ		331
안음 アヌム		187
안전벨트 アンジョンベルトゥ		204
안전보장 アンジョンボジャン		262, 311
안전지대 アンジョンジデ		207
안정 アンジョン		155
안정기 アンジョンギ		184
안주 アンジュ		236
안쪽 アンチョク		217
안쪽으로 돎 アンチョグロ ドム		217
안치소 アンチソ		191
알겠습니다. アルゲッスムニダ		38
알겠어. アルゲッソ		44
알고 있어요. アルゴ イッソヨ		44
알레르기 アルレルギ		324
알아요? アラヨ		40
알약 アルリャク		338
알파벳 アルパベッ		285

子音	ㄱ k·g	ㄲ kk	ㄴ n	ㄷ t·d	ㄸ tt	ㄹ r	ㅁ m	ㅂ p·b	ㅃ pp	ㅅ s

암 アム ··· 326
압니까? アムニッカ ··· 40
압정 アプチョン ··· 117
앞 アプ ··· 216
앞니 アムニ ··· 343
앞머리 アムモリ ··· 228
애니메이션 エニメイション ··· 279
애무 エム ··· 177
애인 エイン ··· 178
애절하다 エジョラダ ··· 164
애플리케이션
　エプルリケイション ··· 263, 264
애호박 エホバク ··· 93
액세스 エクセス ··· 262
액션 エクション ··· 244
액젓 エクチョン ··· 258
앨범 エルボム ··· 246, 269
앵무새 エンムセ ··· 298
야경 ヤギョン ··· 269
야구 ヤグ ··· 238
야구장 ヤグジャン ··· 213
야근 ヤグン ··· 148
야당 ヤダン ··· 308
야식 ヤシク ··· 74
야외촬영 ヤウェチュアリョン ··· 250
야외 촬영지 ヤウェ チュアリョンジ ··· 254
야유회 ヤユフェ ··· 236
야채 ヤチェ ··· 92
야채가게 ヤチェガゲ ··· 219
약 ヤク ··· 336
약과 ヤックァ ··· 91
약국 ヤックク ··· 336
약불 ヤクプル ··· 100
약사 ヤクサ ··· 146, 336

약을 먹다 ヤグル モクタ ··· 339
약을 바르다 ヤグル バルダ ··· 339
약초탕 ヤクチョタン ··· 232
약학부 ヤカクプ ··· 145
약혼 ヤコン ··· 180
약혼식 ヤコンシク ··· 180
약혼자 ヤコンジャ ··· 180
얇게 썰다 ヤルケ ソルダ ··· 103
얌전하다 ヤムジョナダ ··· 167
양 ヤン ··· 290
양고기 ヤンゴギ ··· 94
양궁 ヤングン ··· 239
양다리를 걸침
　ヤンダリルル ゴルチム ··· 178
양떼구름 ヤンッテグルム ··· 300
양말 ヤンマル ··· 68
양면테이프 ヤンミョンテイプ ··· 117
양민 ヤンミン ··· 319
양반 ヤンバン ··· 319
양배추 ヤンベチュ ··· 92
양산 ヤンサン ··· 114
양상치 ヤンサンチ ··· 92
양송이 ヤンソンイ ··· 93
양육비 ヤンニュクピ ··· 183
양자 결연 ヤンジャ ギョリョン ··· 183
양초 ヤンチョ ··· 115
양파 ヤンパ ··· 92
어금니 オグムニ ··· 343
어깨 オッケ ··· 341
어깨가 뻐근함 オッケガ ッポグナム ··· 327
어디 아프세요? オディ アプセヨ ··· 46
어디예요? オディエヨ ··· 41
어디입니까? オディイムニッカ ··· 40
어때요? オッテヨ ··· 41

母音	ㅏ a	ㅐ e	ㅑ ya	ㅒ ye	ㅓ o	ㅔ e	ㅕ yo	ㅖ ye	ㅗ o	ㅘ wa

ss	無音·ng	ch·j	cch	ch	k	t	p	h
ㅆ	ㅇ	ㅈ	ㅉ	ㅊ	ㅋ	ㅌ	ㅍ	ㅎ

어떻게 하면 돼요?
  オットケ ハミョン ドェヨ ……… 51
어떻습니까? オットッスムニッカ …… 41
어린아이 オリナイ ……………………… 186
어린이날 オリニナル ………………… 124
어머니 オモニ ………………………… 136
어버이날 オボイナル ………………… 124
어부 オブ …………………………… 147
어제 オジェ ………………………… 123
어질어질하다 オジロジラダ ……… 331
어쩔 수 없네요.
  オッチョル ス オムネヨ ……… 47
어카운트 オカウントゥ ……………… 261
어택 オテク ………………………… 175
어학서 オハクソ ……………………… 224
억 オク ……………………………… 118
억울하다 オグラダ ………………… 162
언니 オンニ ……………………… 57, 136
언덕 オンドク ……………………… 286
언어 オノ …………………………… 284
언어도단 オノドダン ………………… 60
언인스톨 オニンストル ……………… 262
언쟁 オンジェン …………………… 322
언제까지나 オンジェッカジナ ……… 55
언제예요? オンジェエヨ ……………… 41
언제입니까? オンジェイムニッカ …… 41
얼굴 オルグル ……………………… 340
얼굴문자 オルグルムンチャ ……… 264
얼굴을 씻다 オルグルル シッタ …… 130
얼굴이 작다 オルグリ チャクタ …… 171
얼룩말 オルルンマル ……………… 291
얼짱 オルチャン …………………… 279
엄금 オムグム ……………………… 207
엄마 オムマ ………………………… 136

업계 オブケ ………………………… 149
업로드 オムノドゥ ………………… 261
업종 オブチョン …………………… 149
엉덩이 オンドンイ ………………… 341
엎어지면 코 닿을 데
  オポジミョン コ ダウル テ …… 58
~에 ~エ ……………………………… 62
에너지 エノジ ……………………… 311
에너지 절약 エノジ チョリャク …… 316
에러 エロ …………………………… 263
~에서 ~エソ ………………………… 62
에스컬레이터 エスコルレイト …… 223
에스테 エステ ……………………… 230
에스테티션 エステティション …… 147
에어컨 エオコン ……………… 111, 201
에코 백 エコ ベク ………………… 316
엑서사이즈 エクソサイズ ………… 233
엔 エン ……………………………… 215
엔진고장 エンジンゴジャン ……… 204
엔진을 걸다 エンジヌル コルダ …… 205
엔터키 エントキ …………………… 259
엘리베이터 エルリベイト ……… 201, 223
여관 ヨグァン ……………………… 200
여권 ヨクォン ……………………… 194
여권분실 ヨクォンブンシル ……… 322
여권을 잃어버렸어요.
  ヨクォヌル イロボリョッソヨ …… 48
여기 ヨギ …………………………… 217
여기는 제 자리예요.
  ヨギヌン チェ ジャリエヨ …… 48
여당 ヨダン ………………………… 308
여덟 ヨドル ………………………… 120
여덟 시 ヨドルシ …………………… 126
여동생 ヨドンセン ………………… 136

we	we	yo	u	wo	we	wi	yu	u	wi	i
ㅙ	ㅚ	ㅛ	ㅜ	ㅝ	ㅞ	ㅟ	ㅠ	ㅡ	ㅢ	ㅣ

子音	ㄱ k·g	ㄲ kk	ㄴ n	ㄷ t·d	ㄸ tt	ㄹ r	ㅁ m	ㅂ p·b	ㅃ pp	ㅅ s

여드름 ヨドゥルム ……………………… 231
여든 ヨドゥン ……………………………… 121
여러분 ヨロブン …………………………… 56
여론 ヨロン ……………………………… 308
여름 ヨルム ……………………………… 125
여름방학 ヨルムパンハク ……………… 139
여배우 ヨベウ …………………………… 245
여섯 ヨソッ ……………………………… 120
여섯 시 ヨソッ シ ……………………… 126
여성전용 ヨソンジョニョン …………… 230
여성패션 판매장
　ヨソンペション パンメジャン ……… 222
여신 ヨシン ………………………………… 53
여왕벌 ヨワンボル ……………………… 296
여우 ヨウ ………………………………… 291
여자친구 ヨジャチング ………………… 175
여진 ヨジン ……………………………… 323
여탕 ヨタン ……………………………… 230
여행 ヨヘン ………………………… 194, 242
여행가방 ヨヘンガバン ………………… 194
여행가이드 ヨヘンガイドゥ …………… 224
여행객 ヨヘンゲク ……………………… 195
여행사 ヨヘンサ ………………………… 196
여행안내원 ヨヘンアンネウォン ……… 195
여흥 ヨフン ……………………………… 237
역 ヨク …………………………………… 208
역겨운 냄새 ヨッキョウン ネムセ ……… 79
역사 ヨクサ ………………………… 144, 318
역시 ヨクシ ………………………………… 63
역시! ヨクシ ……………………………… 45
역원 ヨゴヌン …………………………… 152
역전 ヨクチョン ………………………… 241
역직 ヨクチク …………………………… 152
연고 ヨンゴ ……………………………… 337

연금생활 ヨングムセンファル ………… 188
연기 ヨンギ ……………………………… 250
연날리기 ヨンナルリギ ………………… 275
연말 ヨンマル …………………………… 125
연못 ヨンモッ …………………………… 286
연상의 아내 ヨンサンエ アネ ………… 182
연속촬영 ヨンソクチュァリョン ……… 268
연시 ヨンシ ……………………………… 125
연애감정 ヨネガムジョン ……………… 164
연애결혼 ヨネギョロン ………………… 180
연애운 ヨネウン ………………………… 226
연어 ヨノ ………………………………… 96
연예 ヨネ ………………………………… 248
연예뉴스 ヨネニュス …………………… 251
연예인 ヨネイン ………………………… 248
연예 정보 ヨネ ジョンボ ……………… 251
연예정보지 ヨネジョンボジ …………… 251
연장자 해외 자원봉사
　ヨンジャンジャ ヘウェ チャウォンボンサ
　……………………………………………… 189
연장자요금 ヨンジャンジャヨグム …… 188
연장전 ヨンジャンジョン ……………… 240
연정이 더해지다
　ヨンジョンイ トヘジダ ……………… 165
연주하다 ヨンジュハダ ………………… 247
연중무휴 ヨンジュンムヒュ …………… 220
연필 ヨンピル …………………………… 116
연필깎이 ヨンピルッカクキ …………… 116
연하장 ヨナチャン ……………………… 276
연한살 ヨナンサル ……………………… 95
연회 ヨヌェ ……………………………… 236
연휴 ヨニュ ……………………………… 125
열 ヨル …………………………………… 120
열 시 ヨル シ …………………………… 126

母音	ㅏ a	ㅐ e	ㅑ ya	ㅒ ye	ㅓ o	ㅔ e	ㅕ yo	ㅖ ye	ㅗ o	ㅘ wa

ss	無音·ng	ch·j	cch	ch	k	t	p	h
ㅆ	ㅇ	ㅈ	ㅉ	ㅊ	ㅋ	ㅌ	ㅍ	ㅎ

열대어 ヨルテオ	294	옆 ヨプ	216
열대우림기후 ヨルテウリムギフ	302	옆 방이 시끄러워요.	
열두 시 ヨルトゥ シ	126	ヨプ パンイ シックロウォヨ	49
열둘 ヨルドゥル	120	예. イェ	44
열심히 하세요. ヨルシミ ハセヨ	46	예금 イェグム	215
열애 ヨレ	251	예를 들면 イェルル トゥルミョン	63
열이 있다 ヨリ イッタ	328	예매 イェメ	245
열하나 ヨラナ	120	예명 イェミョン	262
열한 시 ヨラン シ	126	예배 イェベ	314
염색 ヨムセク	228	예산 イェサン	151
염소 ヨムソ	290	예선 イェソン	240
염좌 ヨムジュア	327	예순 イェスン	121
염주 ヨムジュ	315	예술서 イェスルソ	224
엽서 ヨプソ	266	예습 イェスプ	143
영 ヨン	118	예약 イェヤク	194, 200
영계백숙 ヨンゲベクスク	87	예약하다 イェヤカダ	196
영계튀김 ヨンゲトゥィギム	89	예약했었어요. イェヤケッソッソヨ	49
영구차 ヨングチャ	191	예정일 イェジョンイル	184
영국 ヨングク	281	옛날 남자친구	
영수증 ヨンスジュン	221	イェンナル ナムジャチング	178
영양제 ヨンヤンジェ	233, 337	옛날 여자친구	
영양 크림 ヨンヤン クリム	70	イェンナル ヨジャチング	179
영어 ヨノ	144, 284	오 オ	118
영업부 ヨンオプブ	153	오늘 オヌル	123
영업부원 ヨンオプブウォン	146	오독오독 オドコドク	81
영업시간 ヨンオプシガン	220	오디오 オディオ	111
영업중 ヨンオプチュン	220	오래간만이에요.	
영재 교육 ヨンジェ ギョユク	187, 311	オレガンマニエヨ	36
영적 ヨンチョク	235	오래간만입니다.	
영정사진 ヨンジョンサジン	191	オレガンマニムニダ	36
영토문제 ヨントムンジェ	311	오로라 オロラ	289
영화 ヨンファ	244	오른쪽 オルンチョク	216
영화감상 ヨンファガムサン	242	오리 オリ	299
영화관 ヨンファグァン	212	오리고기 オリコギ	94

we	we	yo	u	wo	we	wi	yu		wi	i
ㅙ	ㅚ	ㅛ	ㅜ	ㅝ	ㅞ	ㅟ	ㅠ	ㅡ	ㅢ	ㅣ

子音	ㄱ k·g	ㄲ kk	ㄴ n	ㄷ t·d	ㄸ tt	ㄹ r	ㅁ m	ㅂ p·b	ㅃ pp	ㅅ s

오리무중 オリムジュン … 61
오리온자리 オリオンジャリ … 289
오므라이스 オムライス … 88
오믈렛 オムルレッ … 88
오미자차 オミジャチャ … 82
오빠 オッパ … 57, 136
오사카 オサカ … 282
오심 オシム … 241
오십 분 オシプ ブン … 127
오염 オヨム … 316
오 월 オ ウォル … 122
오이 オイ … 92
오이김치 オイキムチ … 85
오이팩 オイペク … 232
오일마사지 オイルマサジ … 230
오전 オジョン … 127
오존층 オジョンチュン … 302
오주년 기념
  オジュニョン ギニョム … 252
오징어 オジンオ … 97
오 층 オ チュン … 223
오코노미야끼 オコノミヤキ … 87
오키나와 オキナワ … 282
오타쿠 オタク … 279
오토바이 オトバイ … 203
오페라 オペラ … 225
오해예요. オヘエヨ … 51
오후 オフ … 127
옥상 オクサン … 223
옥션 オクション … 260
옥수수 オクスス … 93
옥수수차 オクススチャ … 82
온고지신 オンゴジシン … 60
온돌방 オンドルパン … 107, 200

온라인 オンライン … 259
온천 オンチョン … 276
온화하다 オヌァハダ … 168
온화해지다 オヌァヘジダ … 235
올빼미 オルッペミ … 299
올챙이 オルチェンイ … 294
옷가게 オッカゲ … 218
옷걸이 オッコリ … 115
옷장 オッチャン … 110
와이셔츠 ワイショチュ … 66
와인 ワイン … 83
와플 ワプル … 90
완고하다 ワンゴハダ … 168
완장 ワンジャン … 190
완전무결 ワンジョンムギョル … 61
왕따 ワンタ … 141
왕복 ワンボク … 198
왕자 ワンジャ … 248
왜 그러세요? ウェ グロセヨ … 42
왜국 ウェグク … 318
왜나막신 ウェナマクシン … 277
왜요? ウェヨ … 43
왜입니까? ウェイムニッカ … 43
외과 ウェクァ … 332
외교 ウェギョ … 310
외국도서 ウェグクトソ … 224
외국어 ウェグゴ … 284
외국어학부 ウェグゴハクプ … 145
외국 자본 기업
  ウェグク チャボン キオプ … 150
외국 자본투자
  ウェグク チャボントゥジャ … 158
외래환자 ウェレファンジャ … 333
외롭다 ウェロプタ … 161

母音	ㅏ a	ㅐ e	ㅑ ya	ㅒ ye	ㅓ o	ㅔ e	ㅕ yo	ㅖ ye	ㅗ o	ㅘ wa

ㅆ	ㅇ	ㅈ	ㅉ	ㅊ	ㅋ	ㅌ	ㅍ	ㅎ
ss	無音·ng	ch·j	cch	ch	k	t	p	h

외롭지 않으세요?
ウェロブチ アヌセヨ ··········· 47
외성성 ウェムソン ··········· 310
외삼촌 ウェサムチョン ··········· 137
외상 ウェサン ··········· 326
외식 ウェシク ··········· 74
외용약 ウェヨンニャク ··········· 337
외할머니 ウェハルモニ ··········· 137
외할아버지 ウェハラボジ ··········· 137
외환 ウェファン ··········· 158
외환거래 ウェファンゴレ ··········· 158
외환시장 ウェファンシジャン ··········· 215
왼쪽 ウェンチョク ··········· 216
요가 ヨガ ··········· 234
요구르트 ヨグルトゥ ··········· 99
요금 ヨグム ··········· 196
요금미터 ヨグムミト ··········· 199
요리 ヨリ ··········· 242
요리를 하다 ヨリルル ハダ ··········· 100, 133
요리인 ヨリイン ··········· 147
요인 ヨイン ··········· 310
요컨대 ヨコンデ ··········· 63
요코하마 ヨコハマ ··········· 282
요통 ヨトン ··········· 327
요트 ヨトゥ ··········· 203
욕실 ヨクシル ··········· 230
욕조 ヨクチョ ··········· 111
용기 내세요! ヨンギ ネセヨ ··········· 47
용두사미 ヨンドゥサミ ··········· 60
용의자 ヨンイジャ ··········· 307
우는 얼굴 ウヌ ノルグル ··········· 179
우동 ウドン ··········· 86
우르릉 우르릉 ウルルンウルルン ··········· 303
우리 ウリ ··········· 56

우메보시 ウメボシ ··········· 87
우박 ウバク ··········· 301
우산 ウサン ··········· 114
우승 ウスン ··········· 241
우울증 ウウルチュン ··········· 326
우유 ウユ ··········· 99
우주 ウジュ ··········· 288
우체국 ウチェグク ··········· 208, 266
우체통 ウチェトン ··········· 266
우편배달 ウピョンベダル ··········· 266
우편번호 ウピョンボノ ··········· 266
우편요금 ウピョンニョグム ··········· 266
우호 ウホ ··········· 318
우회전 ウフェジョン ··········· 205
우회전금지 ウフェジョングムジ ··········· 207
욱신거리다 ウクシンゴリダ ··········· 331
운동 ウンドン ··········· 243
운동장 ウンドンジャン ··········· 139
운동회 ウンドンフェ ··········· 143
운명 ウンミョン ··········· 174, 226
운석 ウンソク ··········· 289
운세 ウンセ ··········· 226
운임 ウニム ··········· 199
운전석 ウンジョンソク ··········· 204
운전수 ウンジョンス ··········· 147
운전하다 ウンジョナダ ··········· 205
울지 마세요. ウルジ マセヨ ··········· 46
워싱턴조약 ウォシントンジョヤク ··········· 311
원(ウォン) ウォン ··········· 215
원(元) ウォン ··········· 215
원거리연애 ウォンゴリヨネ ··········· 175
원고(原告) ウォンゴ ··········· 307
원고(円高) ウォンゴ ··········· 309
원나라 ウォンナラ ··········· 318

ㅙ	ㅚ	ㅛ	ㅜ	ㅝ	ㅞ	ㅟ	ㅠ	ㅡ	ㅢ	ㅣ
we	we	yo	u	wo	we	wi	yu	u	wi	i

子音	ㄱ	ㄲ	ㄴ	ㄷ	ㄸ	ㄹ	ㅁ	ㅂ	ㅃ	ㅅ
	k·g	kk	n	t·d	tt	r	m	p·b	pp	s

원룸 ウォンルム ········· 108
원샷 ウォンシャッ ········· 237
원숭이 ウォンスンイ ········· 291
원숭이도 나무에서 떨어진다
　ウォンスンイド ナムエソ トロジンダ ··· 59
원예 ウォニェ ········· 189
원작 ウォンジャク ········· 254
원주민 ウォンジュミン ········· 285
원피스 ウォンピス ········· 67
~월 ~ウォル ········· 119
월급 ウォルグプ ········· 151
월식 ウォルシク ········· 289
월세 ウォルセ ········· 109
월요일 ウォリョイル ········· 123
웜비즈 ウォムビズ ········· 316
웨딩드레스 ウェディンドゥレス ······ 181
웨이터 ウェイト ········· 76
웹사이트 ウェブサイトゥ ········· 260
위 (上) ウィ ········· 216
위 (胃) ウィ ········· 342
위궤양 ウィグェヤン ········· 325
위기일발 ウィギイルバル ········· 61
위도 ウィド ········· 280
위로 ウィロ ········· 55
위염 ウィヨム ········· 325
위자료 ウィジャリョ ········· 183
위장약 ウィジャンニャク ········· 337
위치 ウィチ ········· 216
위험 ウィホム ········· 206
유 월 ユ ウォル ········· 122
유가 증권 ユガ ジュンクォン ······ 159
유골 ユゴル ········· 191
유과 ユグァ ········· 91
유괴 ユグェ ········· 307

유교 ユギョ ········· 315
유급 ユグプ ········· 139
유급휴가 ユグプヒュガ ········· 148
유기재배 ユギジェベ ········· 317
유도 ユド ········· 239, 277
유럽 ユロプ ········· 280
유럽연합 ユロムニョナプ ········· 310
유로 ユロ ········· 215
유료 ユリョ ········· 261
유명인 ユミョンイン ········· 248
유모차 ユモチャ ········· 187
유산 (流産) ユサン ········· 185
유산 (遺産) ユサン ········· 190
유성 ユソン ········· 289
유아 ユア ········· 186
유아휴게실 ユアヒュゲシル ········· 223
유언 ユオン ········· 190
유연제 ユヨンジェ ········· 112
유원지 ユウォンジ ········· 212
유자차 ユジャチャ ········· 82
유족 ユジョク ········· 191
유죄 ユジェ ········· 307
유치원 ユチウォン ········· 138
유카타 ユカタ ········· 277
유턴금지 ユトングムジ ········· 207
유한회사 ユハヌェサ ········· 156
유화 ユファ ········· 271
육 ユク ········· 118
육개장 ユクケジャン ········· 84
육교 ユクキョ ········· 209
육군 ユックン ········· 312
육상경기 ユクサンギョンギ ········· 239
육아 ユガ ········· 186
육아 휴직 ユガ ヒュジク ········· 148

母音	ㅏ	ㅐ	ㅑ	ㅒ	ㅓ	ㅔ	ㅕ	ㅖ	ㅗ	ㅘ
	a	e	ya	ye	eo	e	yeo	ye	o	wa

ss	無音·ng	ch·j	cch	ch	k	t	p	h
ㅆ	ㅇ	ㅈ	ㅉ	ㅊ	ㅋ	ㅌ	ㅍ	ㅎ

육체관계 ユクチェグヮンゲ ……… 177
육 층 ユク チュン ……………… 223
육회 ユクェ ……………………… 85
윷놀이 ユンノリ ………………… 274
~으로 ~ウロ ……………………… 62
~은 (〜は) ~ウン ……………… 62
은 (銀) ウン ……………………… 289
은방울꽃 ウンバンウルコッ …… 292
은어 ウノ ………………………… 96
은퇴 ウントェ …………………… 250
은하수 ウナス …………………… 289
은행 ウネン ………………… 208, 214
은행나무 ウネンナム …………… 292
은행원 ウネンウォン ……… 146, 214
~을 ~ウル ………………………… 62
음경 ウムギョン ………………… 343
음력 설 ウムニョク ソル ……… 124
음료 ウムニョ …………………… 82
음성메시지 ウムソンメシジ …… 264
음식물금지 ウムシンムルグムジ … 206
음악 ウマク ……………………… 144
음악감상 ウマクカムサン ……… 242
음악을 듣다
　　　ウマグル ドゥッタ ……… 134, 247
읍사무소 ウプサムソ …………… 210
응. ウン ………………………… 44
응급실 ウングプシル …………… 333
응모 ウンモ ……………………… 154
응원 ウンウォン ………………… 241
의기투합 ウィギトゥハプ ……… 61
의녀 ウィニョ …………………… 319
의료보험증 ウィリョボホムチュン … 334
의리초콜릿 ウィリチョコルリッ … 278
의사 ウィサ ………………… 146, 334

의사록 ウィサロク ……………… 149
의식동원 ウィシクトンウォン …… 74
의자 ウィジャ ……………… 110, 140
의학부 ウィハクブ ……………… 145
의학서적 ウィハクソジョク …… 225
이 (二) イ ……………………… 118
이 (歯) イ ……………………… 340
~이 ~イ …………………………… 62
이거 주세요. イゴ ジュセヨ ……… 38
이과 イクァ ……………………… 145
이구아나 イグアナ ……………… 295
~이나 ~イナ ……………………… 62
이뇨제 イニョジェ ……………… 337
이력서 イリョクソ ……………… 154
이른 아침 イル ナチム ………… 127
이를 닦다 イルル タクタ ……… 130
이름 짓기 イルム ジッキ ……… 186
이마 イマ ………………………… 340
이모 イモ ………………………… 137
이모티콘 イモティコン ………… 264
이박 삼일 イバク サミル ……… 194
이불 イブル ……………………… 110
이비인후과 イビイヌクァ ……… 332
이사 イサ ………………………… 108
이산화탄소 삭감
　　　イサヌァタンソ サクカム …… 317
이삿짐센터 イサッチムセント … 109
이상 イサン ……………………… 174
이상기상 イサンギサン ………… 300
이세대주택 イセデジュテク …… 108
이슬람교 イスルラムギョ ……… 315
이식 イシク ……………………… 335
이심전심 イシムジョンシム …… 60
이십 분 イシプ ブン …………… 126

we	we	yo	u	wo	we	wi	yu	u	wi	i
ㅙ	ㅚ	ㅛ	ㅜ	ㅝ	ㅞ	ㅟ	ㅠ	ㅡ	ㅢ	ㅣ

427

子音	ㄱ k·g	ㄲ kk	ㄴ n	ㄷ t·d	ㄸ tt	ㄹ r	ㅁ m	ㅂ p·b	ㅃ pp	ㅅ s

이쑤시개 イッスシゲ	75	인사동 インサドン	283
이웃 트러블 イウッ トゥロブル	323	인사부 インサブ	153
이 월 イ ウォル	122	인삼탕 インサムタン	232
이위 イウィ	241	인생 インセン	226
이유 イユ	179	인쇄 インスェ	305
이유식 イユシク	186	인스턴트식품	
이 이상 イ イサン	54	インスントゥシクプム	75
이익 イイク	159	인스톨 インストル	262
이 일 イ イル	122	인증 インジュン	261
이자 イジャ	215	인천 インチョン	283
이중턱 イジュントク	231	~인치 ~インチ	119
이직 イジク	154	인터넷 イントネッ	260
이쪽 イッチョク	217	인터넷트러블	
이차 イチャ	236	イントネットゥロブル	263
이체 イチェ	215	인터뷰 イントビュ	251, 305
이체사기 イチェサギ	306	인테리어잡화 판매장	
이 층 イ チュン	223	インテリオジャプァ パンメジャン	222
이 층석 イ チュンソク	253	인플레이션 インプルレイション	309
이탈리아 イタルリア	281	일 (一) イル	118
이탈리아 요리 イタルリア ヨリ	77	~일 (日) ~イル	119
이탈리아어 イタルリアオ	284	일거양득 イルゴヤンドゥク	60
이혼 イホン	182	일곱 イルゴプ	120
이혼경력 イホンギョンニョク	183	일곱 시 イルゴプ シ	126
이혼남 イホンナム	183	일기 イルギ	270
이혼녀 イホンニョ	183	일기도 イルギド	300
이혼신고 イホンシンゴ	182	일기 예보 イルギ イェボ	300
이혼조정 イホンジョジョン	183	일등석 イルトゥンソク	199
~인 ~イン	121	일망타진 イルマンタジン	60
인공호흡 インゴンホフプ	335	일면 イルミョン	304
인과응보 イングァウンポ	60	일방통행 イルバントンヘン	206
인기 インキ	253	일본 イルボン	281
인기가 있다 インキガ イッタ	176	일본 과자 イルボン カジャ	277
인도양 インドヤン	281	일본 단시 イルボン タンシ	271
~인분 ~インブン	119	일본메밀국수 イルボンメミルククス	86

母音	ㅏ a	ㅐ e	ㅑ ya	ㅒ ye	ㅓ o	ㅔ e	ㅕ yo	ㅖ ye	ㅗ o	ㅘ wa

ss	無音·ng	ch·j	cch	ch	k	t	p	h
ㅆ	ㅇ	ㅈ	ㅉ	ㅊ	ㅋ	ㅌ	ㅍ	ㅎ

일본문학 イルボンムナク ··· 270
일본식 방 イルボンシク パン ··· 277
일본 씨름 イルボンシルム ··· 277
일본어 イルボノ ··· 284
일본어 가이드 イルボノ ガイドゥ ··· 195
일본요리 イルボンニョリ ··· 86
일본인스태프 イルボニンステプ ··· 201
일본 정형시 イルボン チョンヒョンシ ··· 271
일본진출 イルボンジンチュル ··· 250
일석이조 イルソギジョ ··· 61
일시불 イルシブル ··· 221
일시정지 イルシジョンジ ··· 207
일식 イルシク ··· 289
일안레플렉스 카메라 イランレプレックスカメラ ··· 268
일어나다 イロナダ ··· 130
일요일 イリョイル ··· 123
일용 イリョン ··· 155
일 월 イルオル ··· 122
일위 イルィ ··· 241
일을 하다 イルル ハダ ··· 132
일 일 イリル ··· 122
일일 삼회 イリル サムェ ··· 338
일일 서비스 イリル ソビス ··· 189
일 정 イル チョン ··· 338
일조시간 イルチョシガン ··· 302
일찍 쉬세요. イルチク シュィセヨ ··· 47
일출 イルチュル ··· 289
일 층 イル チュン ··· 223
일 층석 イル チュンソク ··· 253
일하다 イラダ ··· 149
일 회 イルェ ··· 245
일흔 イルン ··· 121

읽기 イルキ ··· 285
임대 イムデ ··· 108
임산부 イムサンブ ··· 184
임신 イムシン ··· 184
임신고혈압증 イムシンゴヒョラプチュン ··· 185
임신 오개월 イムシン オゲウォル ··· 184
임신중 イムシンジュン ··· 184
임원 イモン ··· 152
입 イプ ··· 340
입관 イプクァン ··· 190
입구 イプク ··· 223
입국 イプクク ··· 196
입국심사 イプククシムサ ··· 198
입금 イプクム ··· 151, 215
입대 イプテ ··· 312
입덧 イプトッ ··· 184
입석 イプソク ··· 253
입소문 イプソムン ··· 201
입욕제 イビョクチェ ··· 115
입원 イボン ··· 334
입장 イプチャン ··· 181, 253
입장제한 イプチャンジェハン ··· 253
입찰 イプチャル ··· 260
입학시험 イパクシホム ··· 142
입학식 イパクシク ··· 139
있습니까? イッスムニッカ ··· 40
있어요? イッソヨ ··· 40
잉꼬 インコ ··· 298
잉어 インオ ··· 294
잉크 インク ··· 116
잎 イプ ··· 293

we	we	yo	u	wo	we	wi	yu	u	wi	i
ㅙ	ㅚ	ㅛ	ㅜ	ㅝ	ㅞ	ㅟ	ㅠ	ㅡ	ㅢ	ㅣ

子音	ㄱ k·g	ㄲ kk	ㄴ n	ㄷ t·d	ㄸ tt	ㄹ r	ㅁ m	ㅂ p·b	ㅃ pp	ㅅ s

【ㅈ】

자 チャ	117
자가발전 チャガバルチョン	317
자궁 チャグン	343
자금 チャグム	158
자금조달 チャグムジョダル	157
자급자족 チャグプチャジョク	188
자기 앞 チャギ アプ	217
자기 PR チャギ ピアル	154
자기야 チャギヤー	56
자다 チャダ	135
자동 응답기 チャドン ウンダプキ	264
자동차 교습소 チャドンチャ ギョスプソ	211
자동현금인출기 チャドンヒョングミンチュルギ	214
자료 チャリョ	150
자르다 チャルダ	100
자립 チャリプ	187
자릿세 チャリッセ	237
자막 チャマク	245
자매 チャメ	136
자본금 チャボングム	156
자산가 チャサンガ	159
자산운용 チャサンウニョン	158
자살 チャサル	306
자서전 チャソジョン	270
자수 チャス	273
자습 チャスプ	143
자양화 チャヤンファ	292
자연 チャヨン	286
자연보호 チャヨンボホ	316
자연분만 チャヨンブンマン	185
자영업 チャヨンオプ	146, 156
자외선 チャウェソン	302
자원 チャウォン	316
자위대 チャウィデ	312
자유석 チャユソク	198
자음 チャウム	285
자의식 チャイシク	187
자장가 チャジャンガ	187
자장면 チャジャンミョン	85
자전거 チャジョンゴ	203
자제심 チャジェシム	164
자폐증 チャペチュン	326
자화상 チャファサン	271
자화자찬 チャファジャチャン	61
작곡 チャクコク	246
작년 チャンニョン	123
작다 チャクタ	73
작달비 チャクタルビ	300
작사 チャクサ	246
작은 새 チャグン セ	298
작은술 チャグンスル	100
작은얼굴 チャグノルグル	233
작은 접시 チャグン ジョプシ	105
작전 チャクチョン	313
~잔 〜チャン	121
잔돈 지갑 チャンドン ジガプ	114
잔디밭 チャンディバッ	293
잔 물고기 チャン ムルコギ	97
잔업 チャノプ	148
잔털제모 チャントルジェモ	232
잘게 썰다 チャルゲ ソルダ	101
잘록함 チャルロカム	233
잘 자요. チャル ジャヨ	37
잘 지내셨어요? チャル ジネショッソヨ	36

母音	ㅏ a	ㅐ e	ㅑ ya	ㅒ ye	ㅓ o	ㅔ e	ㅕ yo	ㅖ ye	ㅗ o	ㅘ wa

ss	無音·ng	ch·j	cch	ch	k	t	p	h
ㅆ	ㅇ	ㅈ	ㅉ	ㅊ	ㅋ	ㅌ	ㅍ	ㅎ

잘 지냈어요? チャル ジネッソヨ … 36
잠바 ジャムバ … 66
잠입취재 チャミプチュィジェ … 310
잠자리 チャムジャリ … 297
잡아! チャバ … 50
잡지 チャプチ … 224
잡채 チャプチェ … 84
잡초 チャプチョ … 293
잡화점 チャプァジョム … 218
〜장 (枚) 〜チャン … 121
장 (腸) チャン … 342
장가가다 チャンガガダ … 181
장갑 チャンガプ … 69
장고 チャンゴ … 272
장기체재 チャンギチェジェ … 194
장난감 チャンナンカム … 187
장난감 판매장
　　チャンナンカム パンメジャン … 222
장남 チャンナム … 137
장녀 チャンニョ … 137
장딴지 チャンッタンジ … 342
장례식 チャンネシク … 190
장례식장 チャンネシクチャン … 190
장마 チャンマ … 302
장미 チャンミ … 293
장수식의 チャンスシギ … 74
장수풍뎅이
　　チャンスプンデンイ … 296
장어 チャンオ … 86
재가 チェガ … 189
재검사 チェゴムサ … 335
재기동 チェギドン … 258
재무부 チェムブ … 153
재미없다 チェミオプタ … 161

재미있네요. チェミインネヨ … 44
재미있다 チェミイッタ … 160
재방송 チェバンソン … 254
재봉 チェボン … 242
재봉도구 チェボンドグ … 113
재산분여 チェサンブニョ … 183
재생지 チェセンジ … 316
재수 チェス … 226
재수 (생) チェス (セン) … 139
재시험 チェシホム … 142
재연 チェヨン … 249
재이용 チェイヨン … 317
재즈 ジェズ … 225
재진 チェジン … 333
재채기가 나오다
　　チェチェギガ ナオダ … 329
재킷 ジェキッ … 66
재판관 チェパングァン … 307
재해 チェヘ … 323
재혼 チェホン … 183
재혼금지기간
　　チェホングムジギガン … 183
재혼상대 チェホンサンデ … 183
재활용 チェファリヨン … 316
재활의학과 チェファリハククァ … 333
잼 チェム … 98
저 チョ … 56
저금 チョグム … 215
저기 チョギ … 217
저기압 チョギアプ … 301
저녁 チョニョク … 127
저녁 식사 チョニョク シクサ … 74
저리다 チョリダ … 330
저장 チョジャン … 259

we	we	yo	u	wo	we	wi	yu	u	wi	i
ㅙ	ㅚ	ㅛ	ㅜ	ㅝ	ㅞ	ㅟ	ㅠ	ㅡ	ㅢ	ㅣ

子音	ㄱ ㄲ ㄴ ㄷ ㄸ ㄹ ㅁ ㅂ ㅃ ㅅ

저쪽 チョッチョク 217
저혈압 チョヒョラプ 325
적극적이다 チョクククチョギダ 169
적도 チョクト 280
적자 チョクチャ 159
전갱이 チョンゲンイ 96
전공 チョンゴン 145
전근 チョングン 148
전기 (転機) チョンギ 226
전기 (伝記) チョンギ 270
전기 밥솥 チョンギ パプソッ 111
전망대 チョンマンデ 212
전매 チョンメ 323
전무 チョンム 152
전문학교 チョンムナクキョ 138
전반전 チョンバンジョン 240
전복 チョンボク 97
전부 チョンブ 53
전세 チョンセ 109
전원 チョヌォン 265
전자결제 チョンジャギョルチェ 260
전자렌지 チョンジャレンジ 111
전자상가 チョンジャサンガ 219
전자화폐 チョンジャファペ 215
전쟁 チョンジェン 318
전쟁터 チョンジェント 313
전주 チョンジュ 283
전철 チョンチョル 202
전철을 타다 チョンチョルル タダ 133
전통공예 チョントンゴンエ 272
전통예능 チョントンイェヌン 272
전통찻집 チョントンチャッチプ 219
전표 チョンピョ 76
전하 チョナ 319

전하고 싶다 チョナゴ シプタ 176
전화국 チョヌァグク 210
전화를 하다 チョヌァルル ハダ 135
전화번호 チョヌァボノ 264
전화회복 チョノァウィボク 60
절 チョル 209, 315
절도 チョルト 322
절수 チョルス 317
절약 チョリャク 316
절전 チョルチョン 317
젊다 チョムタ 170
점 チョム 226
점수 チョムス 142
점심 チョムシム 127
점심 시간 チョムシムシガン 148
점심 식사 チョムシム シクサ 74
점원 チョムオン 220
점쟁이 チョムジェンイ 227
접수 チョプス 333
접시 チョプシ 105
접착제 チョプチャクチェ 117
젓가락 チョッカラク 75, 105
정가 チョンカ 221
정글짐 チングルジム 275
정기휴일 チョンギヒュイル 220
정년 チョンニョン 155, 188
정년퇴직 チョンニョントェジク 188
정당 チョンダン 308
~정도 ~チョンド 62
정론 チョンノン 308
정말? チョンマル 44
정말이에요? チョンマリエヨ 40
정물화 チョンムルァ 271
정보시스템부 チョンボシステムブ 153

母音	ㅏ ㅐ ㅑ ㅒ ㅓ ㅔ ㅕ ㅖ ㅗ ㅘ

ss	無音·ng	ch·j	cch	ch	k	t	p	h
ㅆ	ㅇ	ㅈ	ㅉ	ㅊ	ㅋ	ㅌ	ㅍ	ㅎ

정보처리 チョンボチョリ	260	조각 チョガク	271
정신과 チョンシンクァ	332	조간 チョガン	304
정신안정제		조개 チョゲ	97
チョンシナンジョンジェ	337	조금만 チョグムマン	55
정어리 チョンオリ	96	조깅 ジョギン	243
정열 チョンニョル	174	조례 チョレ	149
정원 チョンウォン	107	조리법 チョリボプ	100
정원 가꾸기		조마조마 チョマチョマ	164
チョンウォン カックギ	242	조미료 チョミリョ	98
정월 チョンウォル	124, 276	조선일보 チョソニルボ	304
정유 チョンユ	234	조성금 チョソングム	156
정좌 チョンジュァ	277	조수석 チョスソク	204
정지 チョンジ	206	조심하세요. チョシマセヨ	37
정직 チョンジク	53	조약 チョヤク	311
정직하다 チョンジカダ	167	조연 チョヨン	245
정책 チョンチェク	308	조짐 チョジム	184
정치 チョンチ	308	조퇴 チョトェ	140
정치면 チョンチミョン	305	족발 チョクパル	83
정학 チョンハク	139	족욕 チョギョク	234
정형외과 チョンヒョンウェクァ	332	졸깃졸깃 チョルキッチョルキッ	81
젖먹이 チョンモギ	186	졸업논문 チョロムノンムン	142
젖병 チョッビョン	186	졸업생 チョロプセン	139
제대 チェデ	312	졸업식 チョロプシク	139
제멋대로다 チェモッテロダ	166	종교 チョンギョ	314
제목 チェモク	244	종교화 チョンギョファ	271
제비 チェビ	298	종달새 チョンダルセ	299
제왕절개 チェワンジョルゲ	185	종말기의료 チョンマルギイリョ	333
제작발표 チェジャクパルピョ	252	종업식 チョンオプシク	139
제주도 チェジュド	283	종업원 チョンオブォン	201
제 짐이 안 나와요.		종연시간 チョンヨンシガン	253
チェ ジミ アン ナワヨ	48	종이 냅킨 チョンイ ネプキン	76
제트기 チェトゥギ	203	종이 앞치마 チョンイ アプチマ	76
제헌절 チェホンジョル	124	종이 접기 チョンイ ジョプキ	274
젤 네일 ジェル ネイル	71, 232	종파 チョンパ	314

we	we	yo	u	wo	we	wi	yu		wi	i
ㅙ	ㅚ	ㅛ	ㅜ	ㅝ	ㅞ	ㅟ	ㅠ	ㅡ	ㅢ	ㅣ

433

子音	ㄱ	ㄲ	ㄴ	ㄷ	ㄸ	ㄹ	ㅁ	ㅂ	ㅃ	ㅅ
	k·g	kk	n	t·d	tt	r	m	p·b	pp	s

종합병원 チョンハプビョンウォン ……… 332
종횡무진 チョンフェンムジン ……………… 61
좋습니다. チョッスムニダ ……………… 38
좋아하다 チョアハダ ………………………… 163
좋아함 チョアハム ……………………………… 164
좋아합니까? チョアハムニッカ ………… 42
좋아해요? チョアヘヨ ……………………… 42
좋은 사람 チョウン サラム ……………… 169
좋은 약은 입에 쓰다
    チョウン ニャグン イベ スダ ……… 58
좌석번호 チュアソクボノ ………… 197, 253
좌욕 チュアヨク ……………………………… 232
좌천 チュアチョン ………………………… 155
좌회전 チュアフェジョン ……………… 205
좌회전금지 チュアフェジョングムジ …… 207
좍좍 チュアクチュアク …………………… 303
죄송합니다. チェソンハムニダ ………… 39
죄송했습니다.
    チェソンヘッスムニダ ………………… 39
주5일제 チュオイルチェ ……………… 148
주가 チュカ …………………………… 151, 309
주걱 チュゴク ……………………………… 104
~주년 ~チュニョン ……………………… 119
주둔지 チュドゥンジ ……………………… 312
주류점 チュリュジョム ………………… 219
주름 チュルム ……………………………… 231
주문한 것과 달라요.
    チュムナン ゴックァ ダルラヨ ……… 48
주문한 게 안 나와요.
    チュムナン ゲ アン ナワヨ ………… 48
주민회관 チュミンフェグァン ………… 211
주부 チュブ ………………………………… 147
주사 チュサ ………………………………… 334
주소 チュソ ………………………………… 266

주스 ジュス …………………………………… 82
주식시장 チュシクシジャン ……………… 158
주식투자 チュシクトゥジャ ……………… 158
주식회사 チュシクェサ …………………… 156
주연 チュヨン ……………………………… 244
주유소 チュユソ …………………………… 209
주의 チュイ ………………………………… 206
주인공 チュインゴン ……………………… 244
~주일간 ~チュイルガン ………………… 119
주임 チュイム ……………………………… 153
주장 チュジャン …………………………… 240
주전자 チュジョンジャ …………………… 104
주정뱅이 チュジョンベンイ ……………… 237
주제가 チュジェガ ………………………… 245
주지 チュジ ………………………………… 315
주차 チュチャ ……………………………… 205
주차금지 チュチャグムジ ………………… 206
주차장 チュチャジャン ……………… 209, 223
주택 チュテク ……………………………… 108
주택지 チュテクチ ………………………… 211
주파수 チュパス …………………………… 255
주황색 チュファンセク …………………… 72
죽 チュク ……………………………………… 85
죽집 チュクチプ …………………………… 219
준결승 チュンギョルスン ………………… 241
줄넘기 チュルロムキ ……………………… 275
중간 チュンガン …………………………… 217
중간고사 チュンガンゴサ ………………… 142
중국 チュングク …………………………… 281
중국어 チュングゴ ………………………… 284
중년이혼 チュンニョニホン ……………… 188
중동 チュンドン …………………………… 280
중매 チュンメ ……………………………… 180
중매결혼 チュンメギョロン ……………… 180

母音	ㅏ	ㅐ	ㅑ	ㅒ	ㅓ	ㅔ	ㅕ	ㅖ	ㅗ	ㅘ
	a	e	ya	ye	o	e	yo	ye	o	wa

ss	無音·ng	ch·j	cch	ch	k	t	p	h
ㅆ	ㅇ	ㅈ	ㅉ	ㅊ	ㅋ	ㅌ	ㅍ	ㅎ

중병 チュンビョン	335	지렁이 チロンイ	297
중불 チュンブル	100	지루하다 チルハダ	163
중상 チュンサン	251	지망동기 チマンドンギ	154
중소기업 チュンソギオプ	151	지면 チミョン	304
중앙일보 チュンアンイルボ	305	지방법원 チバンボプォン	211
중이염 チュンイヨム	325	지방 신문 チバン シンムン	305
중절 チュンジョル	185	지붕 チブン	106
중학교 チュンハクキョ	138	지사 チサ	150
중형차 チュンヒョンチャ	202	지사제 チサジェ	336
중화요리 チュンファヨリ	77	지압 チアプ	230
중환자실 チュンファンジャシル	335	지역사회 チヨクサフェ	189
쥐 チュィ	290	지옥 チオク	315
즉 チュク	63	지우개 チウゲ	116
즐겁다 チュルゴプタ	160	지원 チウォン	156
즐겨찾기 チュルギョチャッキ	260	지정석 チジョンソク	203
증가 チュンガ	310	지중해 チジュンヘ	281
증권 チュンクォン	158	지진 チジン	323
증권 상품 チュンクォン サンプム	158	지짐이 チヂミ	85
증권거래소 チュンクォンゴレソ	158	지참금지 チチャムグムジ	206
증명사진 チュンミョンサジン	154	지켜줄 거죠 チキョジュル コジョ	52
증상 チュンサン	328	지평선 チピョンソン	287
지각 チガク	140	지폐 チペ	214
지갑 チガプ	114	지하 チハ	223
지갑을 훔쳐 갔어요. チガブル フムチョ ガッソヨ	51	지하도 チハド	209
지갑이 없어요. チガビ オプソヨ	51	지하철 チハチョル	202
지구 チグ	288	지하철노선도 チハチョルノソンド	199
지구본 チグボン	280	직업 チゴプ	146
지구온난화 チグオンナヌァ	316	직업소개소 チゴプソゲソ	155
지난달 チナンダル	123	직원실 チグォンシル	138
지난주 チナンジュ	123	직장운 チクチャンウン	226
지네 チネ	297	직진 チクチン	205
지느러미 チヌロミ	295	직함 チカム	152
지도 チド	195	진눈깨비 チンヌンケビ	301
		진단서 チンダンソ	334

we	we	yo	u	wo	we	wi	yu	u	wi	i
ㅙ	ㅚ	ㅛ	ㅜ	ㅝ	ㅞ	ㅟ	ㅠ	ㅡ	ㅢ	ㅣ

子音	ㄱ k·g	ㄲ kk	ㄴ n	ㄷ t·d	ㄸ tt	ㄹ r	ㅁ m	ㅂ p·b	ㅃ pp	ㅅ s

진동 チンドン	265
진드기 チンドゥギ	297
진료기록 카드 チルリョギロク カドゥ	334
진료소 チルリョソ	332
진입금지 チニプクムジ	206
진짜? チンッチャ	44
진찰 チンチャル	334
진찰권 チンチャルクォン	334
진찰을 받다 チンチャルル パッタ	335
진통 チントン	185
진통제 チントンジェ	336
진퇴양난 チントェヤンナン	61
질그릇의 냄비 チルグルセ ネムビ	104
질서 チルソ	278
질투 チルトゥ	164
집 チプ	106
집들이 チプトゥリ	109
집세 チプセ	108
집오리 チポリ	299
집주인 チプチュイン	109
집짓기 놀이 チプチッキ ノリ	274
집합시간 チパプシガン	197
집합장소 チパプチャンソ	197
집행유예 チペンニュエ	307
징 チン	272
징병검사 チンビョンゴムサ	312
징병제도 チンビョンジェド	312
짙은 맛 チトゥン マッ	79
짜증나다 チャジュンナダ	162
짝사랑 チャクサラン	174
짧다 チャルタ	73
쨍쨍 チェンッチェン	303
찌다 チダ	101
찜질방 チムジルバン	232
【ㅊ】	
차(茶) チャ	82
차(車) チャ	204
차고 チャゴ	107
차별 チャビョル	311
차이다 チャイダ	179
차입 チャイプ	159
착불 チャクプル	267
착신(있음) チャクシン(イッスム)	265
찬반양론 チャンバンニャンノン	60
찬송가 チャンソンガ	315
찬장 チャンチャン	110
찰과상 チャルグァサン	326
찰떡 チャルトク	90
참관수업 チャムグァンスオプ	143
참기름 チャムギルム	98
참깨 チャムケ	99
참새 チャムセ	298
참외 チャムェ	91
창고 チャンゴ	107
창구 チャング	214
창립 チャンニプ	157
창립기념일 チャンニプキニョミル	139
창문 チャンムン	106
찾아 チャジャ	53
채널 チェノル	254
채식주의자 チェシクチュイジャ	74
채용 チェヨン	155
채치다 チェチダ	103
채팅 チェティン	263
책가방 チェクカバン	140
책갈피 チェクカルピ	260
책받침 チェクパッチム	117

母音	ㅏ a	ㅐ e	ㅑ ya	ㅒ ye	ㅓ o	ㅔ e	ㅕ yo	ㅖ ye	ㅗ o	ㅘ wa

ss	無音·ng	ch·j	cch	ch	k	t	p	h
ㅆ	ㅇ	ㅈ	ㅉ	ㅊ	ㅋ	ㅌ	ㅍ	ㅎ

책상 チェクサン	140	첫날밤 チョンナルバム	182
책을 읽다 チェグル イクタ	135	첫눈에 반함 チョンヌネ バナム	174
책임자 チェギムジャ	305	첫사랑 チョッサラン	174
책장 チェクチャン	110	첫인상 チョディンサン	174
처녀 チョニョ	177	첫차 チョッチャ	199
처방 チョバン	338	청구서 チョングソ	150
처방전 チョバンジョン	336	청나라 チョンナラ	318
처음 チョウム	52	청소 チョンソ	112
처음 뵙겠습니다.		청소기 チョンソギ	110
チョウム プェプケッスムニダ	36	청소를 하다 チョンソルル ハダ	131
처짐 チョジム	231	청주 チョンジュ	83
천 チョン	118	체온계 チェオンゲ	114
천국 チョングク	315	체육 チェユク	144
천둥 チョンドゥン	301	체육관 チェユックァン	138, 210
천문대 チョンムンデ	211	체육제 チェユクチェ	143
천사 チョンサ	53	체재하다 チェジェハダ	196
천식 チョンシク	326	체조 チェジョ	239
천엽 チョニョプ	95	체중 チェジュン	233
천장 チョンジャン	107	체지방률 チェジバンニュル	233
천재지변 チョンジェジビョン	61	체크무늬 チェクムニ	73
천주교 チョンジュギョ	314	체크아웃 チェクアウッ	200
천천히 말해 주세요.		체크인 チェクイン	200
チョンチョニ マレ ジュセヨ	38	체포 チェポ	307
철 チョル	289	~초 ~チョ	119
철도매니어 チョルトメニオ	279	초기화 チョギファ	259
철봉 チョルボン	275	초등학교 チョドゥンハクキョ	138
철새 チョルセ	298	초록색 チョロクセク	72
철야 チョリャ	127	초밥 チョバプ	86
철자 チョルチャ	285	초보자 チョボジャ	159, 204
철판구이 チョルパングイ	87	초산 チョサン	185
철학관 チョラックァン	227	초상화 チョサンファ	271
첨부 チョムブ	261	초식남 チョシンナム	278
첫경험 チョッキョンホム	177	초음파검사 チョウムパゴムサ	185
첫공연 チョッコンヨン	252	초인종 チョインジョン	106

we	we	yo	u	wo	we	wi	yu	u	wi	i
ㅙ	ㅚ	ㅛ	ㅜ	ㅝ	ㅞ	ㅟ	ㅠ	ㅡ	ㅢ	ㅣ

子音	ㄱ ㄲ ㄴ ㄷ ㄸ ㄹ ㅁ ㅂ ㅃ ㅅ

한국어	한글 발음	페이지
초급급	チョイムグプ	151
초진	チョジン	333
초콜릿	チョコルリッ	90
촉진	チョクチン	334
촉촉하게	チョクチョカゲ	81
총	チョン	312
총무부	チョンムブ	153
총알여행	チョンアルリョヘン	194
촬영	チュアリョン	269
촬영금지	チュアリョングムジ	206
촬영날	チュアリョンナル	255
촬영장	チュアリョンジャン	250
추리닝	チュリニン	66
추석	チュソク	124
추억	チュオク	178
추월금지	チュウォルグムジ	206
추천	チュチョン	77
추천상품	チュチョンサンプム	220
추하다	チュハダ	173
축구	チュック	238
축구장	チュックジャン	213
축복	チュクポク	53
축소	チュクソ	269
축의금	チュギグム	182
축전	チュクチョン	181
축제	チュクチェ	276
축축	チュクチュク	303
춘권	チュングォン	89
춘천	チュンチョン	283
출구	チュルグ	223
출국	チュルグク	196
출근	チュルグン	148
출근하다	チュルグナダ	131
출금	チュルグム	215
출발	チュルバル	196
출발로비	チュルバルロビ	198
출발하다	チュルバラダ	197
출산	チュルサン	185
출산휴가	チュルサニュガ	148
출상	チュルサン	190
출생일시	チュルセンイルシ	227
출석	チュルソク	140
출연	チュリョン	245
출연하다	チュリョナダ	251
출입국 관리국	チュリプクク クァルリグク	210
출입금지	チュリプクムジ	206
출장	チュルチャン	148
출품	チュルプム	260
출혈	チュリョル	326
춤을 추다	チュムル チュダ	247
충전	チュンジョン	265
충치	チュンチ	325
충혈	チュンヒョル	326
췌장	チェジャン	343
취미	チュィミ	188, 242
취소	チュィソ	200, 261
취재	チュィジェ	251, 304
취직활동	チュィジクファルトン	154
~층	~チュン	119
치과	チクァ	332
치마	チマ	67
치약	チヤク	114
치유	チユ	234
치유되다	チユドェダ	235
치즈	チズ	99
치즈버거	チズボゴ	88
치질	チジル	327

母音	ㅏ ㅐ ㅑ ㅒ ㅓ ㅔ ㅕ ㅖ ㅗ ㅘ

ss	無音·ng	ch·j	cch	ch	k	t	p	h
ㅆ	ㅇ	ㅈ	ㅉ	ㅊ	ㅋ	ㅌ	ㅍ	ㅎ

치크 チク	70	캬바레식 클럽 キャバレシク クルロプ	278
치킨 チキン	88	캬바쿠라 キャバクラ	278
치한 チハン	322	커서 コソ	258
친권 チンクォン	183	커트 コトゥ	228
친절하다 チンジョラダ	167	커트소 コトソ	66
친정 귀성 チンジョン グィソン	184	커튼 コトゥン	110
칠 チル	118	커플 コブル	175
칠면조 チルミョンジョ	94, 299	커피 コピ	82
칠석 チルソク	276	컨설턴트 コンソルトントゥ	157
칠 월 チルオル	122	컬러사진 コルロサジン	268
칠 층 チル チュン	223	컴백 コムベク	250
칠판 チルパン	140	컴퓨터 コムピュト	258
침대 チムデ	110, 201	컵 コプ	105
침략 チムニャク	318	케이크 ケイク	90
침실 チムシル	106	케이크 컷 ケイク コッ	181
침팬지 チムペンジ	291	케이크점 ケイクジョム	218
칫솔 チッソル	114	케첩 ケチョプ	98
【ㅋ】		코 コ	340
카네이션 カネイション	292	코끼리 コッキリ	291
카드지불 カドゥジブル	221	코막힘 コマキム	325
카드 트러블 カドゥ トゥロブル	322	코멘트 コメントゥ	263
카레라이스 カレライス	88	코미디 コミディ	244
카리스마 カリスマ	249	코미디언 コミディオン	248
카메라 カメラ	268	코믹 コミク	224, 279
카멜레온 カメルレオン	295	코스 コス	194, 230
카부키 カブキ	277	코스프레 コスプレ	279
카지노 カジノ	213	코치 コチ	240
카타카나 カタカナ	284	코트 コトゥ	67
카페 カペ	76, 218	콘돔 コンドム	177
칼 カル	117	콘서트 コンソトゥ	252
칼럼 カルロム	305	콘서트홀 コンソトゥホル	212
칼로 물 베기 カルロ ムル ベギ	58	콘센트 コンセントゥ	111
캐미솔 ケミソル	66	콘택트 렌즈 コンテクトゥ レンズ	114
캔슬 (대기) ケンスル (テギ)	196		

we	we	yo	u	wo	we	wi	yu	—	i
ㅙ	ㅚ	ㅛ	ㅜ	ㅝ	ㅞ	ㅟ	ㅠ	ㅡ	ㅣ

| 子音 | ㄱ k·g | ㄲ kk | ㄴ n | ㄷ t·d | ㄸ tt | ㄹ r | ㅁ m | ㅂ p·b | ㅃ pp | ㅅ s |

콜라 コルラ ……… 82
콜리플라워 コルリプルラウォ ……… 93
콧물이 나오다 コンムリ ナオダ 328
콩국수 コングクス ……… 85
콩나물 コンナムル ……… 93
콩나물국밥 コンナムルククパプ ……… 85
쾌청 クェチョン ……… 300
쿄토 キョト ……… 282
쿠폰 クポン ……… 221
쿨비즈 クルビズ ……… 316
퀴즈프로그램 クィズプログレム ……… 254
크다 クダ ……… 73
크라우드 クラウドゥ ……… 260
크로켓 クロケッ ……… 87
크루아상 クルアサン ……… 89
큰 상처 クン サンチョ ……… 178
큰술 クンスル ……… 100
큰아버지 クナボジ ……… 137
큰 접시 クン ジョプシ ……… 105
클래식 クルレシク ……… 225
클랙슨 クルレクスン ……… 204
클럽 クルロプ ……… 237
클레임 クルレイム ……… 323
클렌징 クルレンジン ……… 70
클릭 クルリク ……… 258
클립 クルリプ ……… 117
키가 작다 キガ チャクタ ……… 170
키가 크다 キガ クダ ……… 170
키모노 キモノ ……… 277
키보드 キボドゥ ……… 258
키스 キス ……… 174
키스신 キスシン ……… 245
키 잠금 キ ジャムグム ……… 265
키친타올 キチンタオル ……… 105

~킬로그램 ~キルログレム ……… 119
~킬로미터 ~キルロミト ……… 119

【ㅌ】
타고난 운명 タゴナンウンミョン ……… 226
타는 것 タヌン ゴッ ……… 202
타는 곳 タヌン ゴッ ……… 197
타다 タダ ……… 102
타로점 タロジョム ……… 227
타박 タバク ……… 327
타살 タサル ……… 306
타악기 タアクキ ……… 272
타액 タエク ……… 342
타올 タオル ……… 114
타이츠 タイチュ ……… 69
타임오버 タイムオボ ……… 240
타임 카드 タイム カドゥ ……… 151
타입 タイプ ……… 174
타코야끼 タコヤキ ……… 87
탁구 タック ……… 238
탄 냄새가 나요.
　タン ネムセガ ナヨ ……… 50
탈구 タルグ ……… 326
탈모 タルモ ……… 231
탈의실 タリシル ……… 220
탈지면 タルチミョン ……… 338
탐폰 タムポン ……… 337
탑승구 タプスング ……… 198
탑승수속카운터
　タプスンスソックカウント ……… 198
탕수육 タンスユク ……… 89
태권도 テクォンド ……… 239
태극기 テグクキ ……… 280
태동 テドン ……… 184
태블릿 テブルリッ ……… 260

| 母音 | ㅏ a | ㅐ ae | ㅑ ya | ㅒ yae | ㅓ o | ㅔ e | ㅕ yo | ㅖ ye | ㅗ o | ㅘ wa |

태아 テア	184	토마토 トマト	92
태아가 거꾸로 나옴 테아가 コックロ ナオム	185	토성 トソン	288
태양 テヤン	288	토스터 トスト	111
태양열발전 テヤンニョルバルチョン	317	토스트 トストゥ	88
태평양 テピョンヤン	281	토요일 トヨイル	123
태풍 テプン	301	톱기사 トプキサ	304
택시 テクシ	202	톳 トッ	97
택시 타는 곳 テクシ タヌン ゴッ	199	~통 ~トン	121
탤런트 テルロントゥ	248	통역 トンニョク	310
탯줄 テッチュル	185	통장 トンジャン	214
탱탱 テンテン	81	통조림 トンジョリム	75
터널 トノル	208	통행금지 トンヘングムジ	207
터치 패널 トチペノル	265	퇴근 テグン	148
터키 トキ	281	퇴근하다 テグナダ	132
턱 トク	340	퇴원 テウォン	334
턱받이 トクパジ	187	퇴직금 テジククム	151, 188
턱시도 トクシド	67	퇴학 テハク	139
텅 トン	95	투고란 トゥゴラン	305
테니스 テニス	238	투명테이프 トゥミョンテイプ	117
테러 テロ	311	투어 トゥオ	194, 252
테마파크 テマパク	212	투자(자) トゥジャ (ジャ)	159
테이블 テイブル	110	투자신탁 トゥジャシンタク	158
테이핑 テイピン	338	투피스 トゥピス	67
테크노 テクノ	246	툰드라기후 トゥンドゥラギフ	302
텔레비전 テルレビジョン	110, 254	튀김 トゥィギム	86
텔레비전게임 テルレビジョンゲイム	274	튤립 テュルリプ	293
텔레비전란 テルレビジョルラン	305	트랙백 トゥレクペク	263
텔레비전을 보다 テルレビジョヌル ボダ	135	트러블 トゥロブル	322
		트럭 トゥロク	203
		트럼프 トゥロムプ	274
토끼 トッキ	290	트렁크 トゥロンク	194, 204
토너먼트 トノモントゥ	241	트레이닝복 トゥレイニンボク	66
토론 トロン	143	트위터 トゥウィト	262
		트윈 トゥウィン	200

子音	ㄱ k·g	ㄲ kk	ㄴ n	ㄷ t·d	ㄸ tt	ㄹ r	ㅁ m	ㅂ p·b	ㅃ pp	ㅅ s

특급열차 トゥックムニョルチャ ……… 203
특실 トゥクシル ……… 203
티셔츠 ティショチュ ……… 66
티슈 ティシュ ……… 114
티켓 ティケッ ……… 194
티켓 예약 ティケッ イェヤク ……… 253
팀 ティム ……… 240
【ㅍ】
파 パ ……… 93
파견사원 パギョンサウォン ……… 154
파국 パグク ……… 251
파도 パド ……… 286
파란만장 パランマンジャン ……… 61
파란색 パランセク ……… 72
파리 パリ ……… 297
파마 パマ ……… 228
파마를 하다 パマルル ハダ ……… 229
파수 パス ……… 185
파스텔화 パステルァ ……… 271
파우치 パウチ ……… 68
파워스폿 パウォスポッ ……… 235
파인애플 パイネプル ……… 91
파일 パイル ……… 117, 258
파자마 パジャマ ……… 69
파출소 パチュルソ ……… 208
파카 パカ ……… 66
판매 パンメ ……… 149
판매부 パンメブ ……… 153
판매원 パンメウォン ……… 146, 220
판소리 パンソリ ……… 272
판화 パヌァ ……… 271
팔 (八) パル ……… 118
팔 (腕) パル ……… 341
팔꿈치 パルックムチ ……… 341

팔로우 パルロウ ……… 263
팔로워 パルロウォ ……… 263
팔 월 パロル ……… 122
팔찌 パルッチ ……… 71
팝송 パプソン ……… 225
팥밥 パッパプ ……… 86
팥빙수 パッピンス ……… 90
패스워드 ペスウォドゥ ……… 261
패스트 푸드 ペストゥプドゥ ……… 77
패자부활 ペジャブファル ……… 240
팩 ペク ……… 228
펜 ペン ……… 250
팬더 ペンド ……… 291
팬미팅 ペンミティン ……… 252
팬클럽 ペンクルロブ ……… 252
팬티 ペンティ ……… 69
팸플릿 ペムプルリッ ……… 195, 253
팽나무 ペンナム ……… 93
퍼석퍼석 ポソクポソク ……… 81
퍼즐 ポジュル ……… 274
퍼테이토 ポテイト ……… 88
퍼프먼스 ポブモンス ……… 249
펌프스 ポムプス ……… 68
펑크 ポンク ……… 204
펑펑 ポンポン ……… 303
페어플레이 ペオプルレイ ……… 241
페이셜 ペイショル ……… 231
페이스북 ペイスブク ……… 262
페인클리닉 ペインクルリニク ……… 333
펭귄 ペングィン ……… 299
편도 ピョンド ……… 198
편의점 ピョニジョム ……… 218
편지 ピョンジ ……… 266
편지가 오다 ピョンジガ オダ ……… 267

母音	ㅏ a	ㅐ e	ㅑ ya	ㅒ ye	ㅓ o	ㅔ e	ㅕ yo	ㅖ ye	ㅗ o	ㅘ wa

ss	無音·ng	ch·j	cch	ch	k	t	p	h
ㅆ	ㅇ	ㅈ	ㅉ	ㅊ	ㅋ	ㅌ	ㅍ	ㅎ

편지를 쓰다 ピョンジルル ッスダ … 267
편지봉투 ピョンジボントゥ … 266
편지 ピョンジ … 266
편집자 ピョンジプチャ … 147
편차치 ピョンチャチ … 143
편히 쉬다 ピョニ シュィダ … 135
편히 쉼 ピョニ シュィム … 234
평안 ピョンアン … 234
평야 ピョンヤ … 286
평지 ピョンジ … 286
평화 ピョンファ … 313
페 ペ … 342
폐렴 ペリョム … 325
포기하지 마세요!
　ポギハジ マセヨ … 47
포니테일 ポニテイル … 229
포도 ポド … 91
포도청 ポドチョン … 319
포동포동 ポドンポドン … 81
포장 ポジャン … 77
포장마차 ポジャンマチャ … 76, 219, 236
포즈 ポズ … 269
포켓볼 ポケッポル … 213
포크 ポク … 75, 105
포타주 ポタジュ … 89
포토폴리어 ポトポルリオ … 159
폭탄주 ポクタンジュ … 236
폭포 ポクポ … 286
폭풍우 ポプンウ … 301
폰드 ポンドゥ … 158
폴더 ポルド … 258
폴립 ポルリプ … 326
폼클렌징 ポムクルレンジン … 70
표고 ピョゴ … 93

표백제 ピョベクチェ … 112
표제 ピョジェ … 305
표준어 ピョジュノ … 285
표지 ピョジ … 206
푹신푹신 プクシンプクシン … 80
풀 (のり) プル … 117
풀 (草) プル … 293
풀뜯기 プルトゥッキ … 113
품절 プムジョル … 220
풍경 プンギョン … 269
풍경화 プンギョンファ … 271
풍물 プンムル … 272
풍수 プンス … 227
풍자화 プンジャファ … 305
풍향 プンヒャン … 303
프랑스 プランス … 281
프랑스어 プランスオ … 284
프랑스 요리 プランス ヨリ … 77
프런트 プロントゥ … 201
프로그램표 プログレムピョ … 254
프로테스탄트 プロテスタントゥ … 314
프로포션 プロポション … 233
프로포즈 プロポズ … 180
프로필 プロピル … 262
프리젠테이션 プリジェンテイション … 149
플라네타륨 プルラネタリュム … 212
플랑크톤 プルランクトン … 295
피고 ピゴ … 307
피곤 ピゴン … 234
피구 ピグ … 275
피난 ピナン … 323
피난장소 ピナンジャンソ … 323
피로연 ピロヨン … 182
피리 ピリ … 272

we	we	yo	u	wo	we	wi	yu	u	wi	i
ㅙ	ㅚ	ㅛ	ㅜ	ㅝ	ㅞ	ㅟ	ㅠ	ㅡ	ㅢ	ㅣ

子音	ㄱ k·g	ㄲ kk	ㄴ n	ㄷ t·d	ㄸ tt	ㄹ r	ㅁ m	ㅂ p·b	ㅃ pp	ㅅ s

피망 ピマン	92	학교 ハッキョ	138, 209
피부 ピブ	342	학교 건물 ハッキョ ゴンムル	138
피부가 검다 ピブガ コムタ	173	학부 ハクブ	145
피부가 희다 ピブガ ヒダ	172	학생 ハクセン	139
피부과 ピブクァ	332	학생 기숙사 ハクセン ギスクサ	108, 138
피의자 ピイジャ	307	학생증 ハクセンチュン	140
피임 ピイム	177	학생회 ハクセンフェ	143
피자 ピジャ	89	학습참고서 ハクスプチャムゴソ	225
피폭 ピポク	327	한 봉지 ハン ボンジ	338
픽션 ピクション	270	한 알 ハナル	338
픽업 ピゴプ	201	한가롭다 ハンガロプタ	169
필기도구 ピルギドグ	116	한국 ハングク	281
필기시험 ピルギシホム	142	한국고속철도 ハングクコソクチョルト	202
필레 살코기 ピルレ サルコギ	94	한국드라마 ハングクトゥラマ	244
필수과목 ピルスクァモク	142	한국문학 ハングクムナク	270
필통 ピルトン	117	한국어 ハングゴ	284
【ㅎ】		한국영화 ハングンニョンファ	244
~하고 ~ハゴ	62	한국요리 ハングンニョリ	83
하교 ハギョ	140	한글 ハングル	285
하나 ハナ	120	한글날 ハングルラル	124
하느님 ハヌニム	314	한기가 들다 ハンギガ ドゥルダ	329
하늘 ハヌル	288	한랭 전선 ハルレン ジョンソン	301
하드웨어 ハドゥウェオ	263	한류 ハルリュ	279
하루 ハル	55	한류 사천왕 ハルリュ サチョヌァン	249
하마 ハマ	291	한발한발 ハンバルハンバル	164
하숙 ハスク	108	한방약 ハンバンニャク	336
하얀색 ハヤンセク	72	한방에스테 ハンバンエステ	230
하이힐 ハイヒル	68	한복 ハンボク	273
하지 마세요. ハジ マセヨ	50	한시 ハンシ	271
하차버튼 ハチャボトゥン	203	한 시 ハン シ	126
하트 ハトゥ	73	한 시 반 ハン シ バン	127
하프타임 ハブタイム	240	한옥 ハノク	108
학 ハク	298	한자 ハンチャ	284
학과 ハックァ	145		

母音	ㅏ a	ㅐ e	ㅑ ya	ㅒ ye	ㅓ eo	ㅔ e	ㅕ yeo	ㅖ ye	ㅗ o	ㅘ wa

ss	無音·ng	ch·j	cch	ch	k	t	p	h
ㅆ	ㅇ	ㅈ	ㅉ	ㅊ	ㅋ	ㅌ	ㅍ	ㅎ

한정식 ハンジョンシク … 84
한정품 ハンジョンプム … 220
한증막 ハンジュンマク … 232
한지 ハンジ … 273
할머니 ハルモニ … 137
할부 ハルブ … 221
할아버지 ハラボジ … 136
할인 ハリン … 220
함박스테이크 ハムバクステイク … 89
합격 ハプキョク … 143
합병 ハプビョン … 151, 309
핫도그 ハットグ … 88
핫팩 ハッペク … 115
핫팬츠 ハッペンチュ … 67
항공권 ハンゴンクォン … 195
항공편 ハンゴンピョン … 267
항공회사 ハンゴンフェサ … 198
항구 ハング … 208
항문 ハンムン … 343
항생물질 ハンセンムルチル … 336
항성 ハンソン … 288
해고 ヘゴ … 155
해군 ヘグン … 312
해돋이 ヘドジ … 289
해류 ヘリュ … 287
해물탕 ヘムルタン … 83
해바라기 ヘバラギ … 53, 293
해산 ヘサン … 250
해상도 ヘサンド … 265
해수 ヘス … 287
해시라이스 ヘシライス … 89
해안 ヘアン … 286
해안선 ヘアンソン … 287
해열제 ヘヨルチェ … 336

해외여행 ヘウェヨヘン … 189, 196
해외이주 ヘウェイジュ … 188
해일 ヘイル … 323
해장술 ヘジャンスル … 237
핸드백 ヘンドゥベク … 68
핸드볼 ヘンドゥボル … 238
핸드크림 ヘンドゥクリム … 115
핸들 ヘンドゥル … 204
핸섬 ヘンソム … 171
햄 ヘム … 95
햄버거 ヘムボゴ … 88
행렬 ヘンニョル … 278
행복함 ヘンボカム … 174
행운아이템 ヘンウナイテム … 227
행주 ヘンジュ … 105
향기 ヒャンギ … 234
향수 ヒャンス … 71
허리 ホリ … 341
허리가 얇다 ホリガ ヤルタ … 172
허벅지 ホボクチ … 341
허벅지살 ホボクチサル … 94
허브 ホブ … 235
헌법 ホンポプ … 308
헌혈 ホニョル … 335
헌화 ホンファ … 191
헤드헌팅 ヘドゥホンティン … 154
헤어브러쉬 ヘオブロスィ … 114
헤어스프레이 ヘオスプレイ … 71
헤어지자 ヘオジジャ … 55
헤어짐 ヘオジム … 178
혀 ヒョ … 95, 340
현관 ヒョングァン … 106
현금 ヒョングム … 214
현금지불 ヒョングムジブル … 221

we	we	yo	u	wo	we	wi	yu	u	wi	i
ㅙ	ㅚ	ㅛ	ㅜ	ㅝ	ㅞ	ㅟ	ㅠ	ㅡ	ㅢ	ㅣ

子音	ㄱ k·g	ㄲ kk	ㄴ n	ㄷ t·d	ㄸ tt	ㄹ r	ㅁ m	ㅂ p·b	ㅃ pp	ㅅ s

현금카드 ヒョングムカドゥ ··· 214
현금카드가 안 나와요.
　ヒョングムカドゥガ アン ナワヨ ··· 48
현기증 ヒョンギチュン ··· 325
현기증이 나다
　ヒョンギチュンイ ナダ ··· 330
현대문학 ヒョンデムナク ··· 270
혈관 ヒョルグァン ··· 343
혈액 ヒョレク ··· 342
협의이혼 ヒョビイホン ··· 182
형 (兄) ヒョン ··· 57, 136
형 (形) ヒョン ··· 73
형광펜 ヒョングァンペン ··· 116
형제 ヒョンジェ ··· 136
호두 ホドゥ ··· 99
호두과자 ホドゥクァジャ ··· 90
호떡 ホットク ··· 90
호랑이 ホランイ ··· 291
호르몬 ホルモン ··· 95
~호선 ~ホソン ··· 199
호수 ホス ··· 286
호외 ホウェ ··· 304
호우 주의보 ホウ ジュイボ ··· 302
호주 ホジュ ··· 281
호텔 ホテル ··· 200
호흡곤란 ホフプコルラン ··· 328
호흡기내과 ホフプキネクァ ··· 333
혹서 ホクソ ··· 303
혹성 ホクソン ··· 289
혹시 ホクシ ··· 55
혼기 ホンギ ··· 226
혼례복 ホルレボク ··· 181
혼수 ホンス ··· 182
혼인신고서 ホニンシンゴソ ··· 180

혼자서 ホンジャソ ··· 55
홈 ホム ··· 199, 265
홈페이지 ホムペイジ ··· 259
홈페이지 주소 ホムペイジ ジュソ ··· 260
홋가이도 ホッカイド ··· 282
홍보부 ホンボブ ··· 153
홍수 ホンス ··· 301
홍차 ホンチャ ··· 82
화가 ファガ ··· 271
화만 내요 ファマン ネヨ ··· 54
화산 ファサン ··· 287
화상 (画素) ファサン ··· 268
화상 (やけど) ファサン ··· 327
화성 ファソン ··· 288
화요일 ファヨイル ··· 123
화운데이션 ファウンデイション ··· 70
화이팅! ファイティン ··· 46
화장 ファジャン ··· 190
화장솜 ファジャンソム ··· 71
화장실 ファジャンシル ··· 107
화장을 하다 ファジャンウル ハダ ··· 131
화장지 ファジャンジ ··· 114
화장 파우치 ファジャン パウチ ··· 71
화장품 ファジャンプム ··· 70
화장품가게 ファジャンプムガゲ ··· 218
화재 ファジェ ··· 322
화조풍월 ファジョプンウォル ··· 61
화질 ファジル ··· 268
화학 ファハク ··· 144
확대 ファクテ ··· 269
확정신고 ファクチョンシンゴ ··· 159
환경문제 ファンギョンムンジェ ··· 316
환경호르몬 ファンギョンホルモン ··· 311
환담 ファンダム ··· 237

母音	ㅏ a	ㅐ ae	ㅑ ya	ㅒ yae	ㅓ o	ㅔ e	ㅕ yo	ㅖ ye	ㅗ o	ㅘ wa

ss	無音·ng	ch·j	cch	ch	k	t	p	h
ㅆ	ㅇ	ㅈ	ㅉ	ㅊ	ㅋ	ㅌ	ㅍ	ㅎ

환승	ファンスン	197
환영회	ファニョンフェ	236
환자	ファンジャ	334
환전	ファンジョン	215
환전소	ファンジョンソ	195
활동	ファルトン	249
활동정지	ファルトンジョンジ	250
활발하다	ファルバラダ	166
황사	ファンサ	303
황새	ファンセ	299
황제	ファンジェ	319
황태자	ファンテジャ	319
~회	~フェ	119
회계사	フェゲサ	146
회복하다	フェボカダ	179
회사원	フェサウォン	146, 154
회색	フェセク	72
회식	フェシク	236
회오리바람	フェオリバラム	301
회원가입	フェウォンガイブ	261
회의	フェイ	149
회장 (会長)	フェジャン	152
회장 (会場)	フェジャン	252
회전초밥	フェジョンチョバプ	278
회화	フェァ	271
획수	フェクス	227
횡단금지	フェンダングムジ	206
횡단보도	フェンダンボド	209
효능	ヒョヌン	337
후끈후끈	フックンフックン	303
후라이팬	フライペン	104
후레쉬	フレシュィ	268
후반전	フバンジョン	240
후지산	フジサン	276
후추	フチュ	98
후쿠오카	フクオカ	282
훼미리레스토랑	フェミリレストラン	76
휘발유 가득	フィバルリュ カドゥク	204
휘파람새	フィパラムセ	298
휠체어	フィルチェオ	189, 335
휴간	ヒュガン	304
휴대전화	ヒュデジョヌァ	264
휴대폰	ヒュデポン	264
휴업	ヒュオブ	250
휴학	ヒュハク	139
흉각성형외과	ヒュンガクソンヒョンウェクァ	333
흐림	フリム	300
흐물흐물	フムルフムル	81
흑백사진	フクペクサジン	269
흑자	フクチャ	159
흔들려요	フンドゥルリョヨ	54
흙	フク	287
희곡	ヒゴク	270
희로애락	ヒノエラク	61
흰머리	ヒンモリ	228
히나마쯔리	ヒナマッチュリ	276
히라가나	ヒラガナ	284
히로시마	ヒロシマ	283
히트수	ヒトゥス	262
힌두교	ヒンドゥギョ	315
힘 내세요.	ヒム ネセヨ	47
힘내!	ヒムネ	46
힘내자!	ヒムネジャ	46
힘들겠네요.	ヒムドゥルゲンネヨ	46
힙합	ヒプハブ	225

we	we	yo	u	wo	we	wi	yu	u	wi	i
ㅙ	ㅚ	ㅛ	ㅜ	ㅝ	ㅞ	ㅟ	ㅠ	ㅡ	ㅢ	ㅣ

著者

鄭惠賢　ジョン ヘヒョン

韓国語センター BRAVO!専任講師。2000年に来日、05年、関東学院大学文学部比較文化学科を卒業。同大学在学中から韓国語センターBRAVO!の創立メンバーとして韓国語講師となる。

〈著書〉

『文法からマスター！はじめての韓国語』(ナツメ社)、『7日で読める！書ける！話せる！ハングル[超入門]BOOK』(高橋書店)、『韓国語を使いこなすための慣用句400』(三修社)など

すぐに使える！
韓国語　日常単語集

著　者	鄭惠賢
発行者	高橋秀雄
発行所	株式会社 高橋書店
	〒170-6014
	東京都豊島区東池袋3-1-1 サンシャイン60 14階
	電話　03-5957-7103

ISBN978-4-471-11319-3　©TAKAHASHI SHOTEN　Printed in Japan

定価は帯に表示してあります。

本書および本書の付属物の内容を許可なく転載することを禁じます。また、本書および付属物の無断複写(コピー、スキャン、デジタル化等)、複製物の譲渡および配信は著作権法上での例外を除き禁止されています。

本書の内容についてのご質問は「書名、質問事項(ページ、内容)、お客様のご連絡先」を明記のうえ、郵送、FAX、ホームページお問い合わせフォームから小社へお送りください。

回答にはお時間をいただく場合がございます。また、電話によるお問い合わせ、本書の内容を超えたご質問にはお答えできませんので、ご了承ください。

本書に関する正誤等の情報は、小社ホームページもご参照ください。

【内容についての問い合わせ先】

書　面　〒170-6014　東京都豊島区東池袋3-1-1
　　　　　　　　　　サンシャイン60 14階　高橋書店編集部

FAX　03-5957-7079

メール　小社ホームページお問い合わせフォームから
　　　　(https://www.takahashishoten.co.jp/)

【不良品についての問い合わせ先】

ページの順序間違い・抜けなど物理的欠陥がございましたら、電話03-5957-7076へお問い合わせください。ただし、古書店等で購入・入手された商品の交換には一切応じられません。